JN409679

놀라운 리얼 종이접기 5

공룡과 고생물 편

RIARU ORIGAMI SUGOIZO! KYORYU TO KODAI KARA NO IKIMONO-HEN
by FUKUI Hisao

* 에밀은 도서출판 더숲의 임프린트입니다.

놀라운 리얼 종이접기 5

공룡과 고생물 편

후쿠이 히사오 지음 | 이진원 옮김 | 오경란 감수

이밀
E-MEAL

수록 작품 소개

공룡

엘라스모사우루스
▶ 18쪽
난이도 ★★☆☆☆

트루돈
▶ 21쪽
난이도 ★★★☆☆

아르젠티노사우루스
▶ 26쪽
난이도 ★★★☆☆

티라노사우루스
▶ 30쪽
난이도 ★★★½☆

파키케팔로사우루스
▶ 33쪽
난이도 ★★★★½

안킬로사우루스

▶ 39쪽

난이도 ★★★★★

스테고사우루스

▶ 44쪽

난이도 ★★★★★

고생물

디플로카울루스

▶ 50쪽

난이도 ★⯪☆☆☆

아노말로카리스

▶ 53쪽

난이도 ★★⯪☆☆

바다전갈 ▶ 58쪽

난이도 ★★★⯪☆

시작하기 전에

고대부터 현존하는 생물

스밀로돈(검치호랑이) ▸ 63쪽
난이도 ★★★⯨☆

코끼리거북 ▸ 68쪽
난이도 ★★☆☆☆

아이벡스 ▸ 71쪽
난이도 ★★⯨☆☆

소리 높여 우는 말
▸ 75쪽
난이도 ★★⯨☆☆

박쥐 ▸ 80쪽
난이도 ★★★☆☆

울부짖는 늑대 ▸ 84쪽
난이도 ★★★☆☆

귀상어 ▸ 89쪽
난이도 ★★★☆☆

투우 ▸ 94쪽
난이도 ★★★★☆

혀 내민 카멜레온 ▸ 100쪽
난이도 ★★★★☆

사막혹멧돼지 ▸ 105쪽
난이도 ★★★★☆

대벌레 ▸ 111쪽
난이도 ★★★★☆

머리말

〈놀라운 리얼 종이접기〉 시리즈는 동물, 공룡, 곤충 등을 소재로 최대한 실제 모습에 가깝게 만들어 내는 창작 종이접기입니다. 시리즈의 다섯 번째가 되는 이 책은 주로 고대에 살던 '공룡', '고생물', '고대부터 현존하는 생물', 이렇게 3부로 구성했습니다.

얼핏 모든 작품이 어려워 보일 수 있습니다. 그러나 각 작품에는 기초접기* 단계가 있으므로 먼저 그것을 접고 나면 좀 더 사실적이고 복잡한 형태를 표현해 나갈 수 있습니다. 기초접기 과정 자체가 긴 것도 있지만 그다지 어렵지 않아 몇 번 도전해 보면 어린이부터 노인까지 누구나 접을 수 있습니다.

그리고 까다롭고 복잡한 부분에는 사진을 이용해 도면을 설명하고 접기 전 상태를 과정 그림으로 곁들여 두었습니다. 도면을 보고 접기란 결코 쉬운 일이 아닙니다. 어떻게 접어야 할지 잘 모를 때에는 다음 과정의 그림을 보면 힌트를 얻을 수 있으니 항상 다음 단계의 도면을 보는 습관을 들이면 도움이 됩니다. 도면을 잘 보는 것도 중요하지만 덧붙인 설명을 꼼꼼하게 읽으면 실수를 줄일 수 있습니다. 또한 기초접기를 완성하고 나면 그다음부터는 반드시 도면과 순서를 지키며 접지 않아도 됩니다. 이를테면 동물을 접을 때 머리의 위치나 다리, 꼬리 모양에 변화를 주어 만족감을 느낄 수 있는 자신만의 방법으로 마무리하는 것도 바람직한 방법입니다.

'리얼 종이접기'의 특징은 완성품이 입체적이고 곡선이 많다는 점을 들 수 있습니다. 그래서

Memo

* **기초접기**
리얼 종이접기의 작품에는 '기초접기'라는 단계가 있는데, 이것은 설명 그림대로 접으면 누가 접어도 똑같은 형태가 되는 단계를 의미한다. 기초접기까지만 정확하게 접으면 그 후는 접는 사람의 개성에 따라 접는 위치와 각도를 다소 응용해도 된다. 완성 작품의 모양은 미묘하게 달라지지만, 그것이 바로 리얼 종이접기의 매력이다.

마지막 도면과 완성품 사이의 "모양을 정리하여 완성한다"라는 단계에서 시간이 많이 소요되는 경우가 있어, 때로는 며칠에 걸려 조금씩 그럴듯하게 모양을 잡아 가기도 합니다. 이 부분을 설명으로 표현하는 데 한계가 있어 여러분에게 전달하기가 쉽지 않아 안타깝지만, 책에 실린 완성 사진이 참고가 될 것입니다.

리얼하고 입체적인 형태를 오래 유지하려면 아무래도 풀먹이기 과정이 필요합니다. 풀먹이기에 관해서는 사진을 첨부해 설명(16쪽)해 두었으므로 중급 이상의 솜씨를 가졌다면 꼭 도전해 보기 바랍니다. 처음 접는 작품에 풀먹이기를 하려면 용기가 필요할 수 있으니 우선 풀먹이기를 하지 말고 완성 단계까지 접어 보도록 합니다. 그런 다음 풀먹이기 시작 단계로 돌아가 풀먹이기를 하는 겁니다. 다시 접는 것이 내키지 않는 사람은 풀먹이기 시작 단계의 도면에서 풀먹이기 부분을 찾아 풀을 먹이고 그 후 한 과정 또는 몇 과정을 진행한 뒤 풀먹이기를 하면 작품의 완성도가 높아집니다. 풀먹이기를 하지 않는다면 화지를 고집할 필요가 없습니다. 오히려 시중에서 판매하는 종이접기용 종이가 알맞을 수 있으며, 작품에 따라 다르겠지만 가능한 한 얇은 종이를 선택하는 편이 좋습니다.

다시 한번 리얼 종이접기의 세계를 마음껏 즐겨 보십시오.

후쿠이 히사오

감수자의 말

최근 몇 년간 어쩔 수 없이 제한된 공간에서 생활해야 했던 우리의 삶에는 많은 변화가 있었다. 그 갑갑한 시간 속에서 종이접기에 대한 관심이 높아져 다양한 생물과 사물을 종이로 표현해 보고자 하는 사람들이 증가하고 있다. 또 한 권의 〈놀라운 리얼 종이접기〉 시리즈가 출간되었다. 이번 책《놀라운 리얼 종이접기 5 : 공룡과 고생물 편》에는 다양한 공룡과 고생물 스물한 작품이 실려 있는데, 이 책의 감수를 의뢰받고는 즐겁고 행복한 마음으로 공룡과 고생물 들을 접어 보았다.

앞서 출간된 네 권과 마찬가지로 이 책에는 독자들이 순서에 따라 순조롭게 접어 나갈 수 있도록 상세한 도면과 사진이 곳곳에 실려 있다. 하지만 난이도 있는 작품의 경우, 도면과 설명만으로는 이해가 안 되어 막힐 때가 있을 것이다. 그런 경우에는 다음 단계의 그림, 그다음 단계의 그림을 살펴보면 큰 어려움 없이 나아갈 수 있다. 이번 책은 이미 독자들과 만난 네 권보다 한층 정교하고 세밀한 작품이 여럿 있어서 가능한 한 얇은 종이를 사용할 것과, 리얼하고 입체적인 작품일수록 접힌 부분이나 층이 많으므로 작가도 〈머리말〉에서 밝히고 있듯이 풀먹이기를 정성껏 할 것을 권한다.

종이접기 작품 가운데 동물이나 공룡은 접기를 마치고 나서 모양을 다듬고 정리하는 것이 매우 중요하다. 모양을 다듬고 정리하기란, 접기를 끝낸 후 보다 실물에 가까운 작품으로 완성하기 위해 완성작 이미지를 참고하며 철사 따위로 원하는 모습으로 구부리거나 곡선으로 마무리하는 것을 말한다. 풀먹이기 역시 여기에 포함된다.

생동감 있고 사실적인 작품은 접은 이의 손에 의해 완성된다. 또한 종이의 크기, 색상, 재질 그리고 두께에 따라 전혀 다른 작품으로 완성되기도 한다. 한 번에 만족할 만한 멋진 작품이 탄생하기란 쉽지 않은 일이니 반복하여 연습하기를 권한다. 그리고 작품의 특징을 제대로 알고 시작하면 접는 과정에서 크게 도움이 되니 작가가 전달하려는 중요한 포인트를 잘 읽고 접으면 좋다.

공룡과 고생물은 종이접기 애호가들이 항상 관심과 흥미를 가지는 테마다. 독자들이 이 책을 통해 리얼한 작품을 감상하면서 종이 한 장으로 만들어지는 경이로운 세상과 만나기를 바라며 자신만의 멋진 작품을 완성하기를 응원한다.

오경란

종이접기 방법의 기호

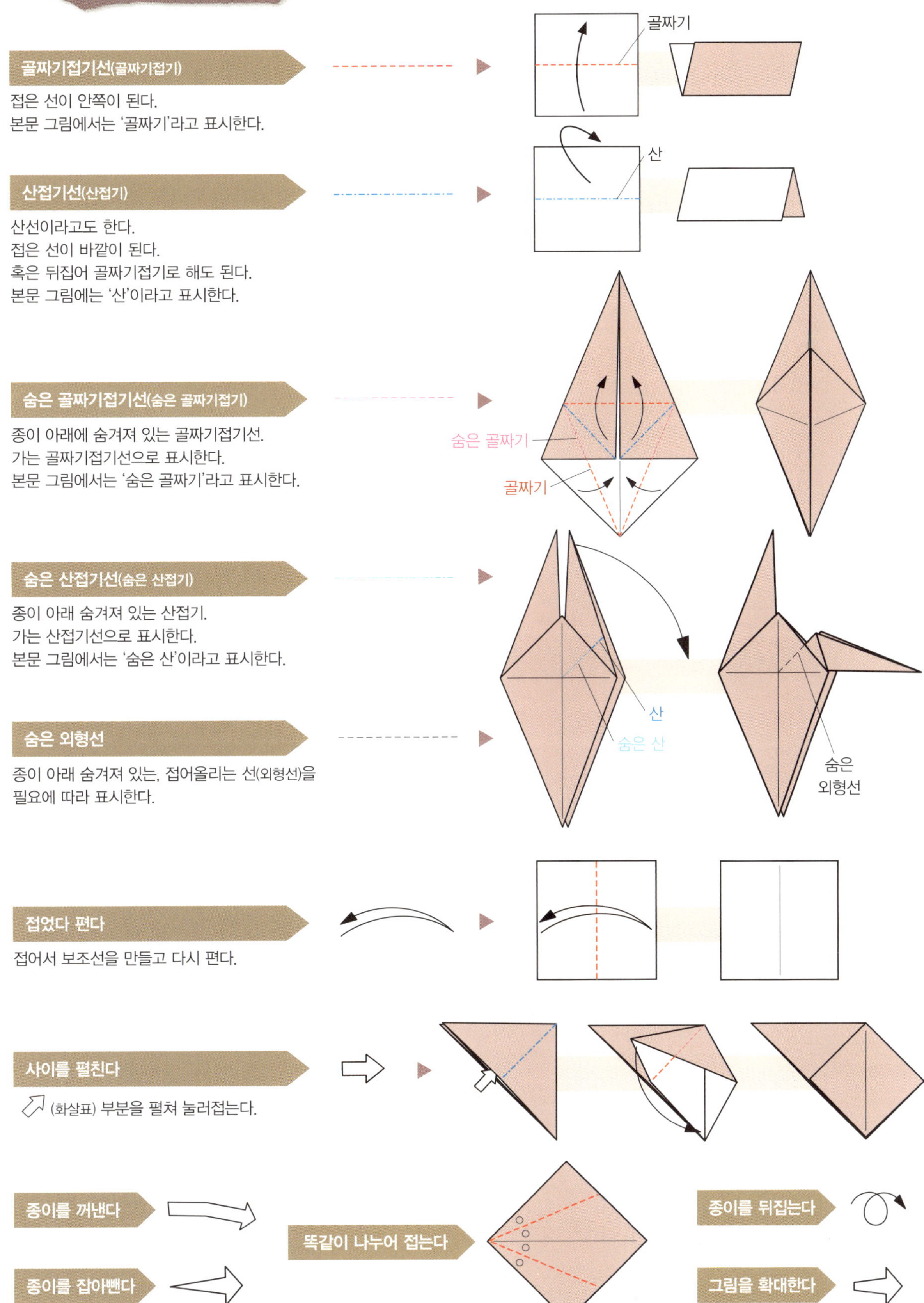

골짜기접기선(골짜기접기)

접은 선이 안쪽이 된다.
본문 그림에서는 '골짜기'라고 표시한다.

산접기선(산접기)

산선이라고도 한다.
접은 선이 바깥이 된다.
혹은 뒤집어 골짜기접기로 해도 된다.
본문 그림에는 '산'이라고 표시한다.

숨은 골짜기접기선(숨은 골짜기접기)

종이 아래에 숨겨져 있는 골짜기접기선.
가는 골짜기접기선으로 표시한다.
본문 그림에서는 '숨은 골짜기'라고 표시한다.

숨은 산접기선(숨은 산접기)

종이 아래 숨겨져 있는 산접기.
가는 산접기선으로 표시한다.
본문 그림에서는 '숨은 산'이라고 표시한다.

숨은 외형선

종이 아래 숨겨져 있는, 접어올리는 선(외형선)을
필요에 따라 표시한다.

접었다 편다

접어서 보조선을 만들고 다시 편다.

사이를 펼친다

(화살표) 부분을 펼쳐 눌러접는다.

종이를 꺼낸다

종이를 잡아뺀다

똑같이 나누어 접는다

종이를 뒤집는다

그림을 확대한다

부분 접기의 종류

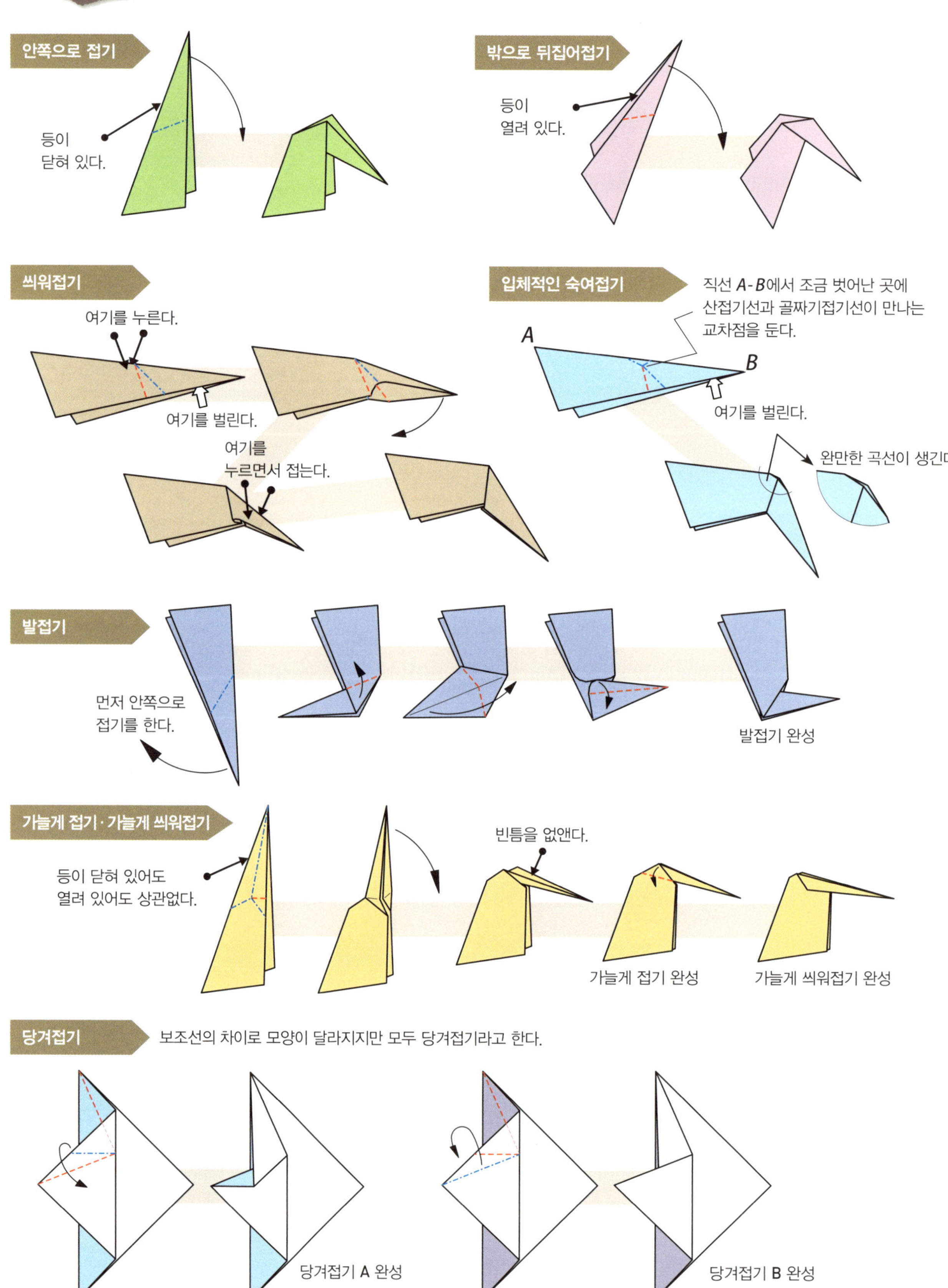

안쪽으로 접기
등이
닫혀 있다.
밖으로 뒤집어접기
등이
열려 있다.
씌워접기
여기를 누른다.
여기를 벌린다.
여기를
누르면서 접는다.
입체적인 숙여접기
직선 A-B에서 조금 벗어난 곳에
산접기선과 골짜기접기선이 만나는
교차점을 둔다.
A
B
여기를 벌린다.
완만한 곡선이 생긴다.
발접기
먼저 안쪽으로
접기를 한다.
발접기 완성
가늘게 접기 · 가늘게 씌워접기
등이 닫혀 있어도
열려 있어도 상관없다.
빈틈을 없앤다.
가늘게 접기 완성
가늘게 씌워접기 완성
당겨접기
보조선의 차이로 모양이 달라지지만 모두 당겨접기라고 한다.
당겨접기 A 완성
당겨접기 B 완성

함몰접기

개구리접기 순서 ❹(14쪽)의 예

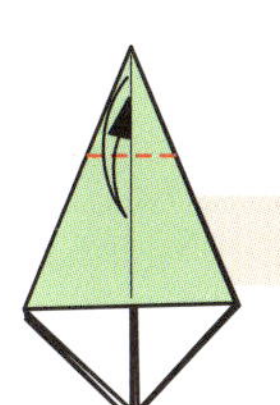

개구리접기 순서 ❹에서 보조선을 만든 다음 펼친다.

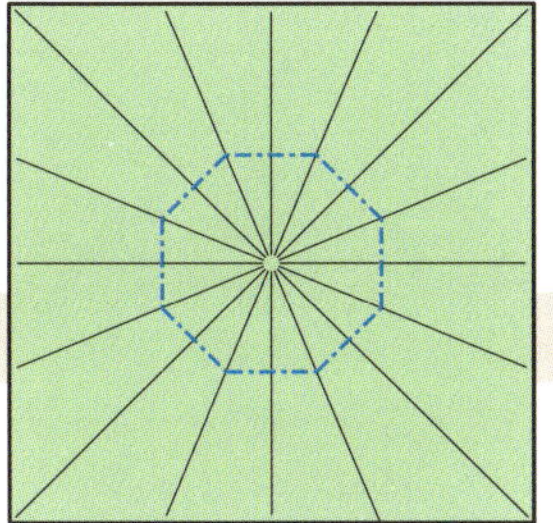

만들어진 보조선을 모두 산접기선으로 만든다.

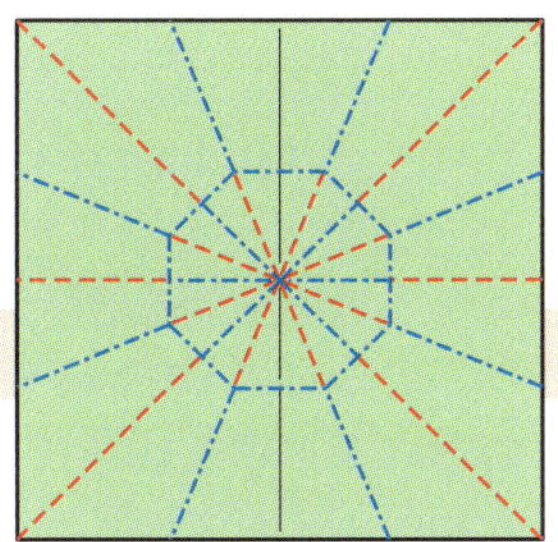

가운데 만들어진 정팔각형을 밀어넣듯이 하며 표시선처럼 접는다.

함몰접기 완성

※ 본문에서 함몰접기는 그림과 같이 표시한다.

토끼귀접기

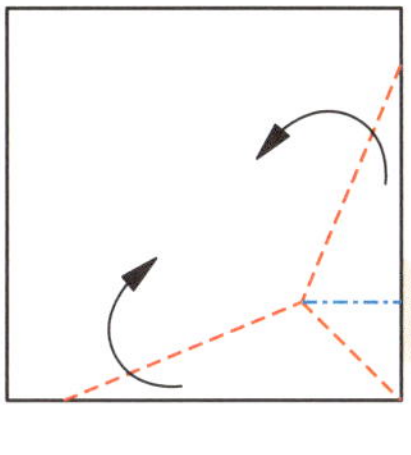

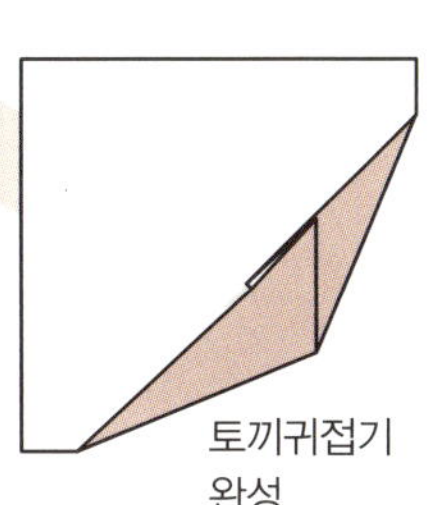

토끼귀접기 완성

계단접기

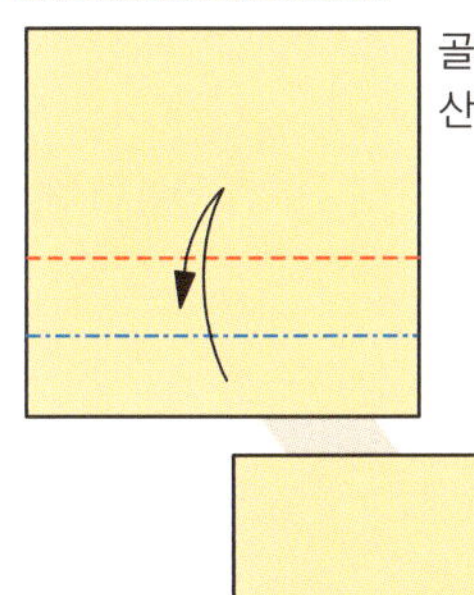

골짜기접기를 한 다음 산접기를 한다.

계단접기 완성

접는 순서

보조선에 번호가 매겨져 있으면 그 순서에 따라 접는다.

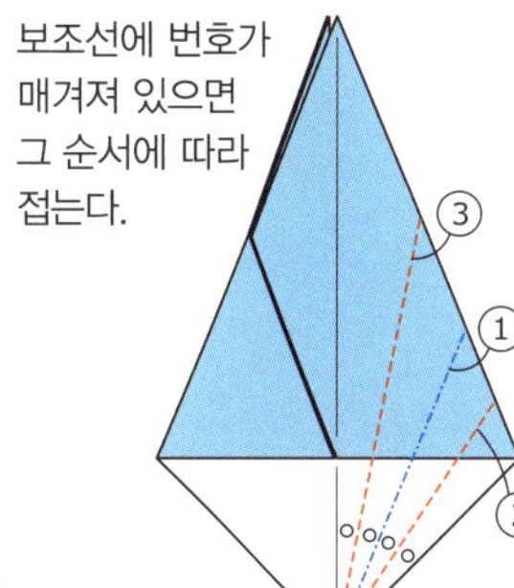

빼내어접기

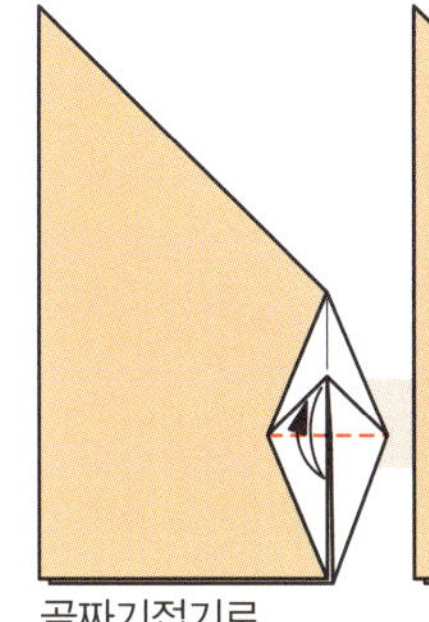

골짜기접기로 보조선을 만든다.

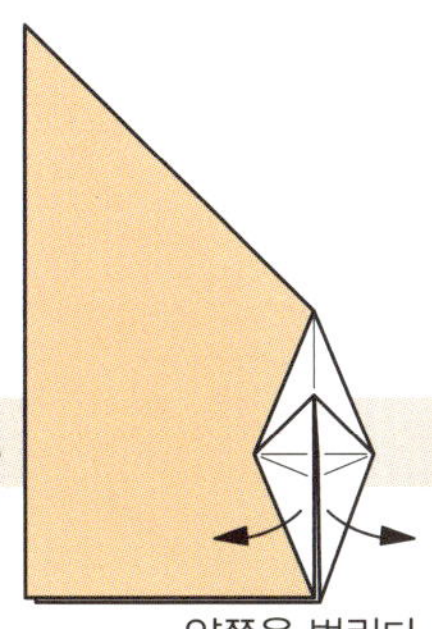

양쪽을 벌린다.

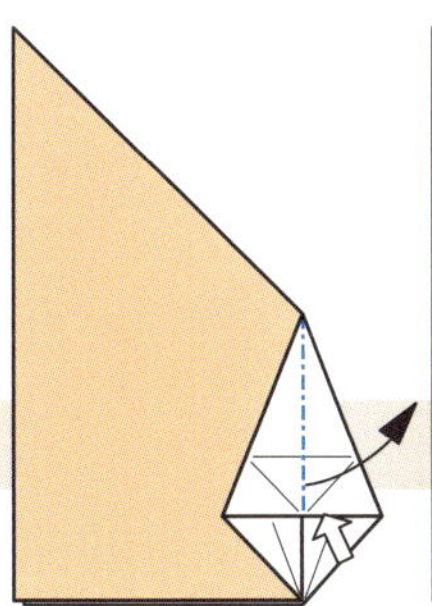

한 번 더 벌린다.

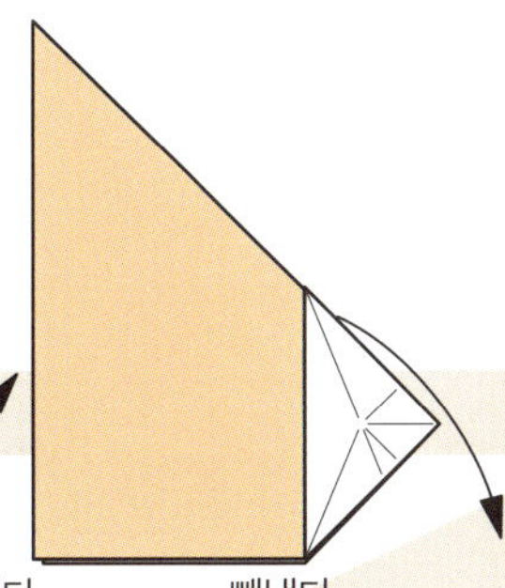

빼낸다.

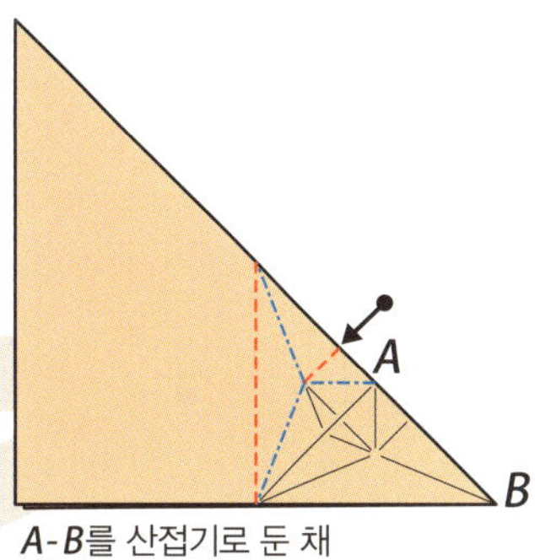

A-B를 산접기로 둔 채 를 누르듯이 접으면 된다.

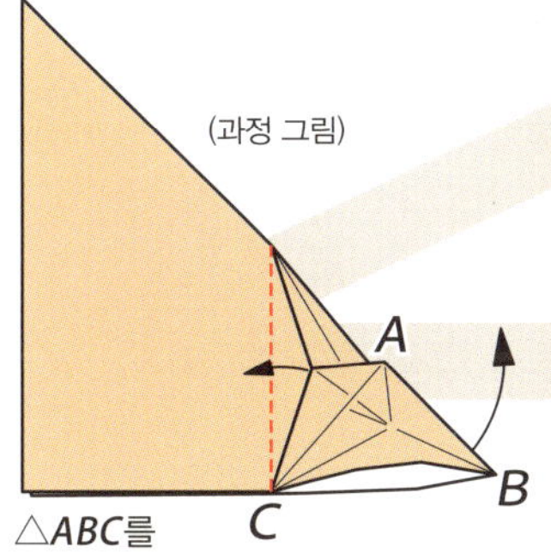

△ABC를 오른쪽으로 넘긴다.

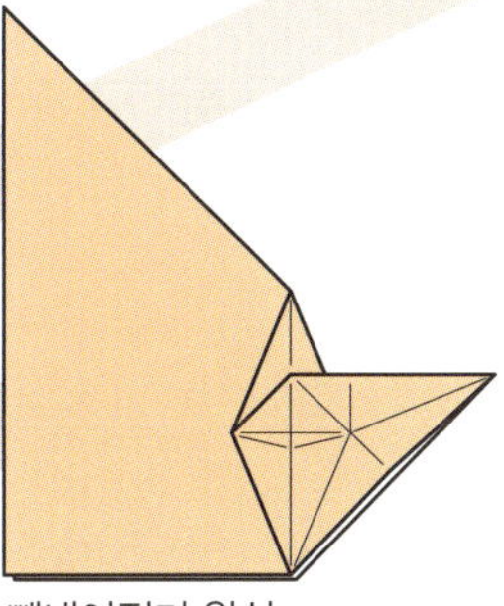

빼내어접기 완성

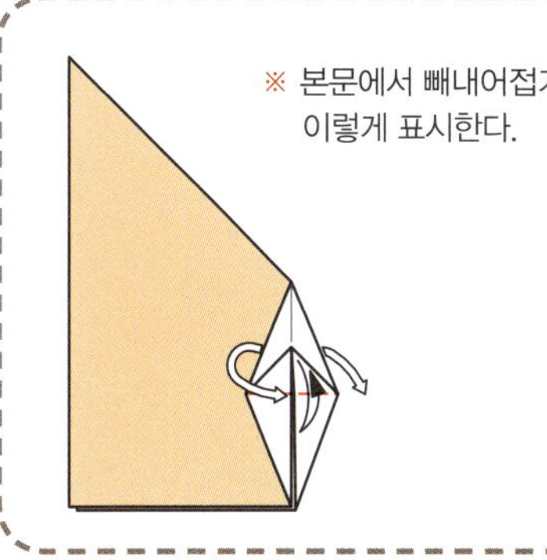

※ 본문에서 빼내어접기는 이렇게 표시한다.

기본형의 종류

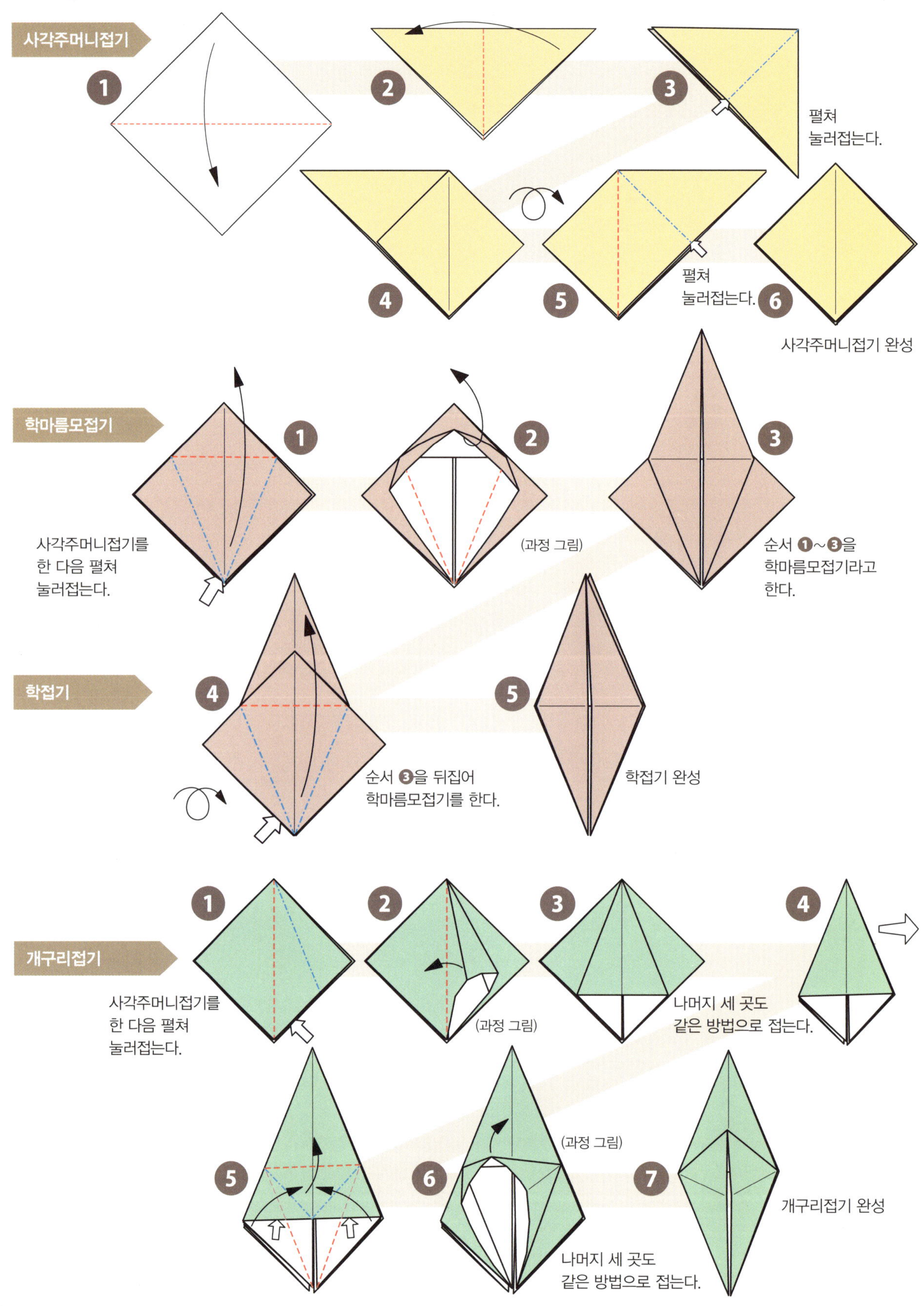

사각주머니접기
1
2
3
펼쳐
눌러접는다.
4
5
펼쳐
눌러접는다.
6
사각주머니접기 완성
학마름모접기
1
사각주머니접기를
한 다음 펼쳐
눌러접는다.
2
(과정 그림)
3
순서 ❶~❸을
학마름모접기라고
한다.
학접기
4
순서 ❸을 뒤집어
학마름모접기를 한다.
5
학접기 완성
개구리접기
1
사각주머니접기를
한 다음 펼쳐
눌러접는다.
2
(과정 그림)
3
나머지 세 곳도
같은 방법으로 접는다.
4
5
6
(과정 그림)
나머지 세 곳도
같은 방법으로 접는다.
7
개구리접기 완성

붓꽃접기

개구리접기 기본형의
순서 ❹에서 한 장만
왼쪽으로 넘겨접고
뒤쪽도 같은
방법으로 접는다.

1
2
3
(과정 그림)
4
나머지 세 곳도
같은 방법으로 접는다.
5
붓꽃접기 완성

16등분 주름접기

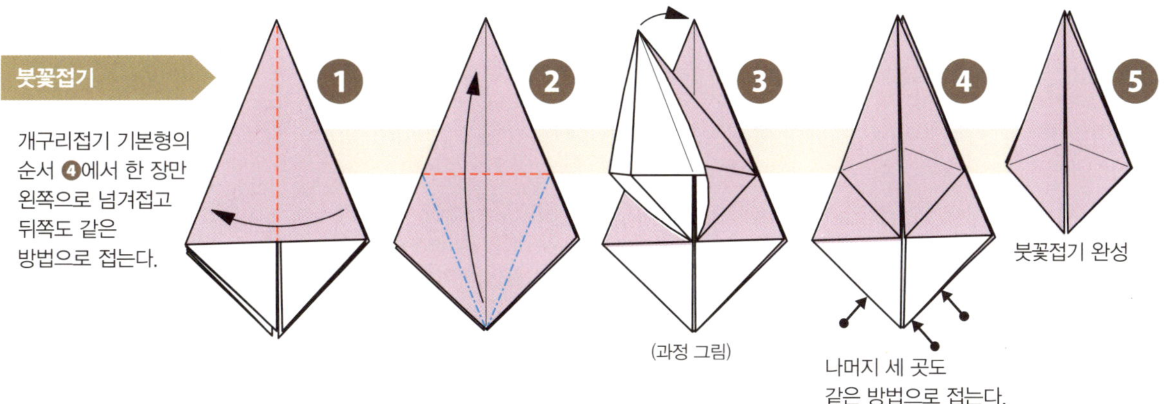

1
2
3
4
5
6
7
8
9
10
수직으로 세운다.
11
반대쪽( )도
순서 ❶~❿과 같은
방법으로 접었다 편다.
12
종이의
방향을
바꾼다.
13
이 방향도
순서 ❶~❿과
같은 방법으로
접었다 편다.
14
16등분
주름접기 완성

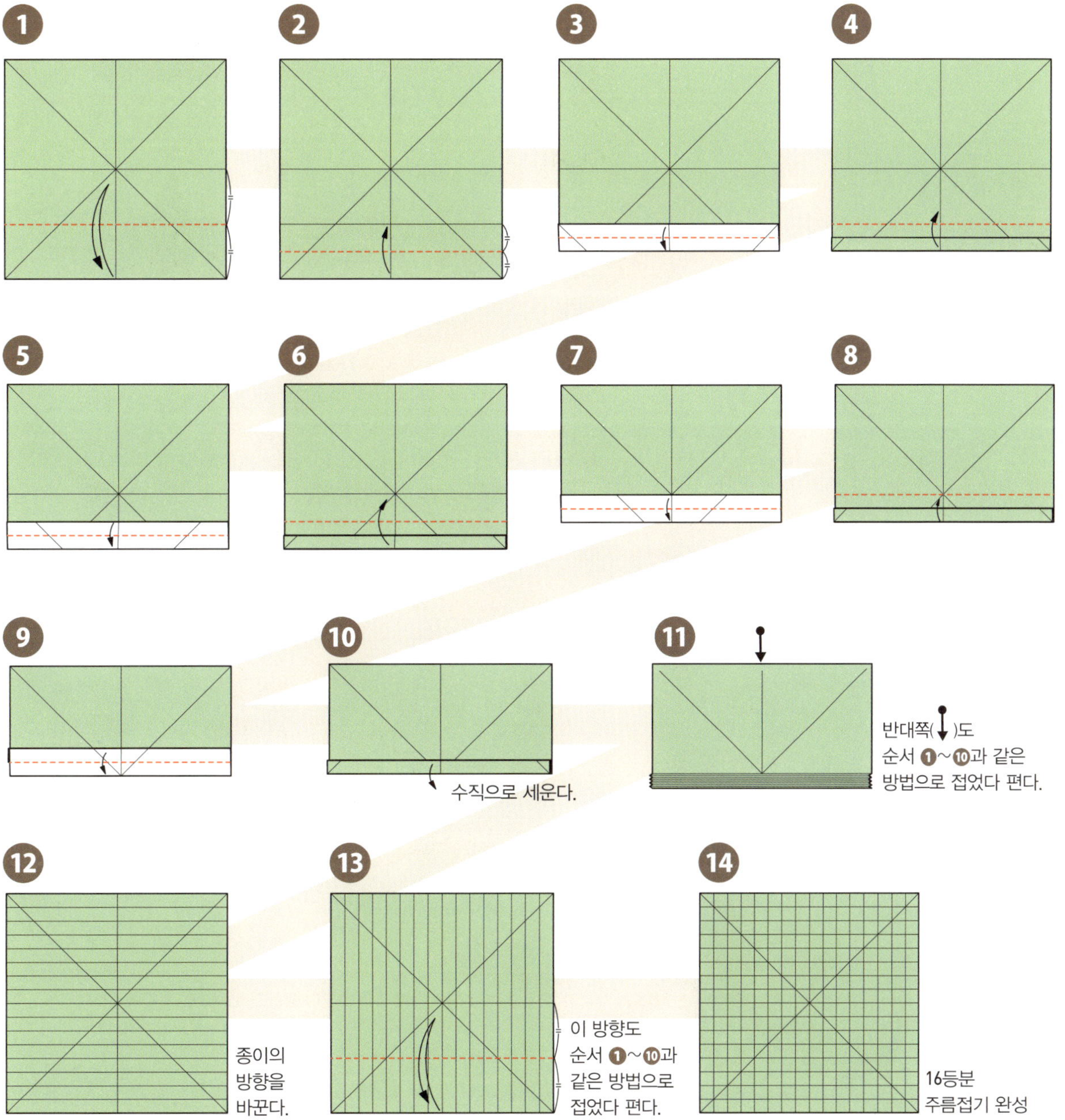

풀먹이기에 대하여

풀먹이기 방법

리얼 종이접기의 큰 특징인 풀먹이기는 과정을 정확하게 파악하고 있어야 제대로 할 수 있습니다. 풀먹이기를 하면 완성 모양이 한층 더 사실적일 뿐 아니라 강도와 내구성이 좋아지므로 중급자 이상은 반드시 시도해 보기 바랍니다. 풀먹이기는 기초접기가 완성된 시점 전후에 하는데(본문에 '풀먹이기 시작'이라고 표기), 종이 뒷면의 필요한 부분에 풀(오른쪽 사진)을 칠합니다. 기초접기 완성 후에는 접는 과정마다 그리고 앞면의 빈틈에도 가능한 한 풀먹이기를 합니다. 다만 기초접기 후 함몰접기를 하거나 주저앉히는 순서가 있으면 그 과정을 끝내고 풀을 먹이거나 그 부분을 남기고 풀을 먹이므로 주의해야 합니다.

원치 않는 부분에 실수로 풀을 칠했을 때에는 바로 지우고 말리거나 닦아 내면 됩니다. 설사 말라 버렸더라도 물을 묻힌 붓으로 그 부분을 적셔 1~2분 후 닦아 내면 됩니다.

◀목공용 본드를 물로 조금 희석한 풀을 준비한다. 털끝의 폭이 1cm 정도인 붓이 풀을 바르기에 편하며, 붓을 씻을 물과 붓을 닦을 헝겊을 준비한다.

1

모서리에 덧댈 종이※를 붙일 때는 한 변의 약 5분의 1 크기로 자른 종이를 필요한 만큼 준비한다.

2

종이(뒷면)의 모서리에 풀을 조금 바르고 덧댈 종이를 붙인다.

3
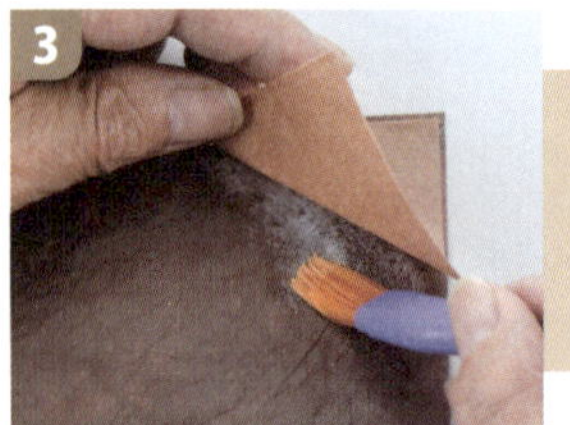
종이에 풀을 바르고 덧댈 종이의 나머지 반을 붙인다.

4

모서리에 덧댈 종이를 모두 붙인 모습(이 경우에는 네 장).

5

각 작품의 '풀먹이기 시작' 단계까지 계속 접어 나간다. 이 작품은 '소리 높여 우는 말'(75쪽).

6

종이를 조심스럽게 펼친다.

7

보조선에 주의하면서 종이 뒷면의 필요한 부분에 풀을 바른다.

8

접는 과정을 생각하며 필요한 부분에만 풀을 바른다.

9

풀먹이기를 하면서 기초접기까지 다시 접은 모습

10

과정 그림을 따라 접으며 완성해 간다.

▼ 풀먹이기를 한 작품

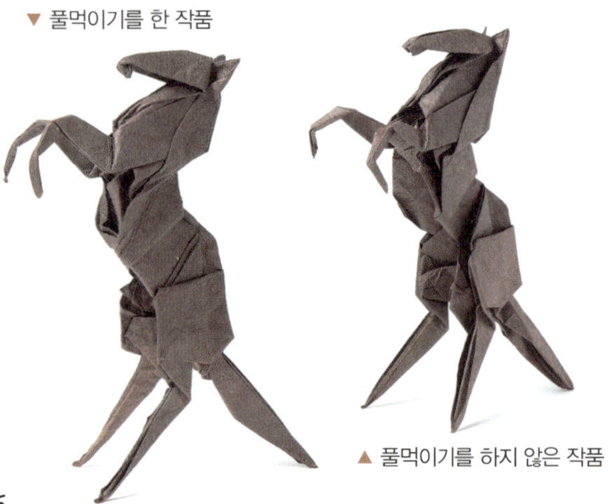

▲ 풀먹이기를 하지 않은 작품

11
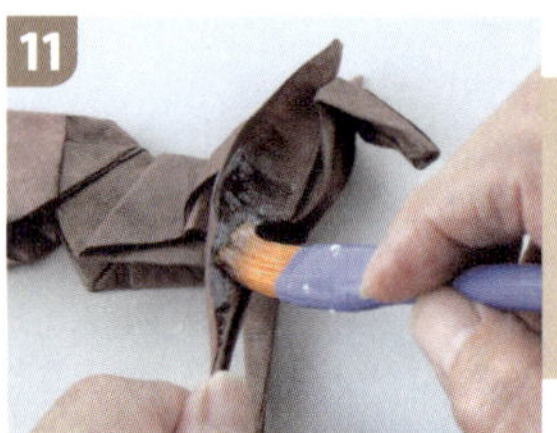
다리 사이 등 좁은 부분에도 가능한 한 풀먹이기를 한다.

12

접기를 마치면 손가락으로 눌러 곡선을 만드는 등 실감나는 형태로 정리하며 모양을 잡는다.

Memo

풀먹이기는 리얼 종이접기의 중요한 요소지만, 하지 않아도 그 즐거움은 충분히 체험할 수 있다.

※ **덧댈 종이** : 여기에서는 이해를 돕기 위해 작품 종이와 색이 다른 종이를 사용했지만 같은 색의 종이를 사용하도록 한다.

종이에 대하여

준비할 종이의 크기와 종류

이 책에서는 사용할 종이의 크기를 적어 두었으므로 참고하면 좋을 것입니다. 여기에서는 모두 화지(오른쪽 사진)를 사용했는데, 가능한 한 얇은 것이 적합합니다. 또한 한층 실감나고 볼품 있게 완성하려면 알맞은 탄력과 강도를 갖춘 화지가 좋습니다. 특히 일반 종이접기용 종이로는 풀먹이기를 하기 어려울 뿐 아니라 완성 후 고급스러운 느낌이 덜 나기 때문입니다.

물론 초보자는 일반 종이접기용 종이를 이용해도 되며, 크기가 18×18cm 이상인 종이가 좋습니다.

준비

필자는 약 90×60cm 크기의 종이를 직접 잘라 사용하는데, 여기에서 그 방법을 소개하겠습니다. 여유 시간에 미리 사각주머니접기(14쪽)를 해두면 종이접기를 하고 싶을 때 언제든지 시작할 수 있어서 편리합니다.

큰 종이를 여섯 개로 접는다.

재단할 때 종이를 접는 예시

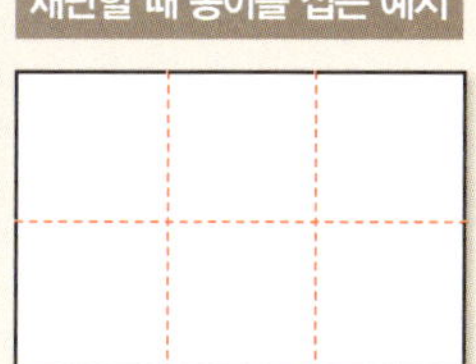
▲ 여섯 칸 접기

2 칼로 접은 선을 따라 자른다.

여섯 장으로 자른 모습

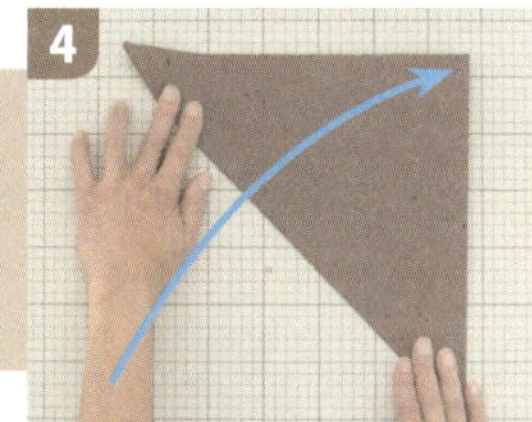

삼각형으로 접는다.

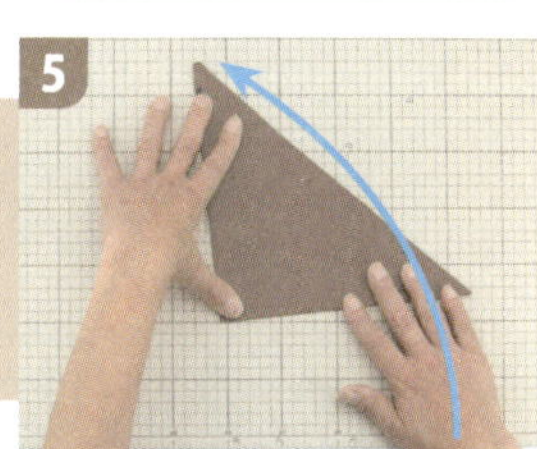

한 번 더 삼각형으로 접는다.

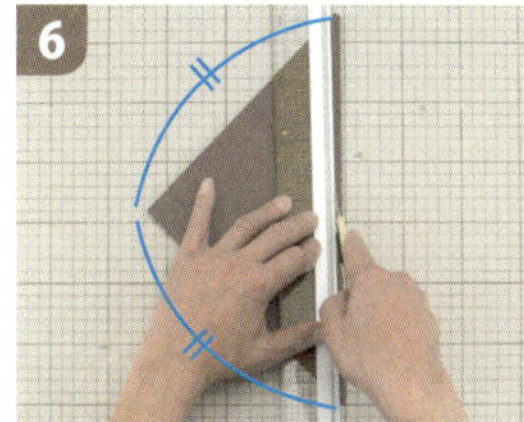

이등변삼각형이 되도록 긴 변을 칼로 잘라낸다.

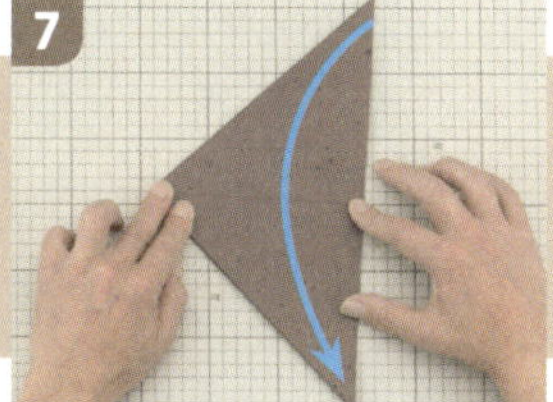

위의 한 장만 삼각형으로 접는다. 이 단계에서 모서리가 정확하게 맞으면 제대로 된 것이다.

사각주머니접기(14쪽)를 한다.

완성. 햇빛에 노출되면 바래므로 보관에 주의한다.

종이를 보강하는 방법

종이가 너무 얇을 때에는 CMC(오른쪽 사진 ① 카복시 메틸 셀루로스)를 바른 후 사용합니다. 필자는 가죽공예용 분말 CMC 20g을 물 50cc에 녹여 사용하는데, 매우 얇은 종이에 바릅니다(오른쪽 사진 ②). 마른 다음 자르면 강도에 신경쓰지 않고 종이접기에 사용할 수 있습니다.

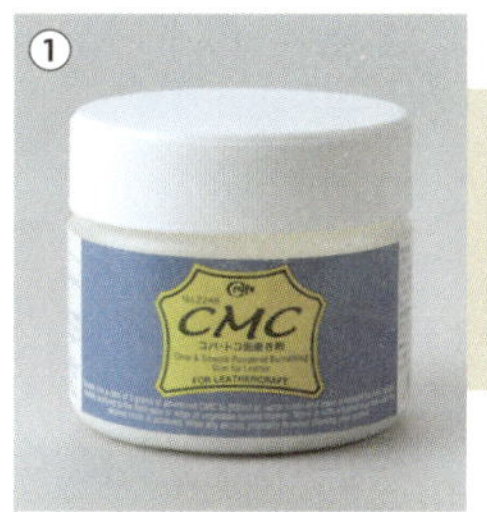

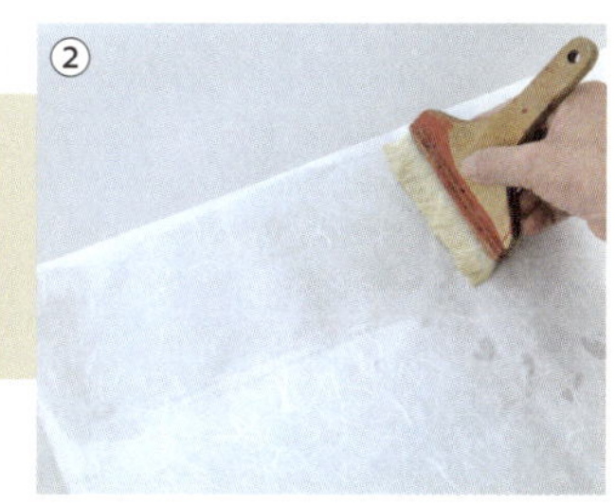

엘라스모사우루스

❖ 난이도 ★★☆☆☆
❖ 사용한 종이 : 22cm×22cm 1장

엘라스모사우루스는 중생대의 후기 백악기에 북아메리카 지역에 서식한 수장룡(중생대 때 살았던 수생파충류)의 일종이다. 앞서 출간된 《놀라운 리얼 종이접기 4 : 물속을 헤엄치는 생물편》에도 수록했지만, 이번에는 목을 더 길게 하고 산선과 골짜기선으로 주름을 잡아 곡선을 만들어 좀 더 리얼하게 표현했다. 물론 주름을 잡지 않고 목의 직선을 살려도 된다.

1

2

3

4

5

6 꼬리 쪽 종이의 방향을 바꾼다. 머리 쪽

7 머리 쪽 꼬리 쪽

8 B C A A-B를 A-C에 맞춘다.

9 (과정 그림) C D A 모서리 A를 C-D 위에 둔다.

10 (과정 그림)

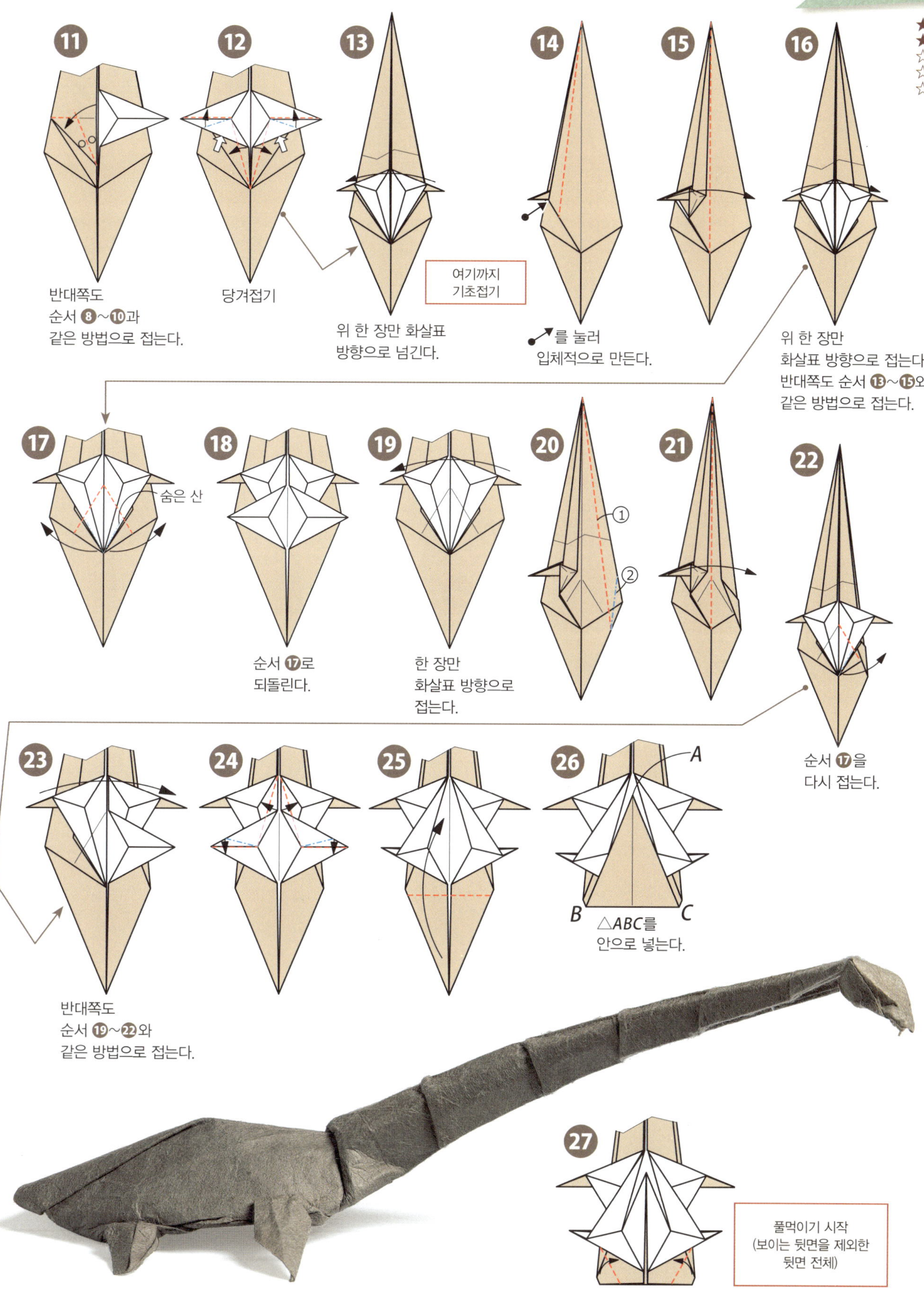
★★☆☆☆
11
반대쪽도
순서 8~10과
같은 방법으로 접는다.
12
당겨접기
13
위 한 장만 화살표
방향으로 넘긴다.
여기까지
기초접기
14
를 눌러
입체적으로 만든다.
15
16
위 한 장만
화살표 방향으로 접는다.
반대쪽도 순서 13~15와
같은 방법으로 접는다.
17
숨은 산
18
순서 17로
되돌린다.
19
한 장만
화살표 방향으로
접는다.
20
①
②
21
22
순서 17을
다시 접는다.
23
반대쪽도
순서 19~22와
같은 방법으로 접는다.
24
25
26
A
B
C
△ABC를
안으로 넣는다.
27
풀먹이기 시작
(보이는 뒷면을 제외한
뒷면 전체)

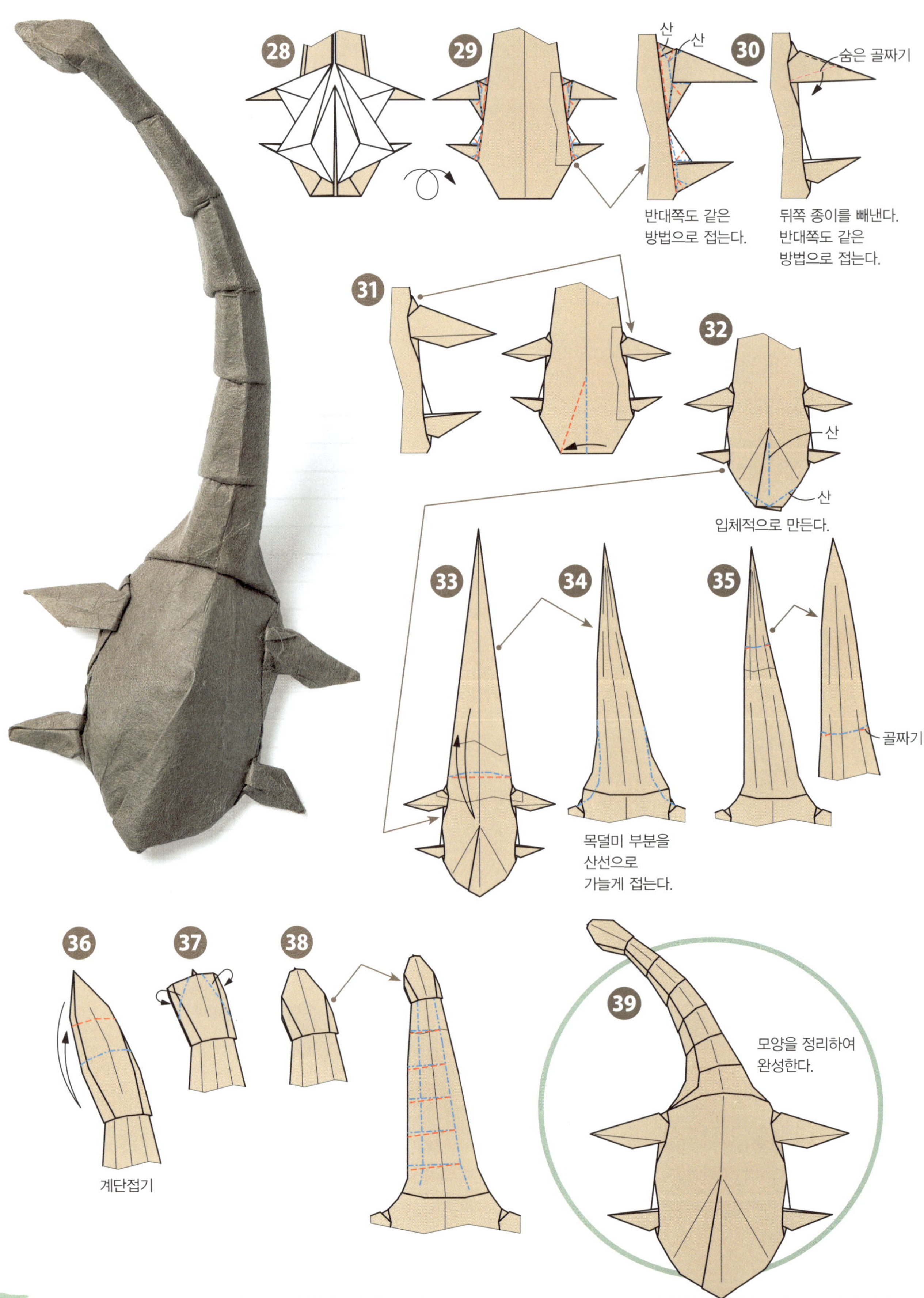
28
29
산
산
30
숨은 골짜기
반대쪽도 같은
방법으로 접는다.
뒤쪽 종이를 빼낸다.
반대쪽도 같은
방법으로 접는다.
31
32
산
산
입체적으로 만든다.
33
34
35
골짜기
목덜미 부분을
산선으로
가늘게 접는다.
36
37
38
계단접기
39
모양을 정리하여
완성한다.

트루돈

❖ 난이도 ★★★☆☆
❖ 사용한 종이 : 32cm×32cm 1장

트루돈은 중생대의 후기 백악기에 북아메리카 대륙에 서식한 깃털 공룡이다. 순서 ㉚에서 뒷다리를 벌리면 다리가 시작되는 부분에 안쪽이 보여 앞다리보다 길게 만들 수 있다. 순서 ㊲~㊷에서 앞다리의 주름을 뒤집는 것이 이 작품의 특징이다. 순서 ⑥⓪에서 목을 들어올릴 때에는 종이가 꽤 두꺼워지므로 찢어지지 않게 주의한다.

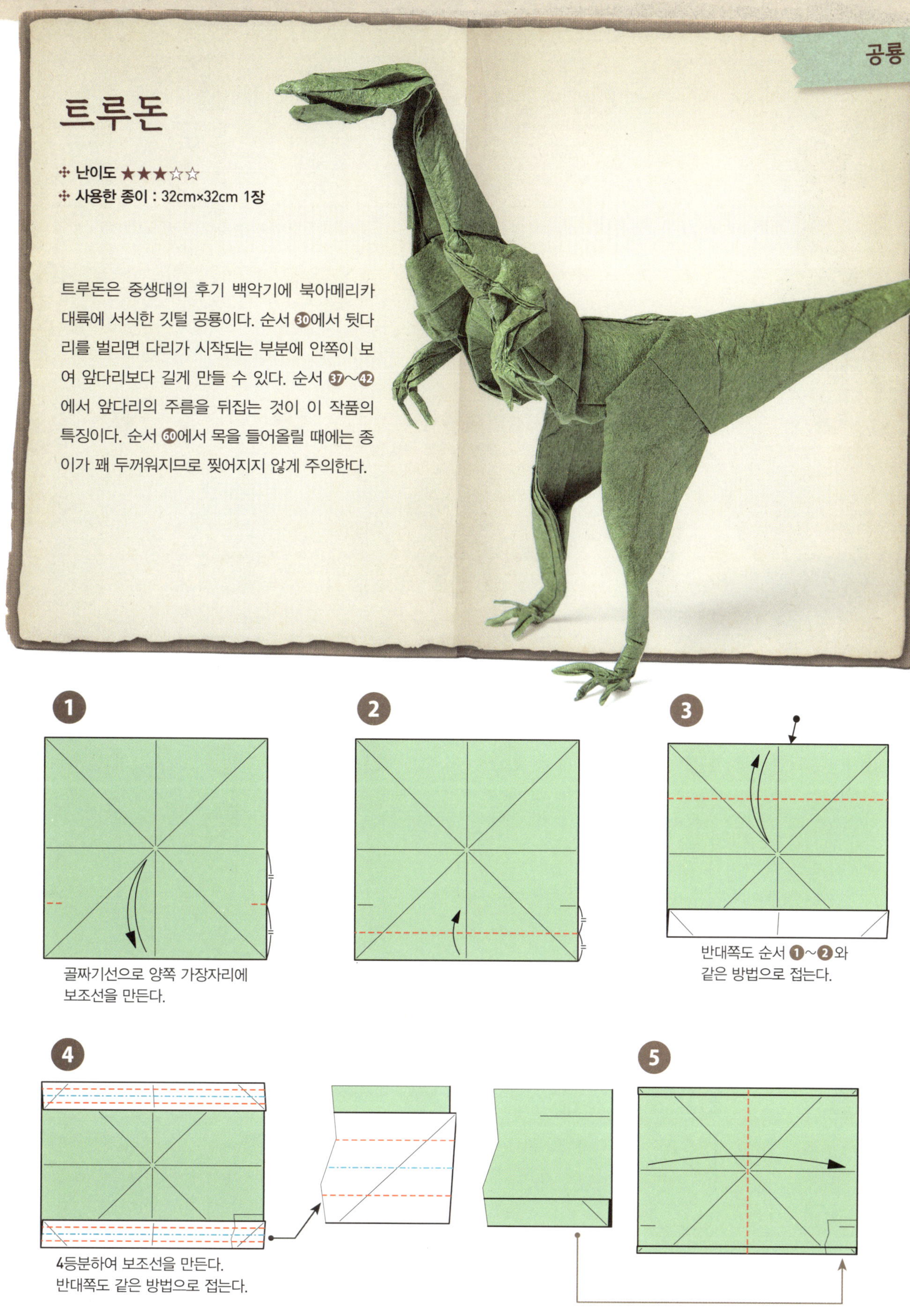

1 골짜기선으로 양쪽 가장자리에 보조선을 만든다.

2

3 반대쪽도 순서 ❶~❷와 같은 방법으로 접는다.

4 4등분하여 보조선을 만든다. 반대쪽도 같은 방법으로 접는다.

5

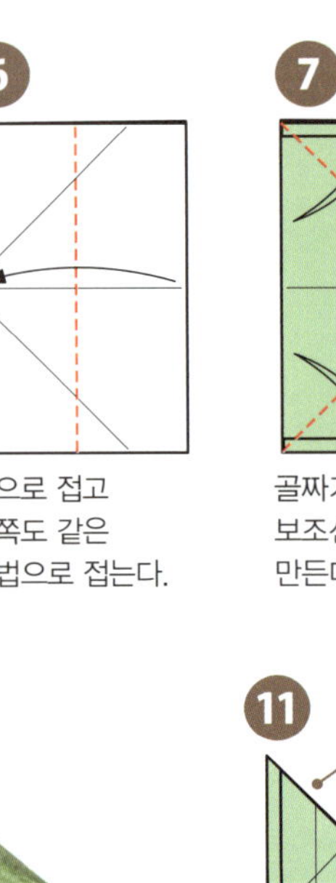

6

반으로 접고
뒤쪽도 같은
방법으로 접는다.

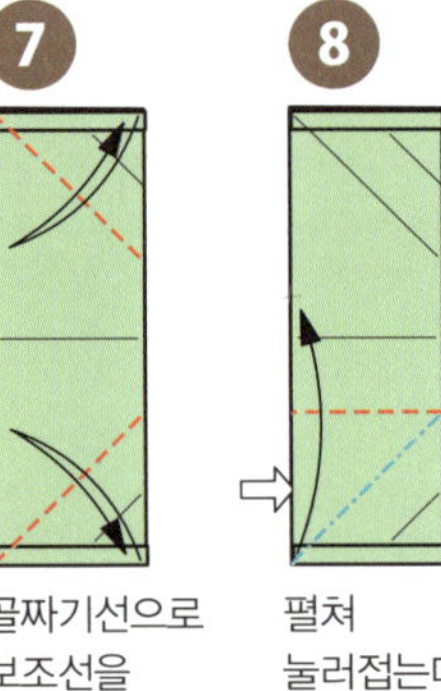

7

골짜기선으로
보조선을
만든다.

8

펼쳐
눌러접는다.

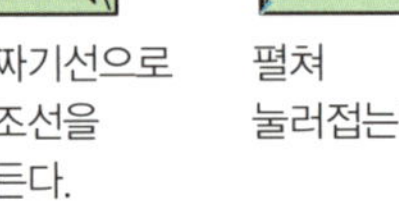

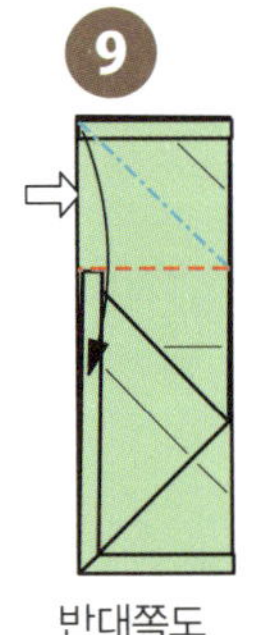

9

반대쪽도
순서 8과
같은 방법으로
접는다.

10

뒤쪽도
순서 8~9와
같은 방법으로
접는다.

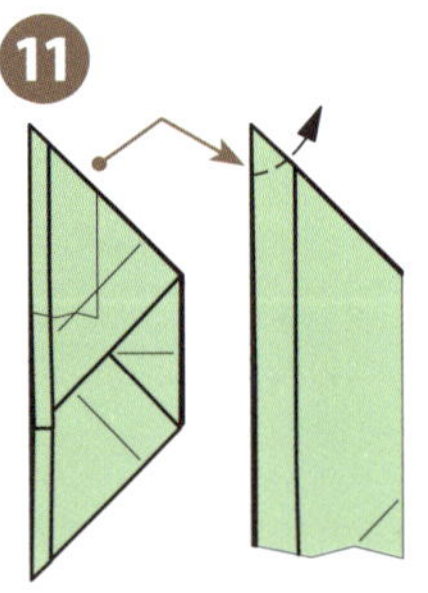

11

안쪽에 있는 종이를
빼낸다.

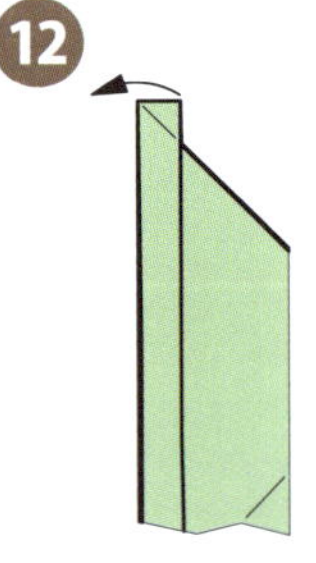

12

주름 부분을
부분적으로
뒤집는다.

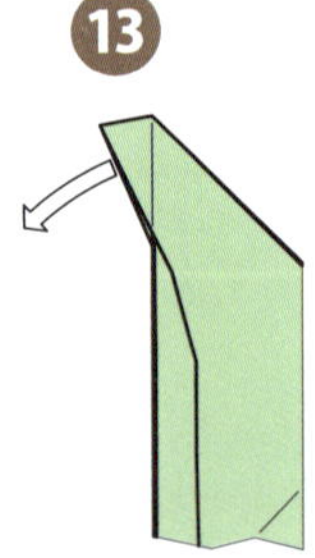

13

(과정 그림)
주름 부분을
빼낸다.

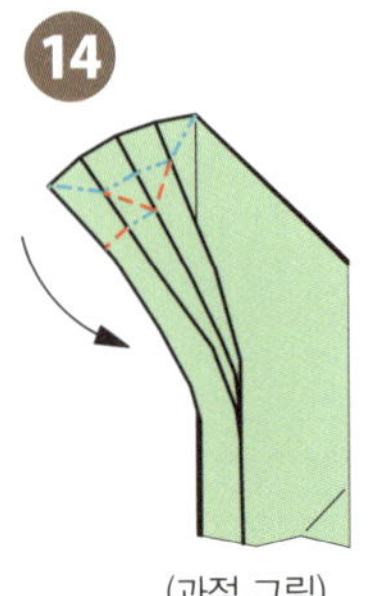

14

(과정 그림)

15

반대쪽도
순서 11~14와
같은 방법으로
접는다.

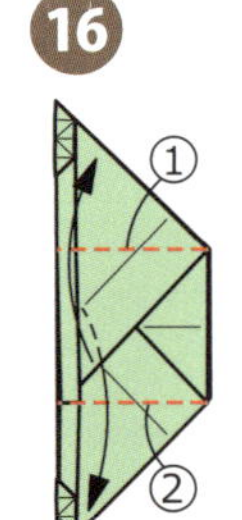

16

표시선처럼 접고
뒤쪽도 같은
방법으로
접는다.

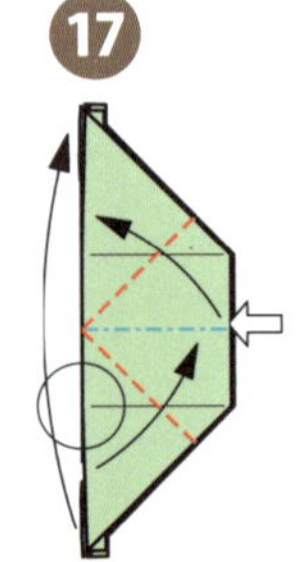

17

첫 번째 풀먹이기
(주름 부분과 ○ 부분을
제외한 뒷면 전체.
순서 31 참고)

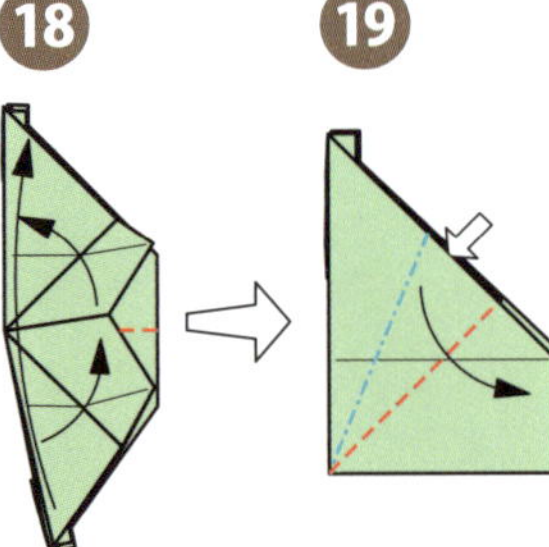

18

(과정 그림)

19

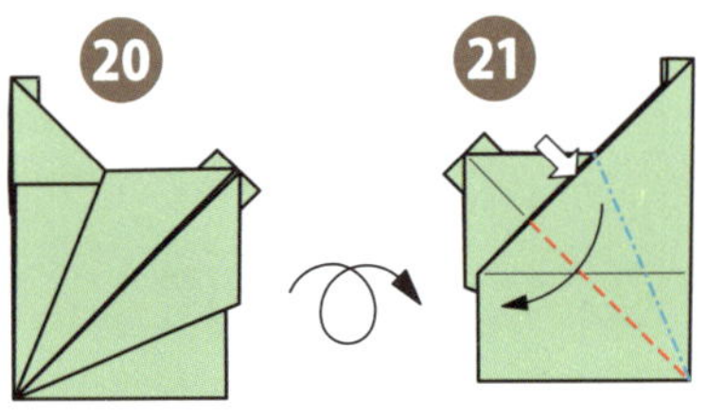

20

21

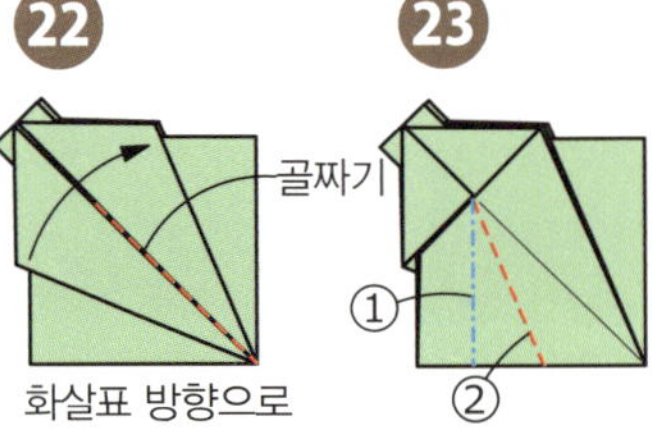

22

화살표 방향으로
한 장 넘긴다.

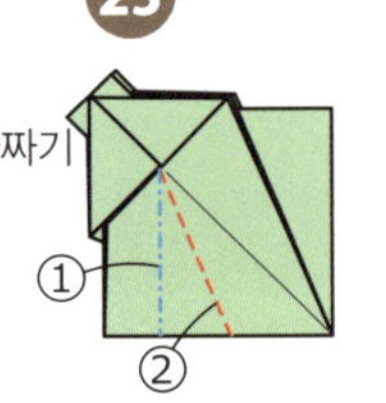

23

골짜기선과
산선으로
보조선을 만든다.

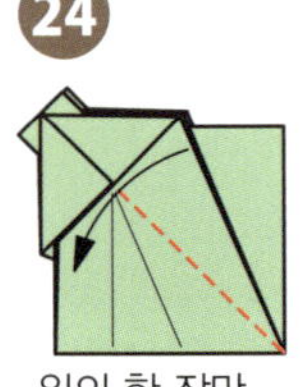

24

위의 한 장만
화살표 방향으로
접어내린다.

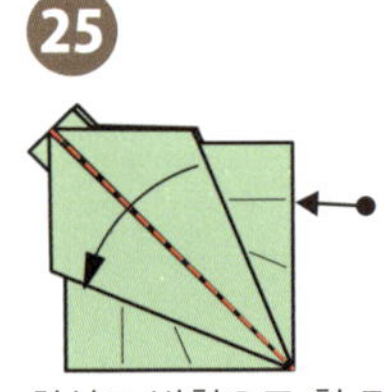

25

화살표 방향으로 한 장 넘기고
반대쪽도 순서 22~24와
같은 방법으로 접는다.
종이의 방향을 바꾼다.

★★★☆☆

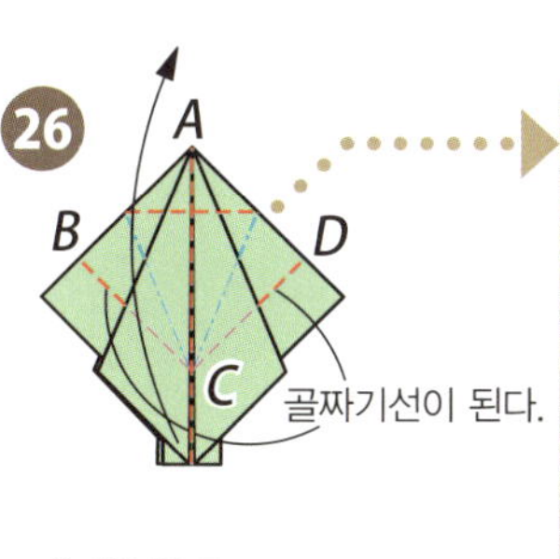

◇*ABCD*로
학마름모접기(14쪽)를 한다.

순서 26을 접는 모습

반대쪽도 같은 방법으로 접는다.

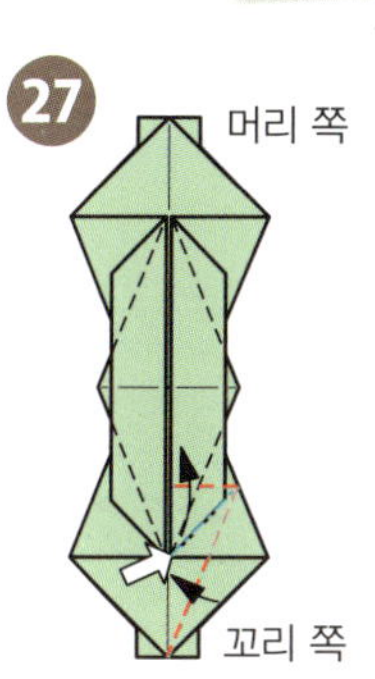

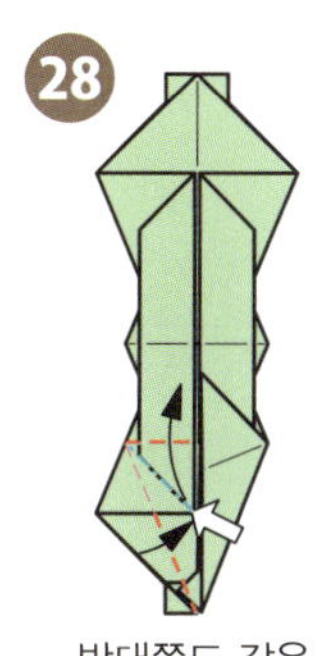

반대쪽도 같은
방법으로 접는다.

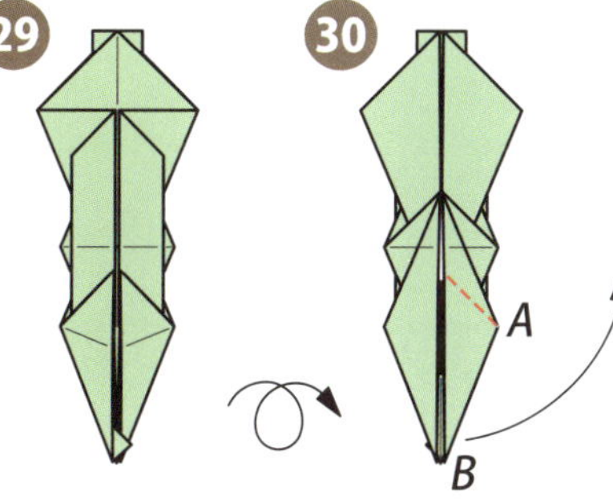

씌워져 있는
한 장을 뒤집는다.
산선 *A-B*는
골짜기가 된다.

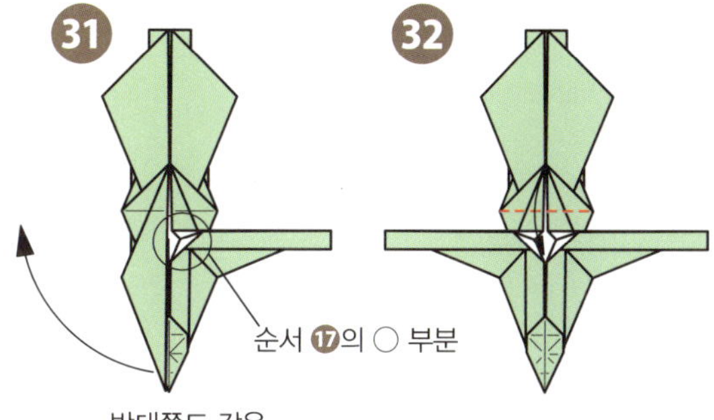

반대쪽도 같은
방법으로 접는다.

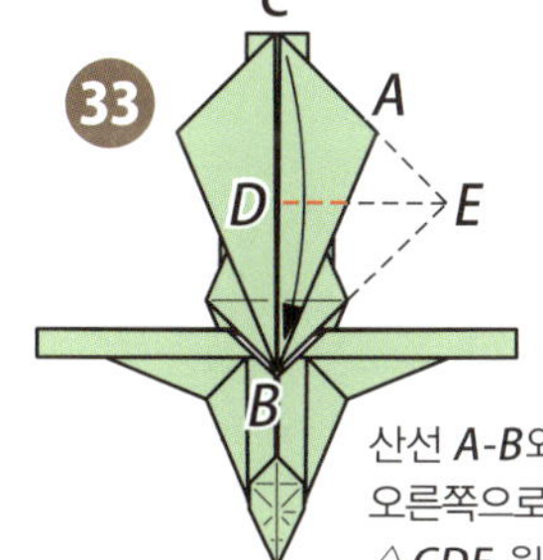

산선 *A-B*와 연결된 뒷장을
오른쪽으로 평편하게 편다.
△*CDE* 윗장만 아래로 내려접고
*A-B*를 산선으로 되돌린다.

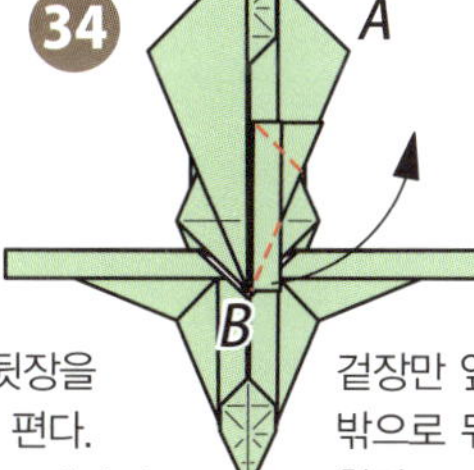

겉장만 앞뒤 동시에
밖으로 뒤집어접기
한다.

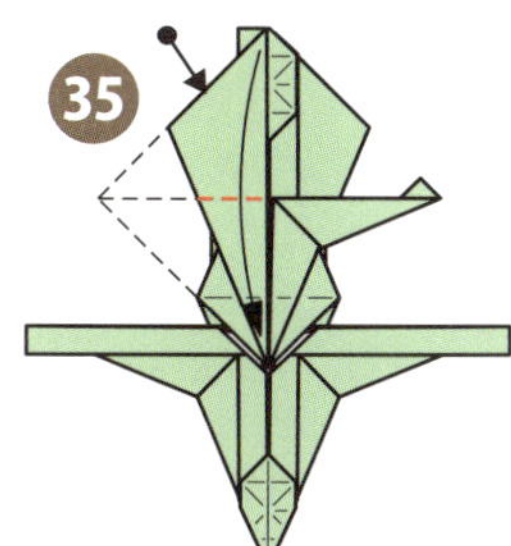

반대쪽도
순서 33~34와
같은 방법으로 접는다.

안쪽에 있는 부분을
모두 빼낸다.

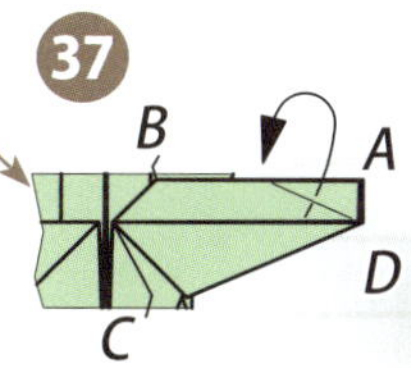

주름 부분
A~D(세 장)를
화살표 방향으로
뒤집는다.

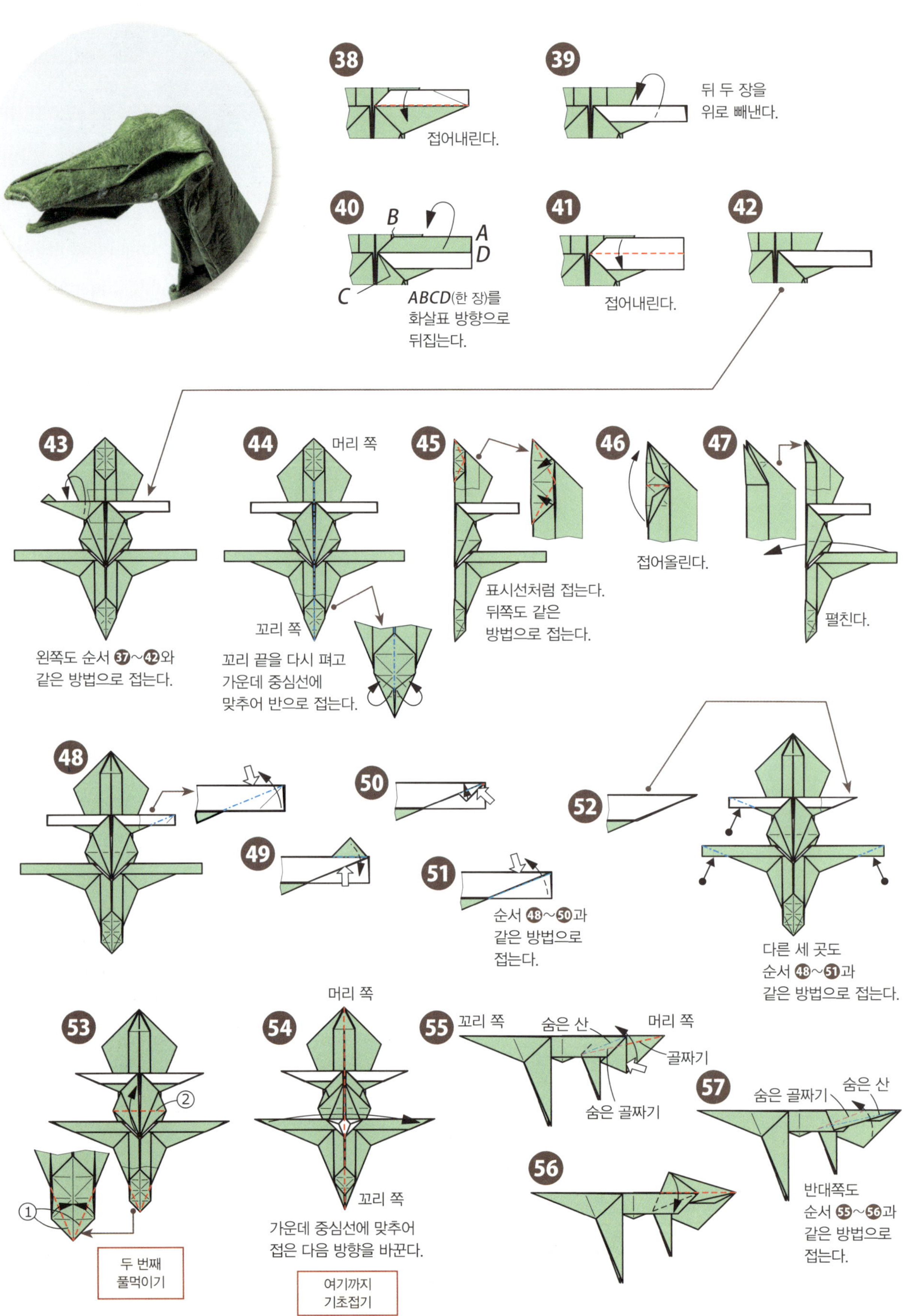
38
접어내린다.
39
뒤 두 장을
위로 빼낸다.
40
B
A
D
C
ABCD(한 장)를
화살표 방향으로
뒤집는다.
41
접어내린다.
42
43
왼쪽도 순서 37~42와
같은 방법으로 접는다.
44
머리 쪽
꼬리 쪽
꼬리 끝을 다시 펴고
가운데 중심선에
맞추어 반으로 접는다.
45
표시선처럼 접는다.
뒤쪽도 같은
방법으로 접는다.
46
접어올린다.
47
펼친다.
48
49
50
51
순서 48~50과
같은 방법으로
접는다.
52
다른 세 곳도
순서 48~51과
같은 방법으로 접는다.
53
②
①
두 번째
풀먹이기
54
머리 쪽
꼬리 쪽
가운데 중심선에 맞추어
접은 다음 방향을 바꾼다.
여기까지
기초접기
55
꼬리 쪽
숨은 산
머리 쪽
골짜기
숨은 골짜기
56
57
숨은 골짜기
숨은 산
반대쪽도
순서 55~56과
같은 방법으로
접는다.

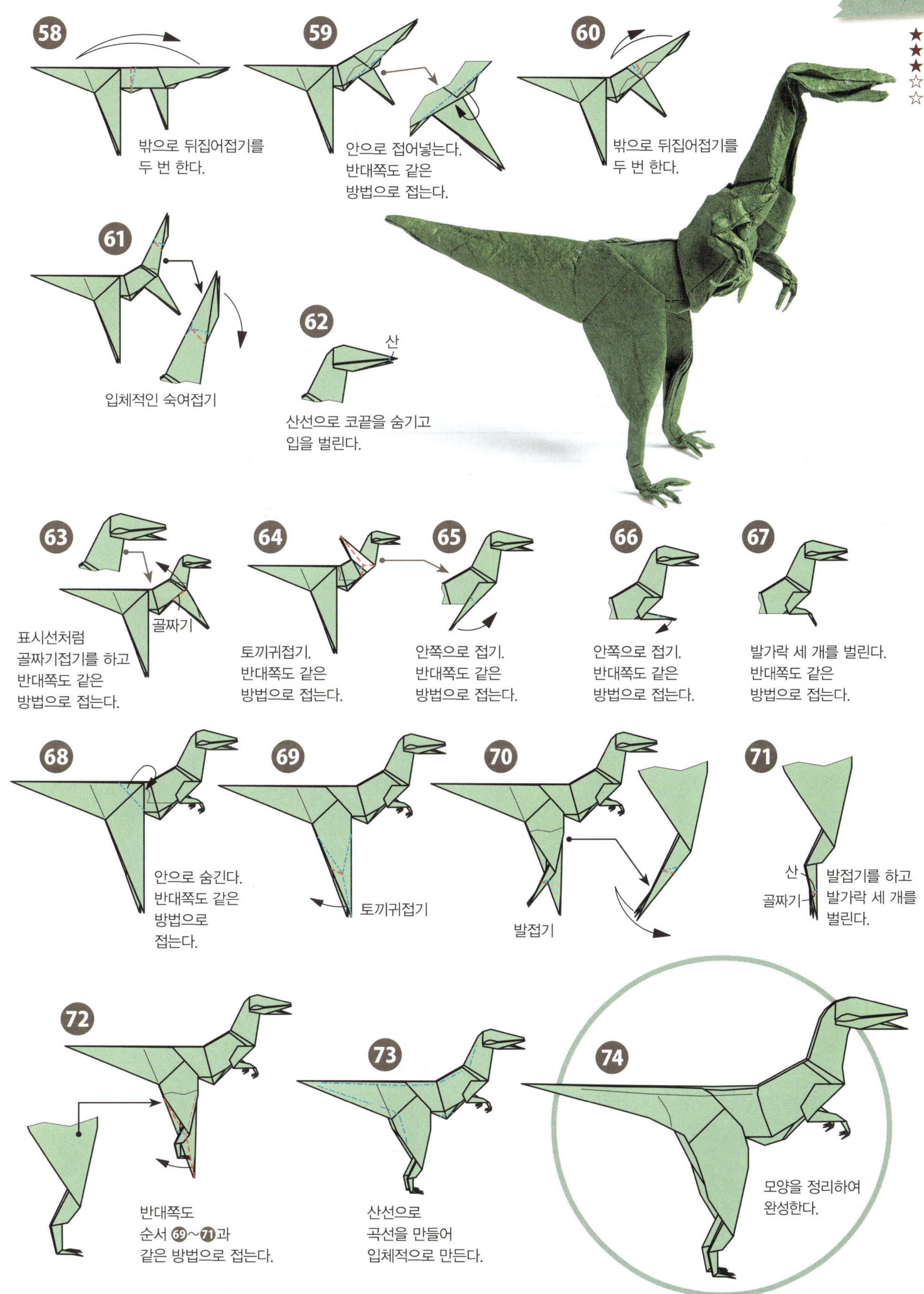
58
밖으로 뒤집어접기를
두 번 한다.
59
안으로 접어넣는다.
반대쪽도 같은
방법으로 접는다.
60
밖으로 뒤집어접기를
두 번 한다.
61
입체적인 숙여접기
62
산
산선으로 코끝을 숨기고
입을 벌린다.
63
골짜기
표시선처럼
골짜기접기를 하고
반대쪽도 같은
방법으로 접는다.
64
토끼귀접기.
반대쪽도 같은
방법으로 접는다.
65
안쪽으로 접기.
반대쪽도 같은
방법으로 접는다.
66
안쪽으로 접기.
반대쪽도 같은
방법으로 접는다.
67
발가락 세 개를 벌린다.
반대쪽도 같은
방법으로 접는다.
68
안으로 숨긴다.
반대쪽도 같은
방법으로
접는다.
69
토끼귀접기
70
발접기
71
산
골짜기
발접기를 하고
발가락 세 개를
벌린다.
72
반대쪽도
순서 69~71과
같은 방법으로 접는다.
73
산선으로
곡선을 만들어
입체적으로 만든다.
74
모양을 정리하여
완성한다.

아르젠티노사우루스

❖ 난이도 ★★★☆☆
❖ 사용한 종이 : 32cm×32cm 1장

대형 초식 공룡인 아르젠티노사우루스는 목과 꼬리가 매우 길다. 중생대의 백악기 전기부터 후기에 걸쳐 남아메리카에 서식했다. 처음에 사각주머니의 중심점에서 3등분각을 만들기 위해 순서 ❶의 과정을 넣었다. 완성된 상태에서 머리가 다소 처질 수 있으므로 목덜미에서부터 밖으로 뒤집어접기를 두 번 하여 들어올려도 된다.

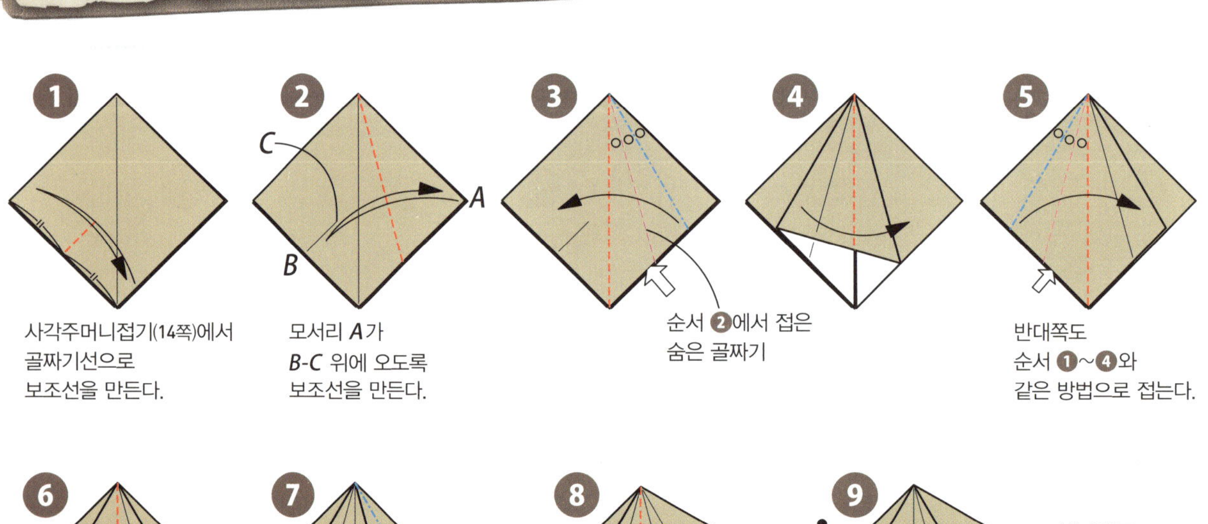

1. 사각주머니접기(14쪽)에서 골짜기선으로 보조선을 만든다.
2. 모서리 *A*가 *B-C* 위에 오도록 보조선을 만든다.
3. 순서 ❷에서 접은 숨은 골짜기
5. 반대쪽도 순서 ❶~❹와 같은 방법으로 접는다.

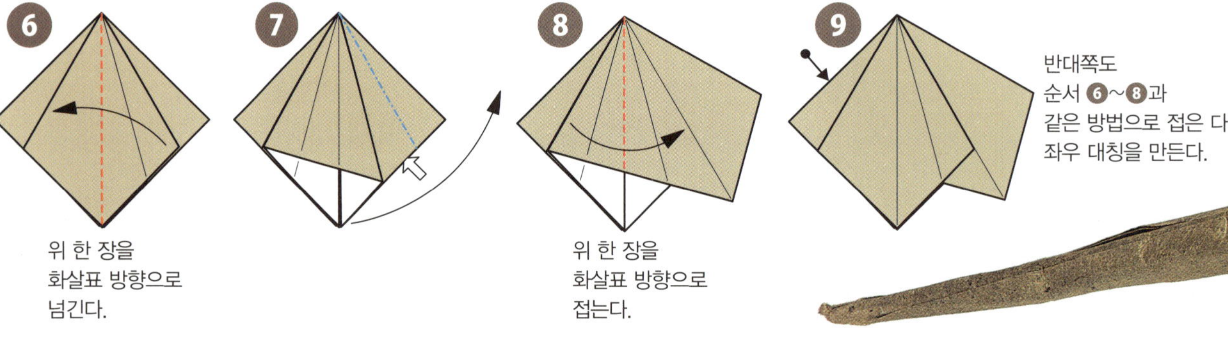

6. 위 한 장을 화살표 방향으로 넘긴다.
8. 위 한 장을 화살표 방향으로 접는다.
9. 반대쪽도 순서 ❻~❽과 같은 방법으로 접은 다음 좌우 대칭을 만든다.

★★★☆☆

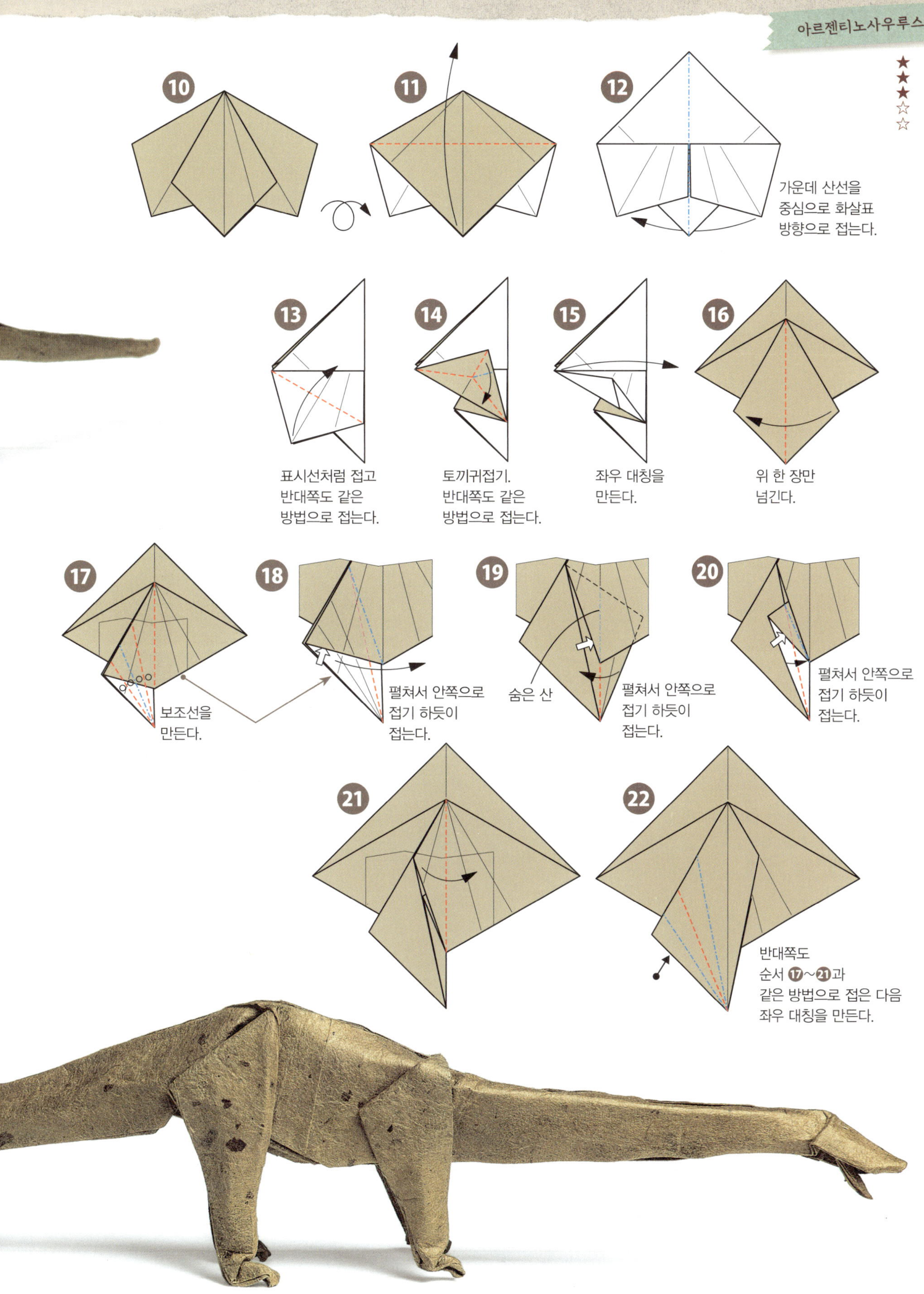
10
11
12
가운데 산선을
중심으로 화살표
방향으로 접는다.
13
표시선처럼 접고
반대쪽도 같은
방법으로 접는다.
14
토끼귀접기.
반대쪽도 같은
방법으로 접는다.
15
좌우 대칭을
만든다.
16
위 한 장만
넘긴다.
17
보조선을
만든다.
18
펼쳐서 안쪽으로
접기 하듯이
접는다.
19
숨은 산
펼쳐서 안쪽으로
접기 하듯이
접는다.
20
펼쳐서 안쪽으로
접기 하듯이
접는다.
21
22
반대쪽도
순서 17~21과
같은 방법으로 접은 다음
좌우 대칭을 만든다.

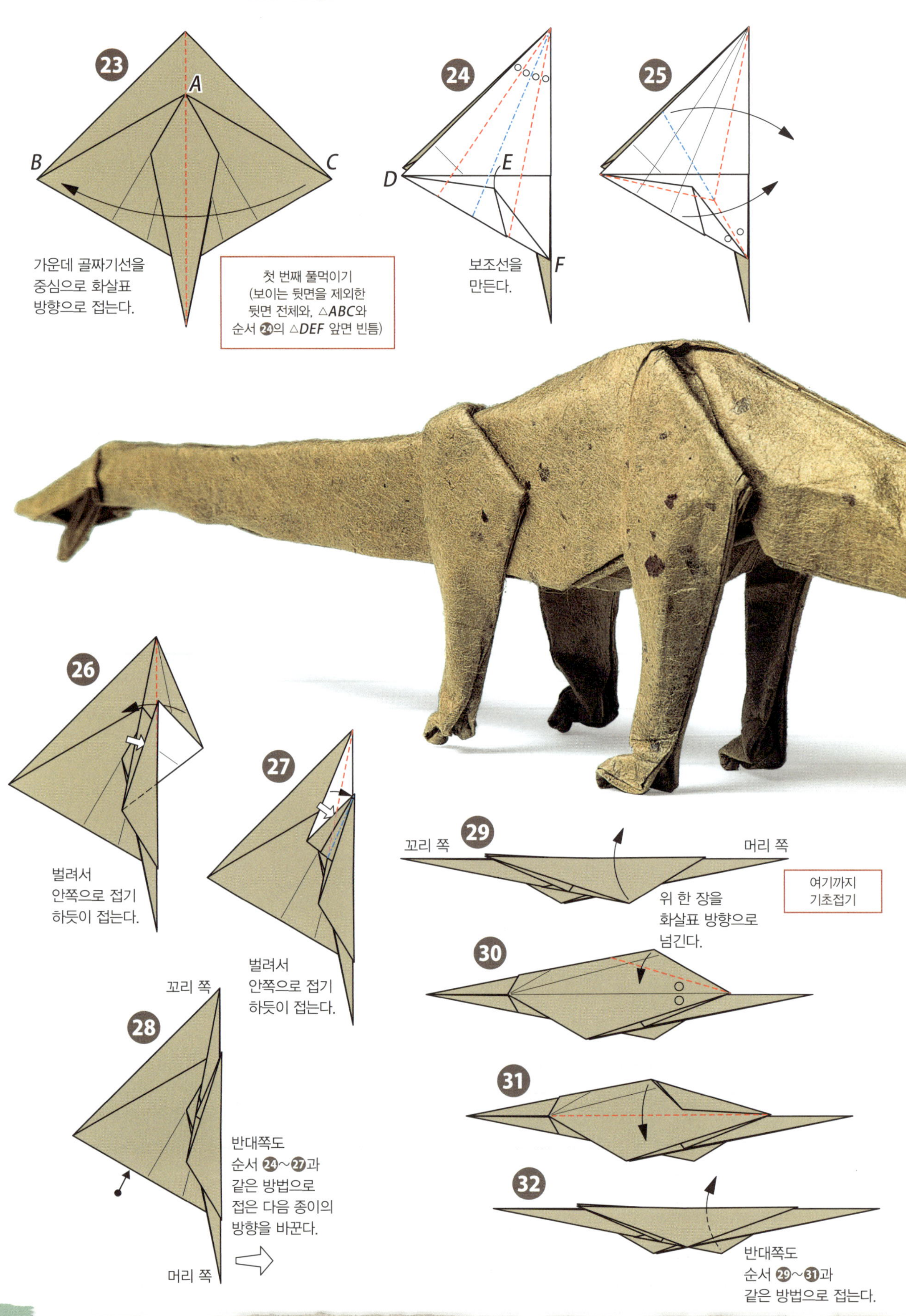
23
A
B
C
가운데 골짜기선을
중심으로 화살표
방향으로 접는다.
첫 번째 풀먹이기
(보이는 뒷면을 제외한
뒷면 전체와, △ABC와
순서 24의 △DEF 앞면 빈틈)
24
D
E
F
보조선을
만든다.
25
26
벌려서
안쪽으로 접기
하듯이 접는다.
27
벌려서
안쪽으로 접기
하듯이 접는다.
28
꼬리 쪽
머리 쪽
반대쪽도
순서 24~27과
같은 방법으로
접은 다음 종이의
방향을 바꾼다.
29
꼬리 쪽
머리 쪽
위 한 장을
화살표 방향으로
넘긴다.
여기까지
기초접기
30
31
32
반대쪽도
순서 29~31과
같은 방법으로 접는다.

33

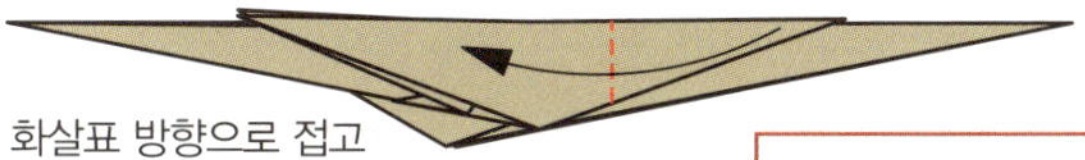

화살표 방향으로 접고
반대쪽도 같은 방법으로
접는다.

두 번째 풀먹이기
(뒷면 전체)

34

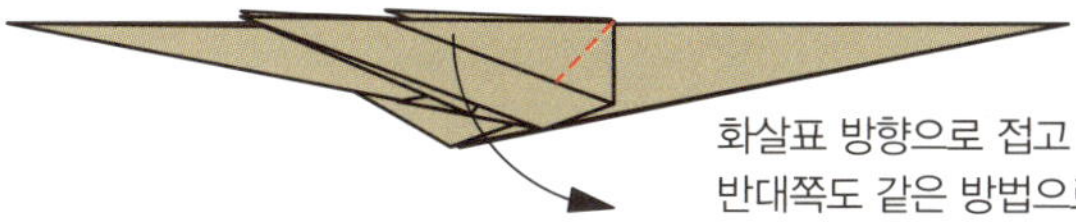

화살표 방향으로 접고
반대쪽도 같은 방법으로
접는다.

35

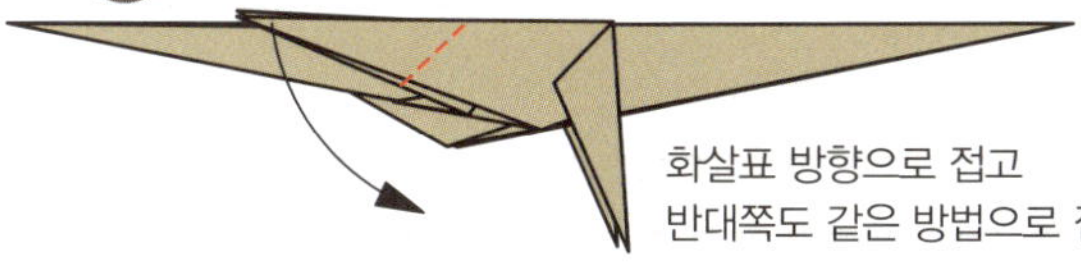

화살표 방향으로 접고
반대쪽도 같은 방법으로 접는다.

36

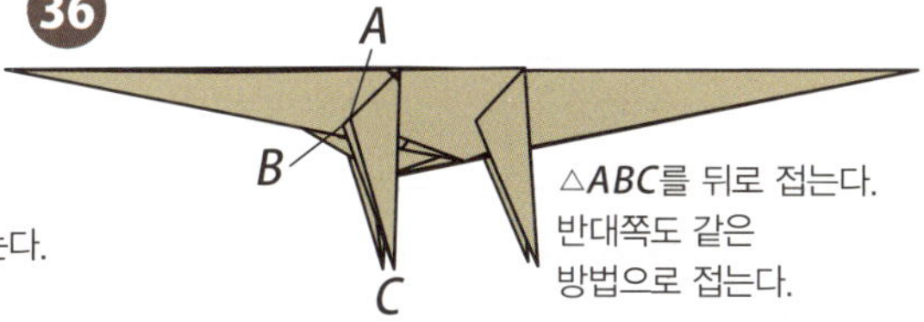

△*ABC*를 뒤로 접는다.
반대쪽도 같은
방법으로 접는다.

37

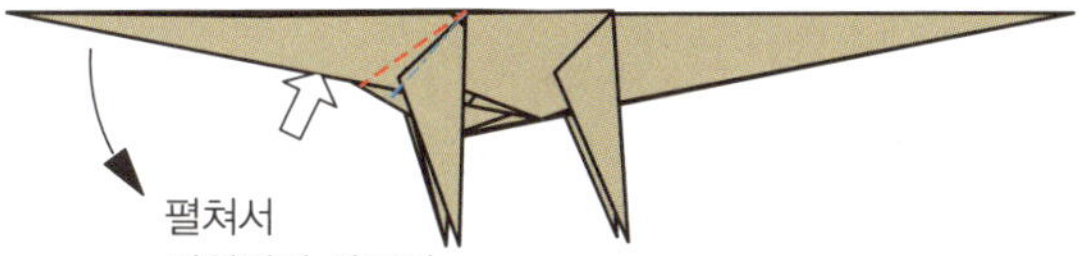

펼쳐서
씌워접기 하듯이
접는다.

38

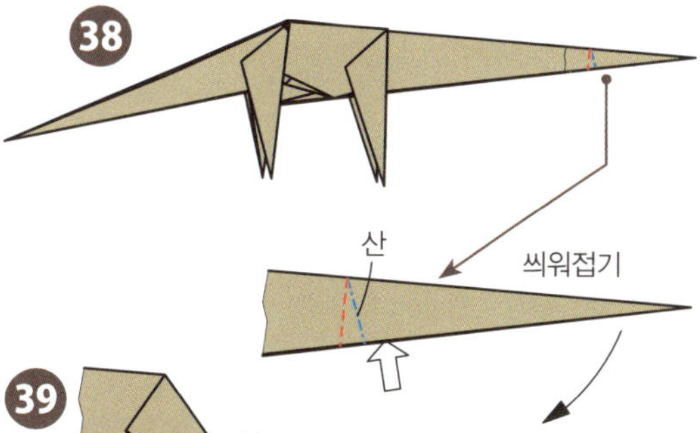

39

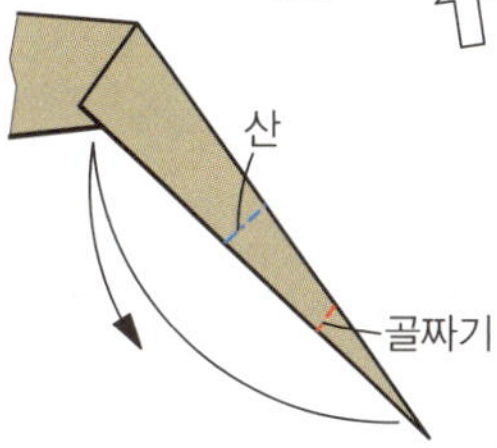

40

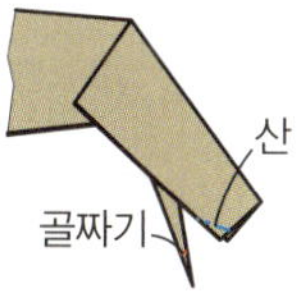

아래턱을 밖으로
뒤집어접기

41

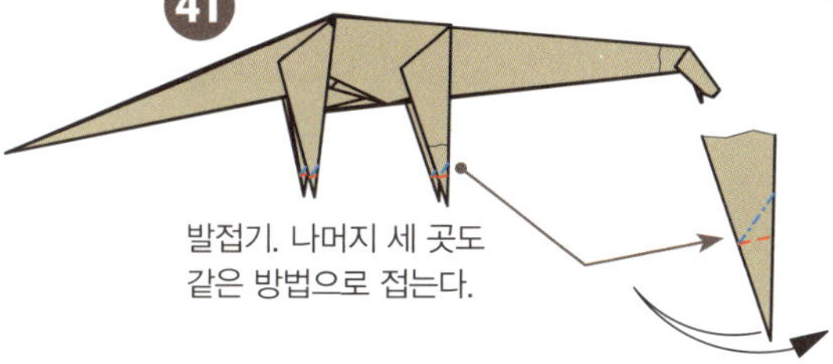

발접기. 나머지 세 곳도
같은 방법으로 접는다.

42

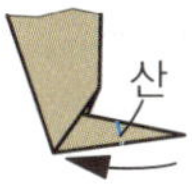

43

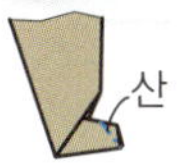

안쪽으로 접기.
나머지 세 곳도 같은
방법으로 접는다.

44

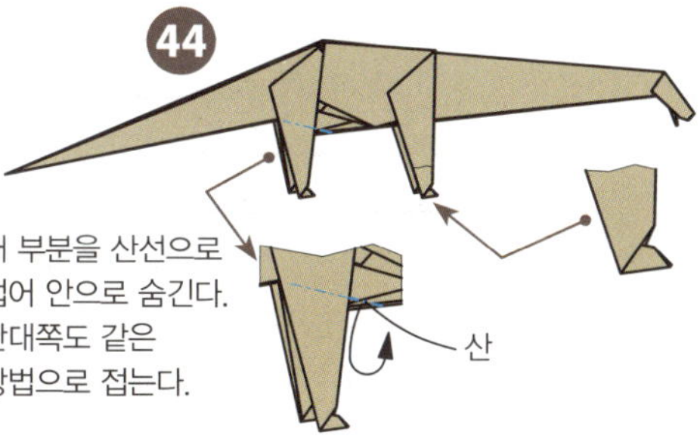

배 부분을 산선으로
접어 안으로 숨긴다.
반대쪽도 같은
방법으로 접는다.

45

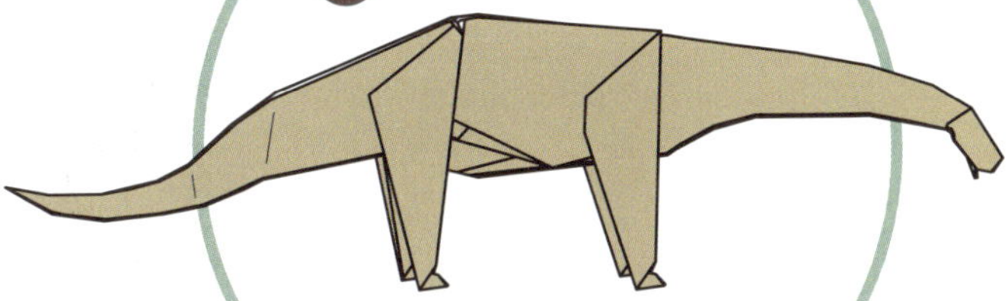

모양을 정리하여
완성한다.

티라노사우루스

❖ 난이도 ★★★☆☆
❖ 사용한 종이 : 32cm×32cm 1장

티라노사우루스는 중생대의 후기 백악기에 북아메리카에 서식한 거대 육식 공룡이다. 첫 번째 《놀라운 리얼 종이접기》에도 실렸지만 형태와 접는 법은 다르다. 그때는 주름접기와 학접기를 접목한 기초접기였는데 이번에는 주름접기만으로 만들었다. 주름접기 작품 가운데 비교적 쉬운 작품이다.

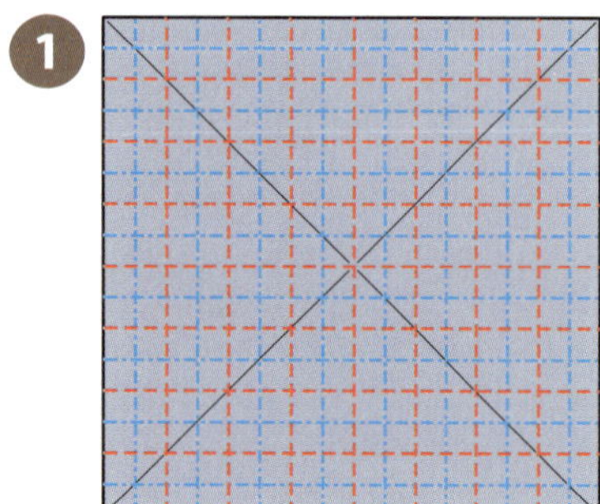

1 16등분으로 보조선을 만든다(15쪽).

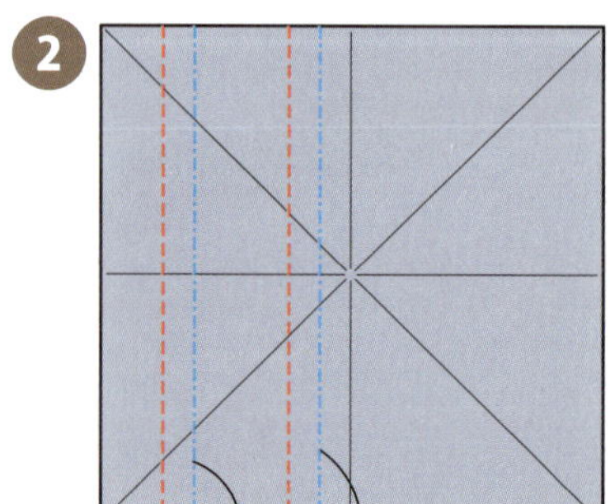

2 왼쪽에서 세 번째 산 가운데에서 첫 번째 산

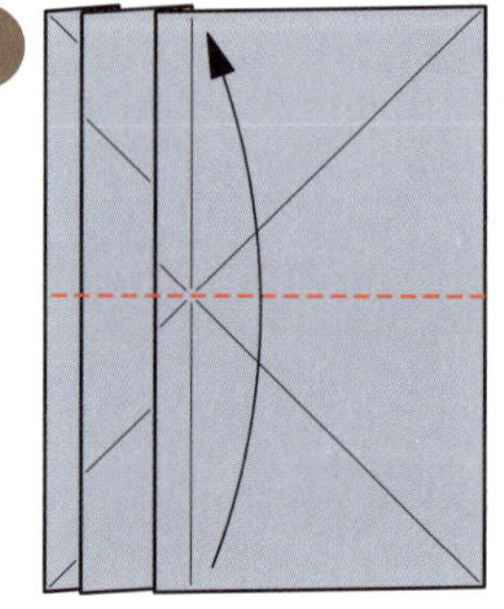

3 2등분하여 골짜기선으로 접는다.

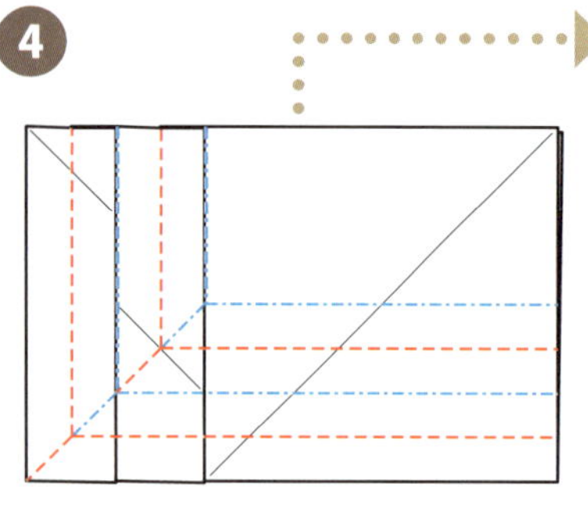

4

4-1 왼쪽에서 세 번째 모서리에 45도의 골짜기선을 만들어 접는다.

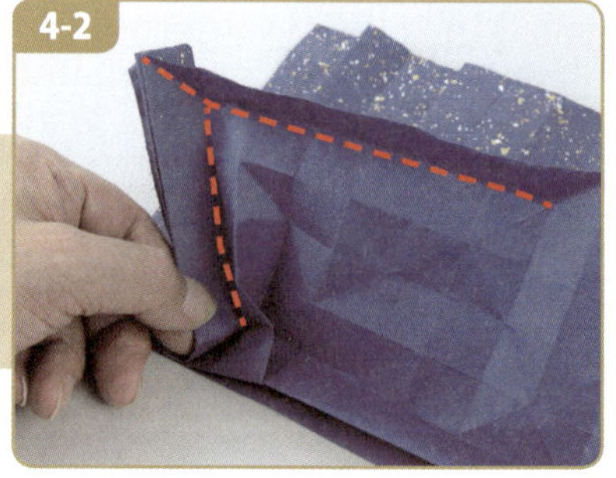

4-2 골짜기선으로 접는다.

★★★★☆

접은 모습

모서리에 45도의 골짜기선을 만든다.

오른쪽에서 세 번째 모서리에 45도의 골짜기선을 만든다.

접은 모습

위에서 본 모습

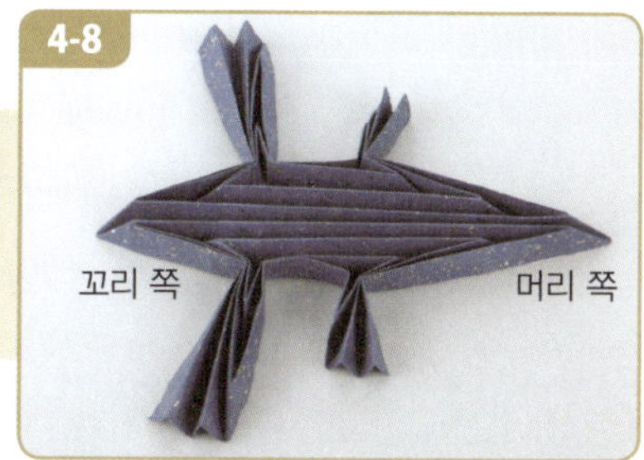

반대쪽도 같은 방법으로 접는다.

5

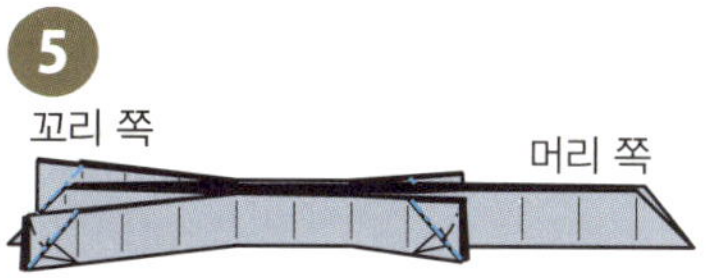

모서리 여덟 곳 모두 안쪽으로 접기 한다.

6

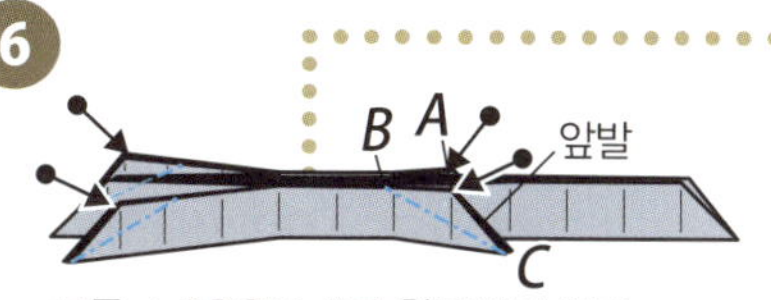

모든 △ABC(12개)를 함몰접기 한다. 앞발은 바깥쪽 한 개를 숨긴다.

앞발을 숨긴 모습

7

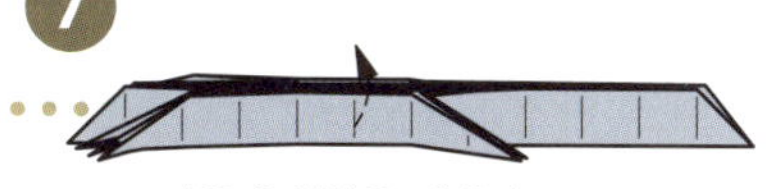
가운데 산선을 빼내어 등을 만든다.

여기까지 기초접기

빼낸 모습

티라노사우루스의 전개도

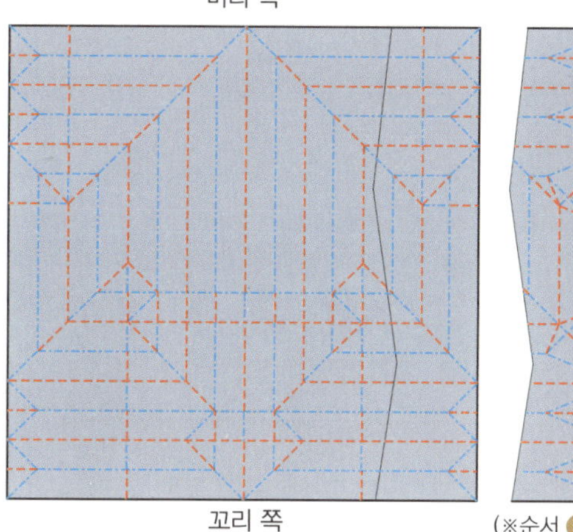

8
B
A
C
D
뒷다리를 오른쪽은 넘긴 다음
반대쪽도 같은 방법으로 접는다.
풀먹이기 시작
(ABCD의 뒷면은 제외)
9
표시선처럼 골짜기선으로 접고
반대쪽도 같은 방법으로 접는다.
10
③
②
①
①과 ②를 안으로 숨기고 ③을
화살표 방향으로 접는다. 반대쪽도
모두 같은 방법으로 접는다.
11
밖으로 뒤집어접기를 두 번 한다.
12
입체적인 숙여접기
13
눈을 만든다. 반대쪽도
같은 방법으로 접는다.
14
표시선처럼 접고
반대쪽도 같은
방법으로 접는다.
15
산
산
골짜기
골짜기
산
16
산
를 벌려 접는다.
17
안으로 숨긴다.
반대쪽도 같은
방법으로 접는다.
18
산
골짜기
표시선처럼 접어 다리를
구부리고 반대쪽도 같은
방법으로 접는다.
19
토끼귀접기.
반대쪽도 같은
방법으로 접는다.
20
안으로 숨긴다
산
골짜기
발접기.
앞발과 뒷발의 발톱을 벌리고
반대쪽도 같은 방법으로 접는다.
21
모양을 정리하여 완성한다.

파키케팔로사우루스

❖ 난이도 ★★★★☆
❖ 사용한 종이 : 32cm×32cm 1장

파키케팔로사우루스는 중생대의 후기 백악기에 북아메리카 서부에 서식한 박치기 공룡이다. 16등분 주름접기를 이용해 머리 뒤쪽 양옆에 돌기를 네 쌍 만들었다. 다리 부분에는 작은 모서리가 두 개 생기므로 이 모서리를 뾰족하게 만들어 꼬리 쪽에 배치하면 잘 서게 된다.

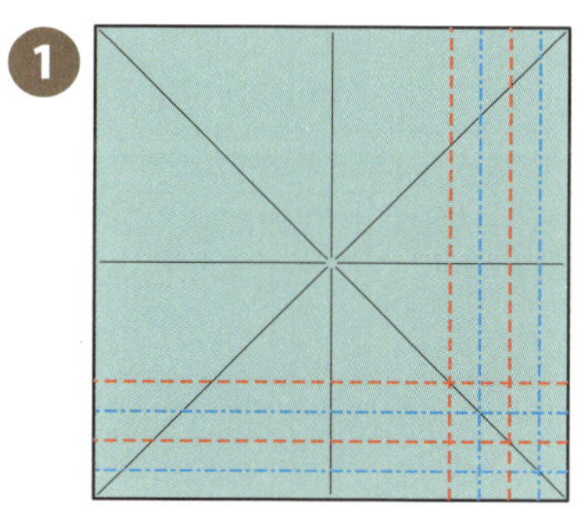

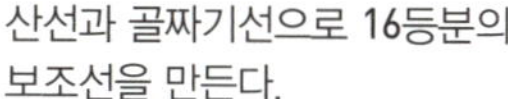
산선과 골짜기선으로 16등분의 보조선을 만든다.

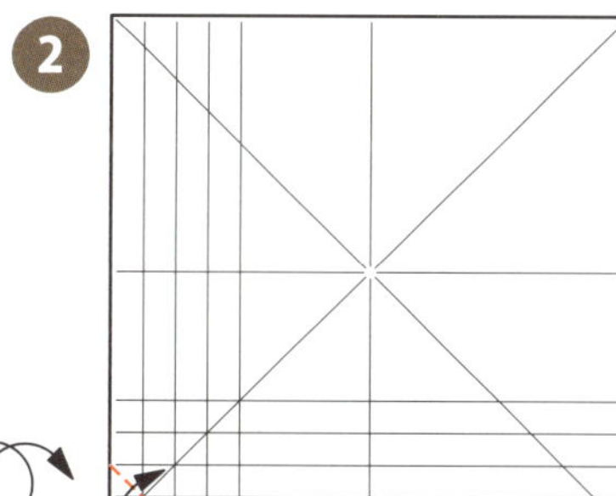

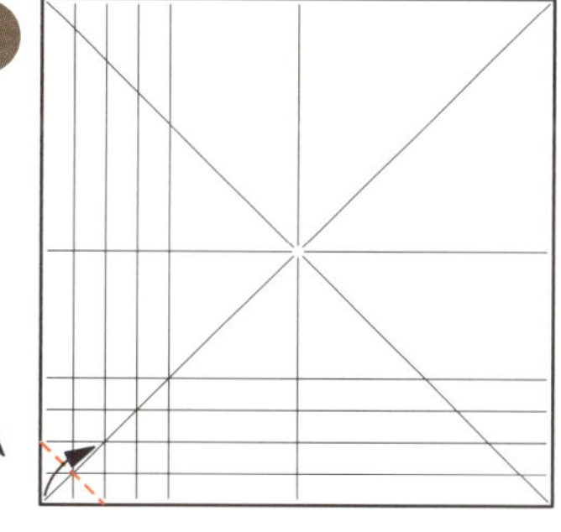

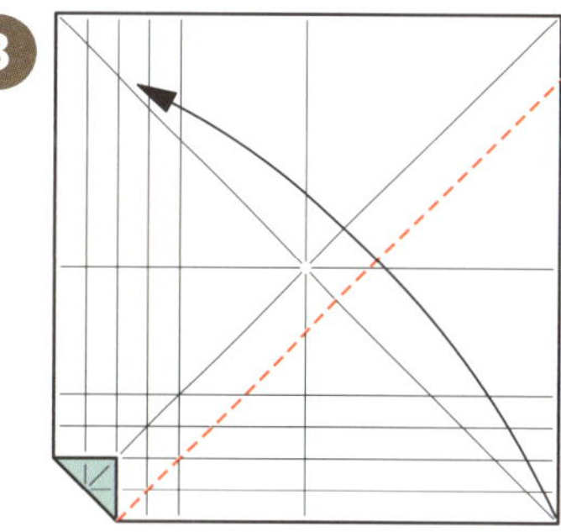

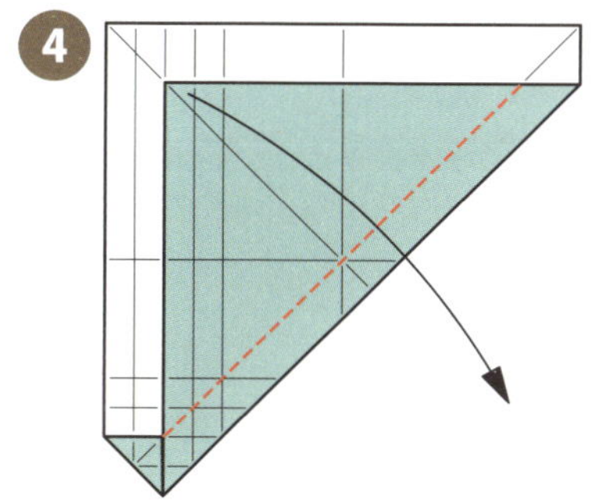

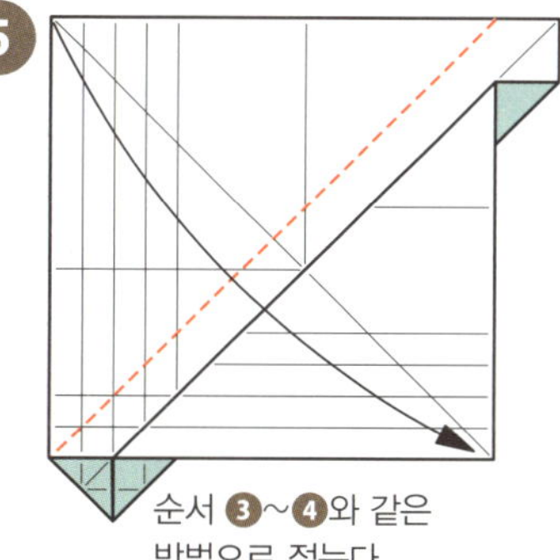

순서 ❸~❹와 같은 방법으로 접는다.

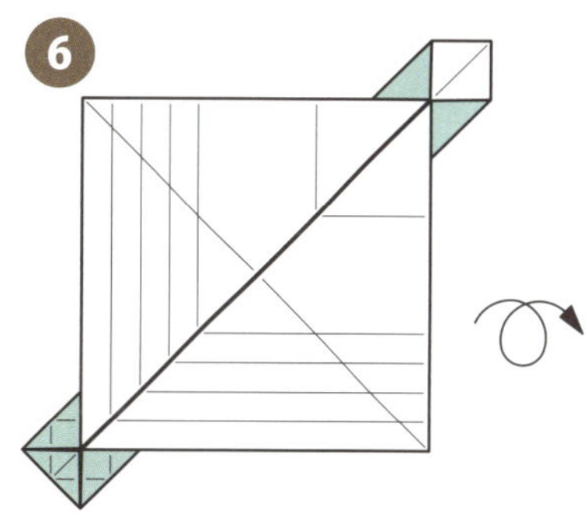

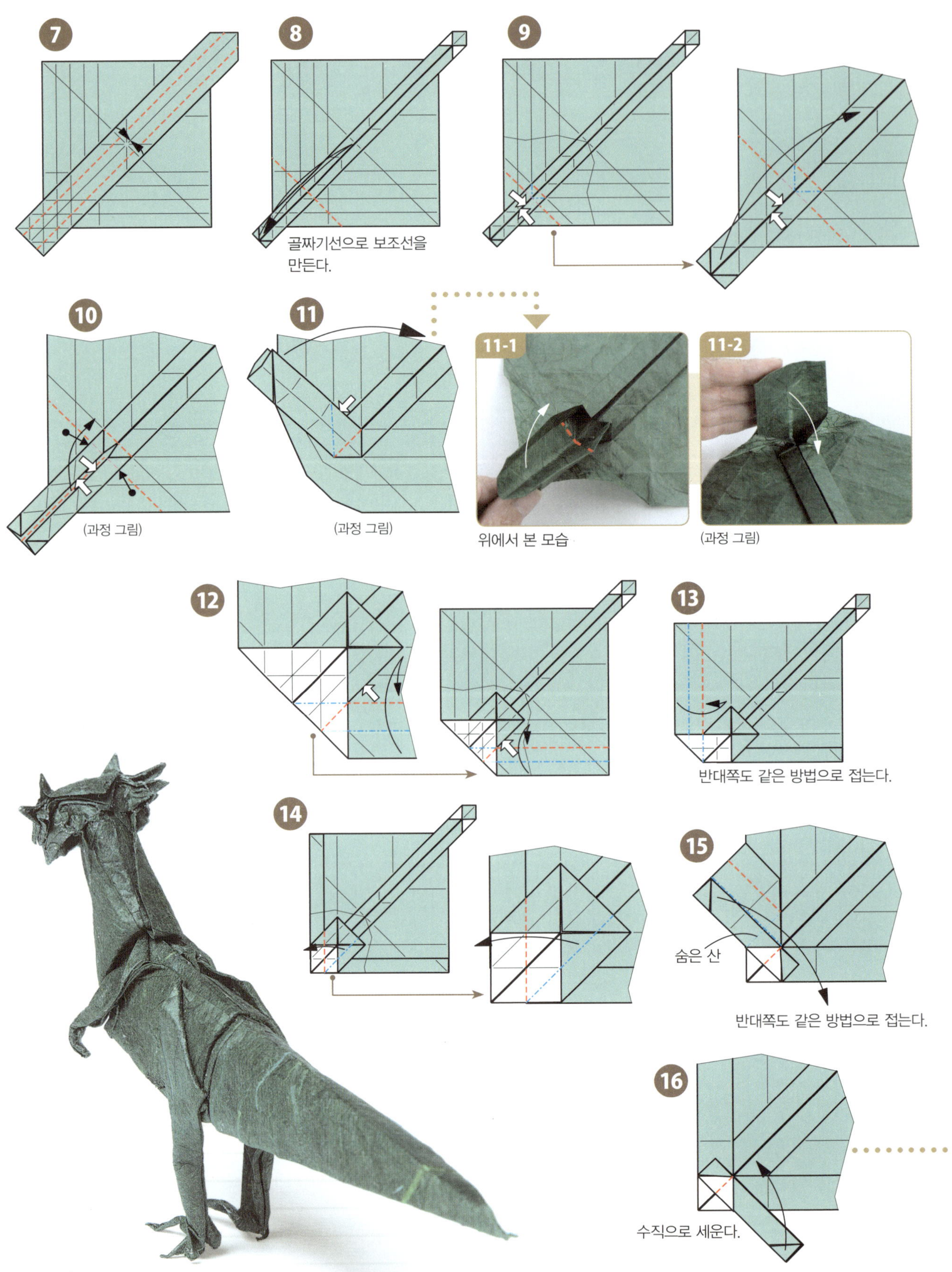
7
8
9
골짜기선으로 보조선을
만든다.
10
(과정 그림)
11
(과정 그림)
11-1
11-2
위에서 본 모습
(과정 그림)
12
13
반대쪽도 같은 방법으로 접는다.
14
15
숨은 산
반대쪽도 같은 방법으로 접는다.
16
수직으로 세운다.

★★★★☆

산선 *A-B*를 평편하게 만든다.

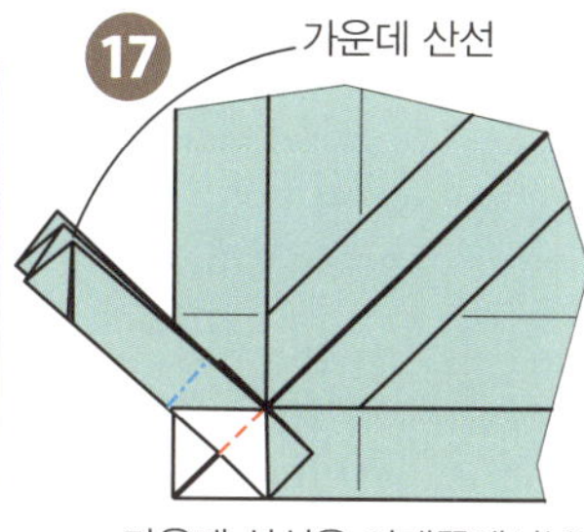

가운데 산선을 아래쪽에서부터 눌러 평편하게 만든다.

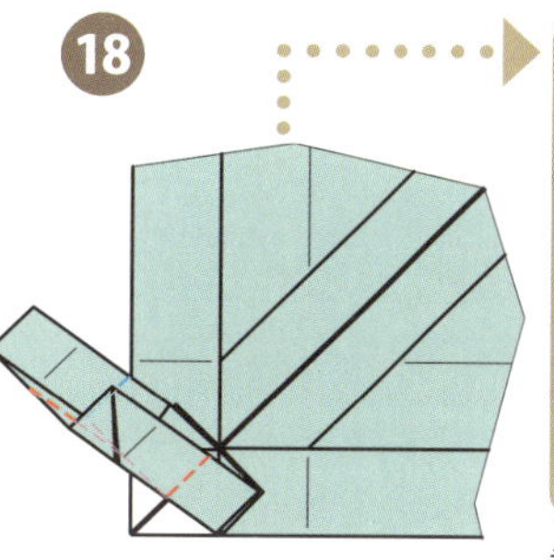

18-1

순서 18을 다른 각도에서 본 모습

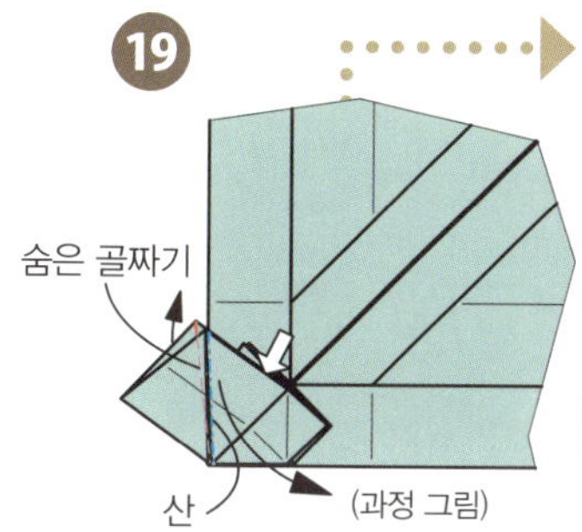

(과정 그림)

(과정 그림)

펼쳐서 접는다.

접으면 순서 20과 같이 된다.

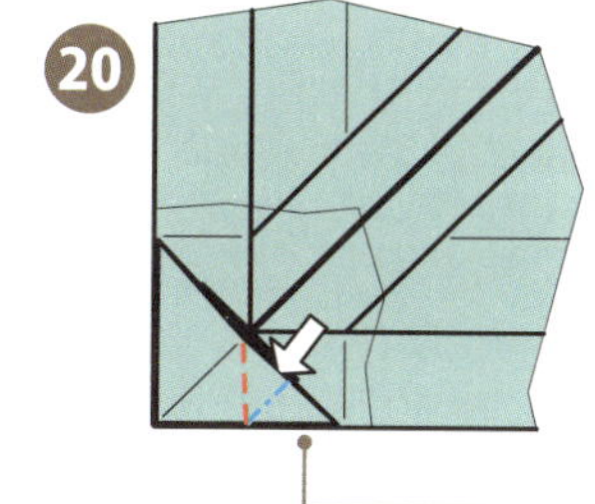

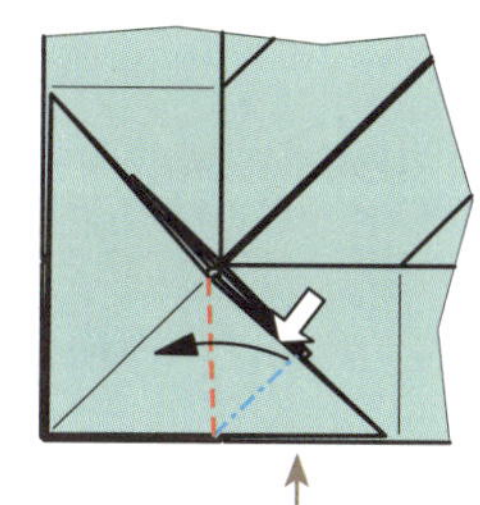

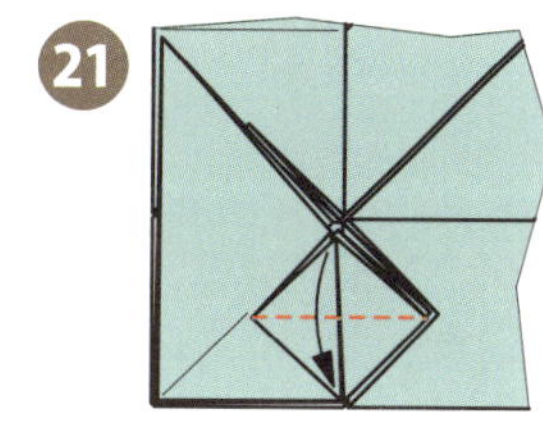

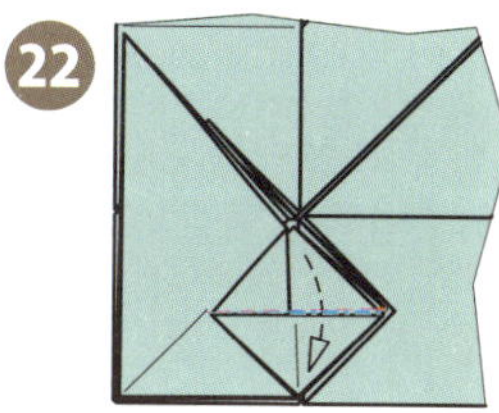

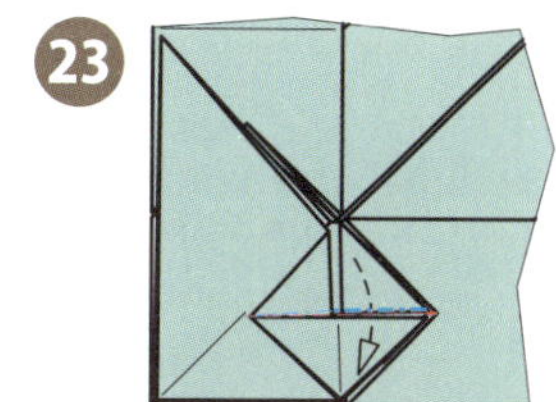

순서 22와 같은 방법으로 접는다.

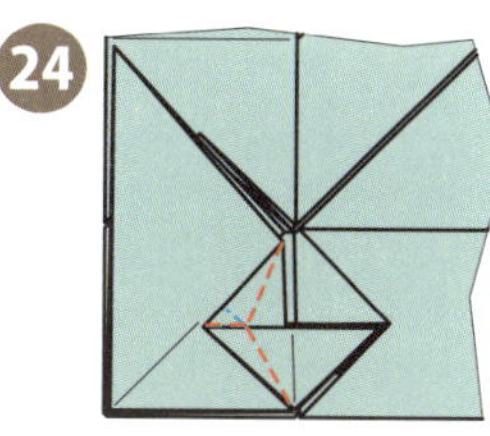

토끼귀접기

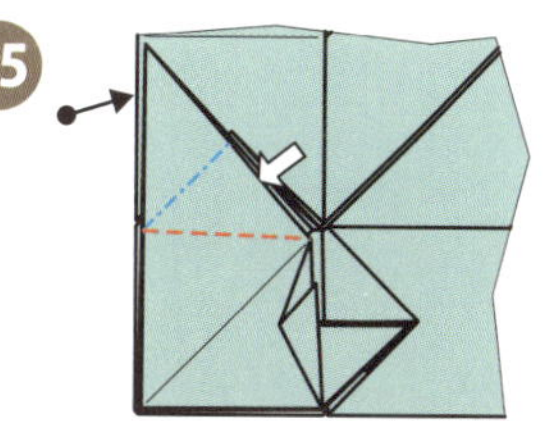

반대쪽도 순서 20~24와 같은 방법으로 접는다.

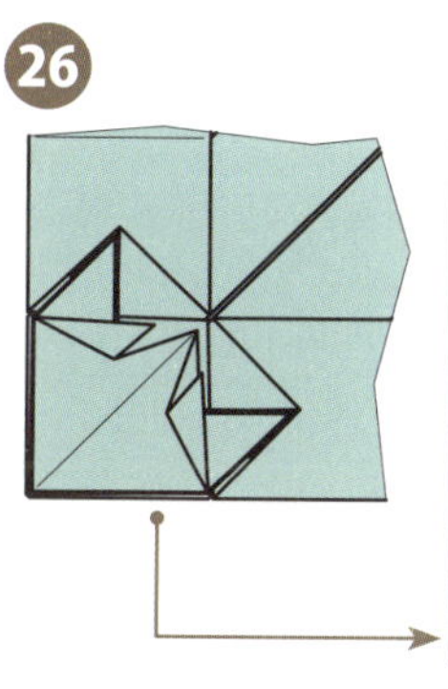

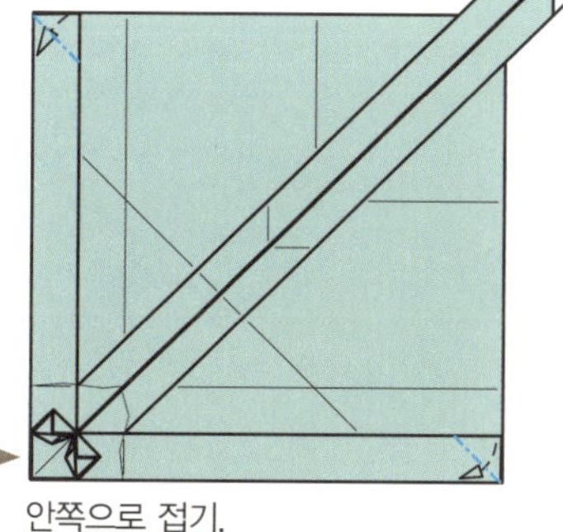

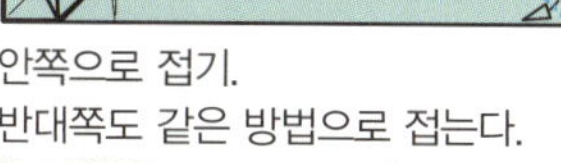
안쪽으로 접기.
반대쪽도 같은 방법으로 접는다.

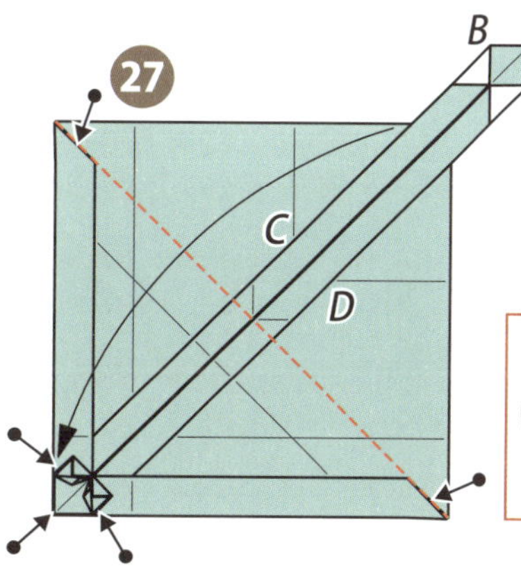

풀먹이기 시작
(뒷면 전체와 앞면 빈틈.
단 화살표가 가리키는 다섯 곳과
오각형 *ABCDE*의 뒷면,
겉면은 제외)

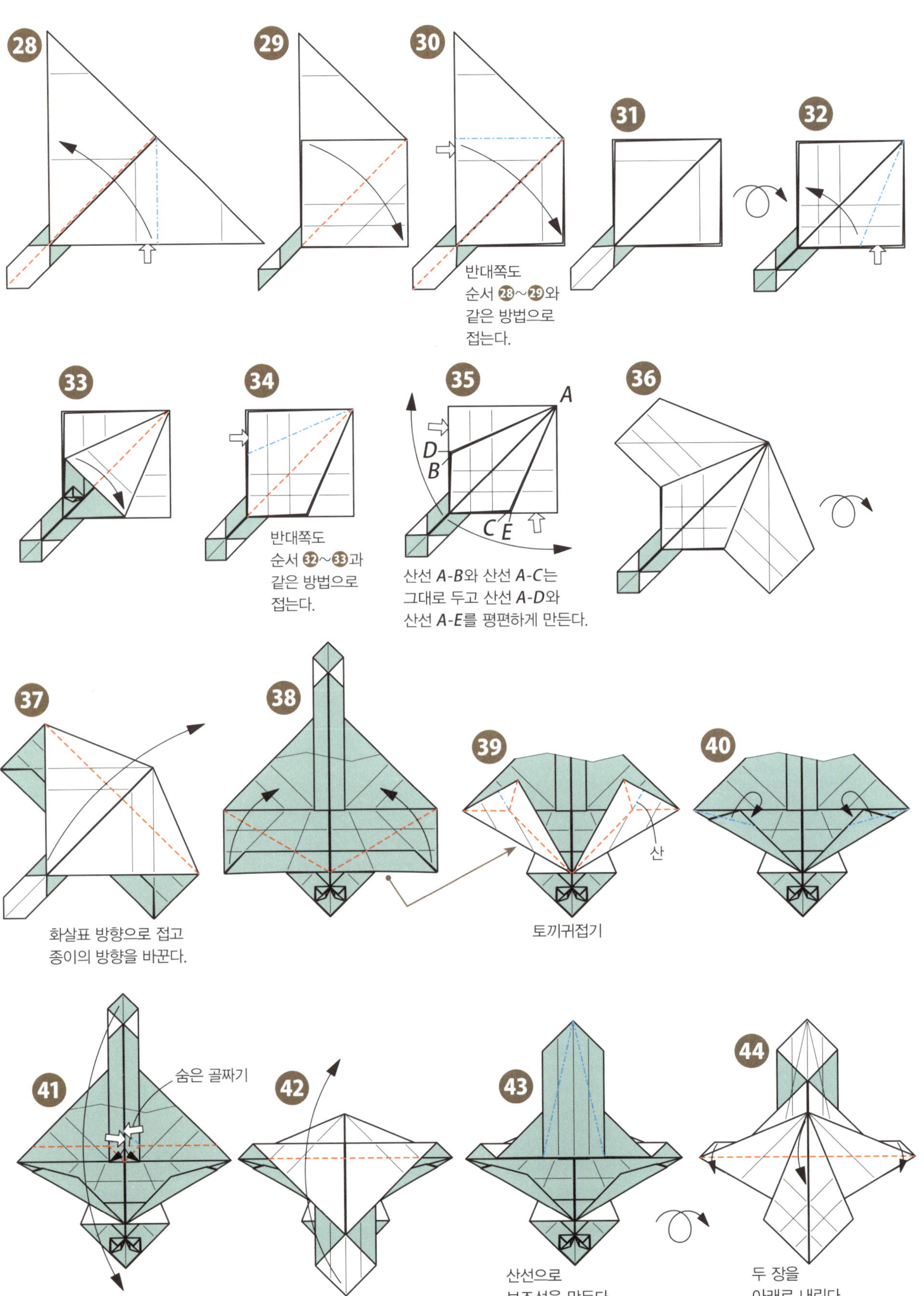
28
29
30
반대쪽도
순서 28~29와
같은 방법으로
접는다.
31
32
33
34
반대쪽도
순서 32~33과
같은 방법으로
접는다.
35
A
D
B
C
E
산선 A-B와 산선 A-C는
그대로 두고 산선 A-D와
산선 A-E를 평편하게 만든다.
36
37
화살표 방향으로 접고
종이의 방향을 바꾼다.
38
39
산
토끼귀접기
40
41
숨은 골짜기
42
43
산선으로
보조선을 만든다.
44
두 장을
아래로 내린다.

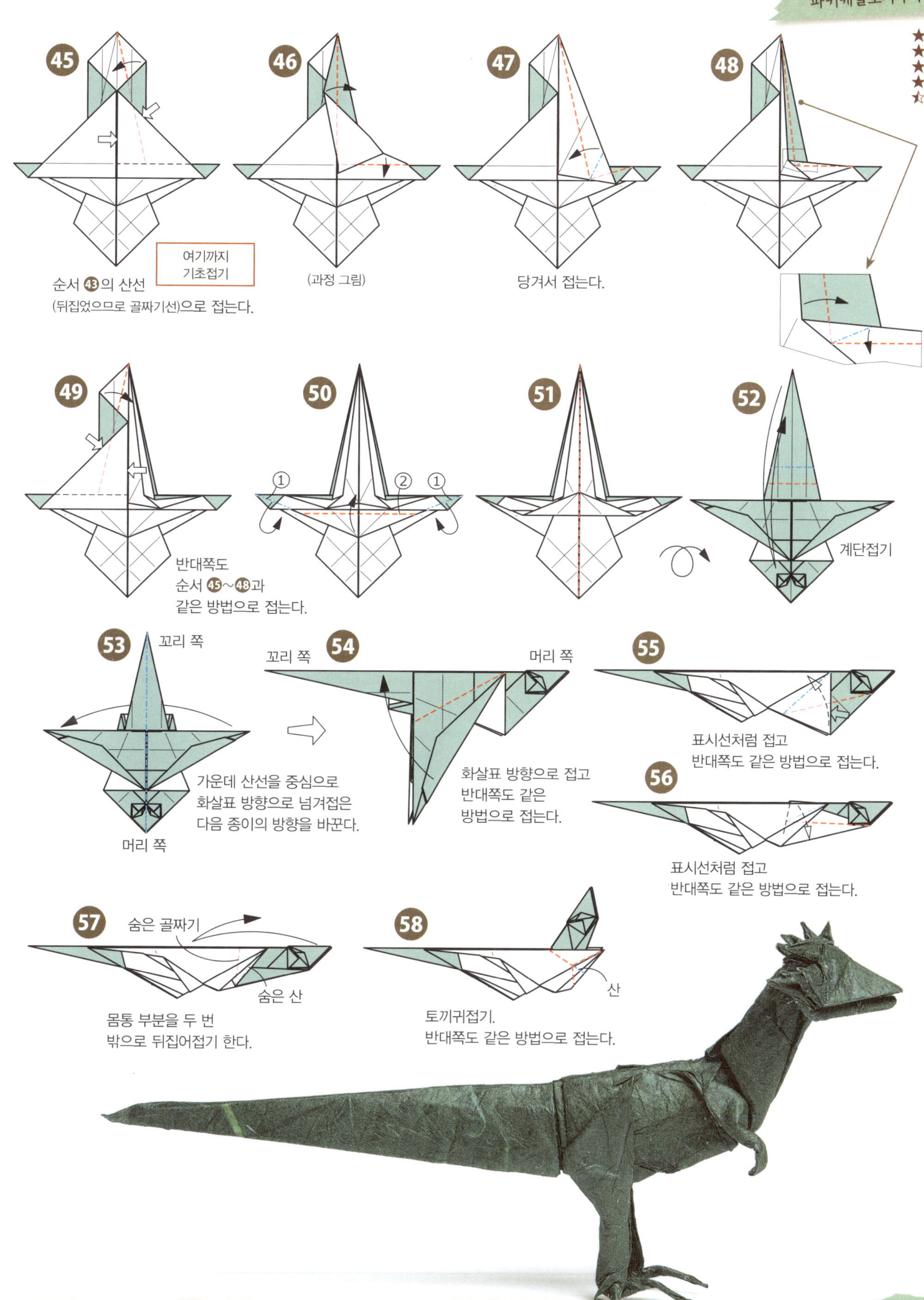
45
46
47
48
여기까지
기초접기
순서 43의 산선
(뒤집었으므로 골짜기선)으로 접는다.
(과정 그림)
당겨서 접는다.
49
50
51
52
① ② ①
반대쪽도
순서 45~48과
같은 방법으로 접는다.
계단접기
53
꼬리 쪽
머리 쪽
가운데 산선을 중심으로
화살표 방향으로 넘겨접은
다음 종이의 방향을 바꾼다.
54
꼬리 쪽
머리 쪽
화살표 방향으로 접고
반대쪽도 같은
방법으로 접는다.
55
표시선처럼 접고
반대쪽도 같은 방법으로 접는다.
56
표시선처럼 접고
반대쪽도 같은 방법으로 접는다.
57
숨은 골짜기
숨은 산
몸통 부분을 두 번
밖으로 뒤집어접기 한다.
58
산
토끼귀접기.
반대쪽도 같은 방법으로 접는다.

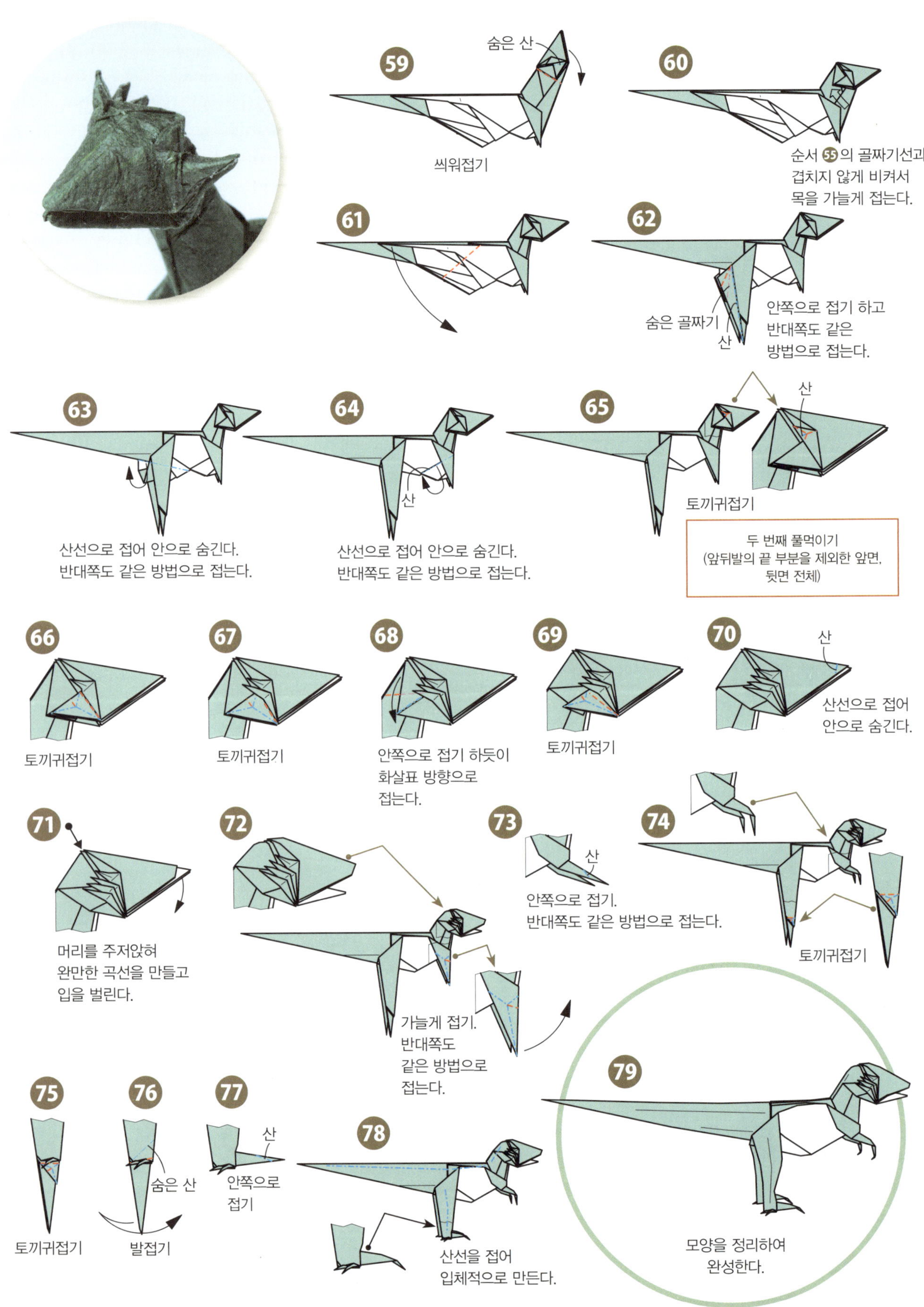
59
숨은 산
씌워접기
60
순서 55의 골짜기선과
겹치지 않게 비켜서
목을 가늘게 접는다.
61
62
숨은 골짜기
산
안쪽으로 접기 하고
반대쪽도 같은
방법으로 접는다.
63
산선으로 접어 안으로 숨긴다.
반대쪽도 같은 방법으로 접는다.
64
산
산선으로 접어 안으로 숨긴다.
반대쪽도 같은 방법으로 접는다.
65
산
토끼귀접기
두 번째 풀먹이기
(앞뒤발의 끝 부분을 제외한 앞면,
뒷면 전체)
66
토끼귀접기
67
토끼귀접기
68
안쪽으로 접기 하듯이
화살표 방향으로
접는다.
69
토끼귀접기
70
산
산선으로 접어
안으로 숨긴다.
71
머리를 주저앉혀
완만한 곡선을 만들고
입을 벌린다.
72
가늘게 접기.
반대쪽도
같은 방법으로
접는다.
73
산
안쪽으로 접기.
반대쪽도 같은 방법으로 접는다.
74
토끼귀접기
75
토끼귀접기
76
숨은 산
발접기
77
산
안쪽으로
접기
78
산선을 접어
입체적으로 만든다.
79
모양을 정리하여
완성한다.

안킬로사우루스

❖ 난이도 ★★★★★
❖ 사용한 종이 : 32cm×32cm 1장

안킬로사우루스는 중생대의 후기 백악기에 북아메리카에 서식한 초식 공룡이다. 뿔 모양의 돌기가 있는 갑옷은 **64**등분 주름접기를 하여 만들어지는 모서리로 표현했다. 안킬로사우루스의 특징인 뿔 모양의 머리 돌기와 꼬리 부분의 곤봉은 좀 어렵지만 도전해 보자.

1
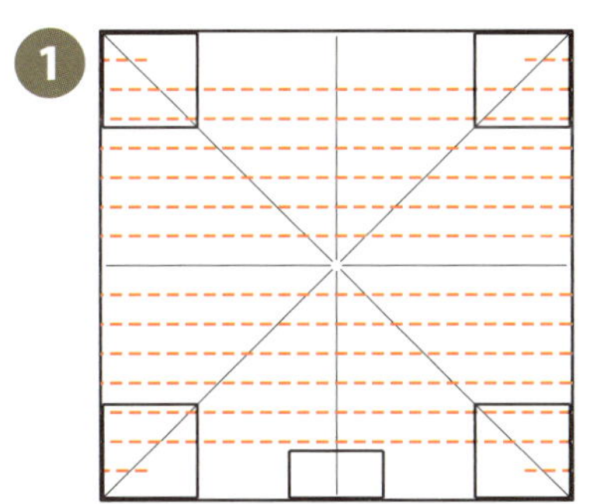
뒷면의 다섯 곳에 덧댈 종이를 붙인다(16쪽).
16등분 골짜기선을 접는다.

2
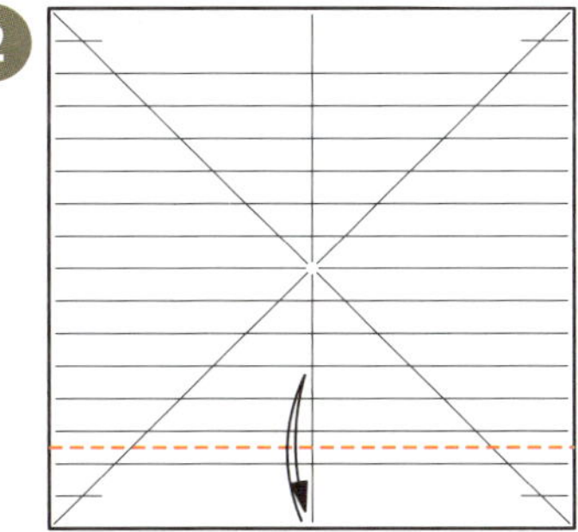
32등분 골짜기선을 접었다 펴고 종이의 방향을 바꾼다.

3
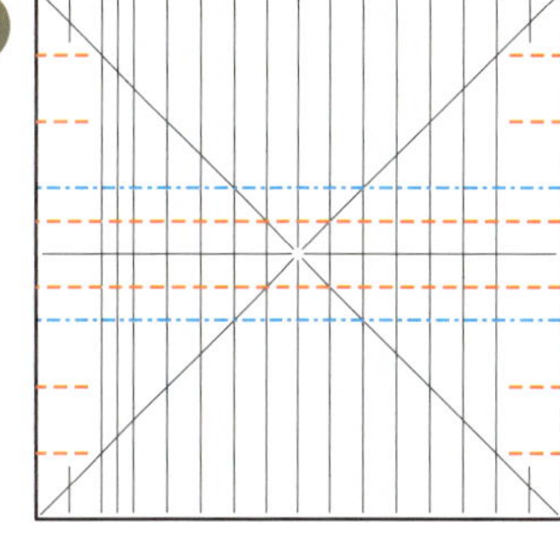
16등분 골짜기선과 산선을 만든다.

4
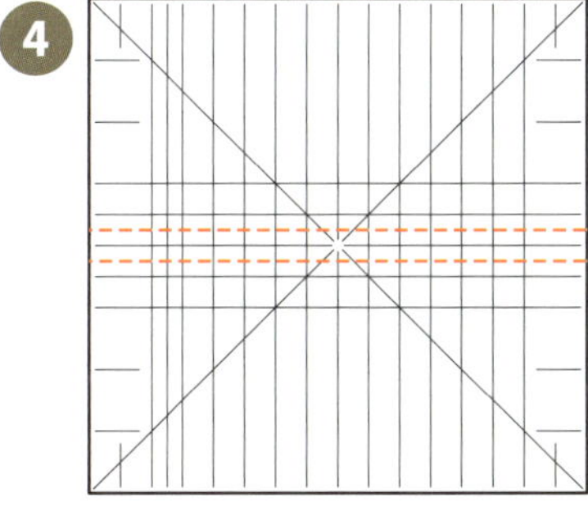
32등분 골짜기선을 만든다.

5
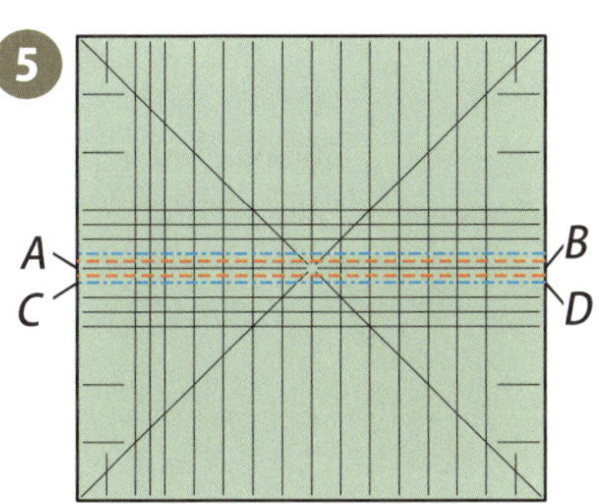

산선 *C-D*를 중심선 *A-B*에 맞추어 접는다.
64등분 골짜기선이 생긴다.
반대쪽도 같은 방법으로 접는다.

6
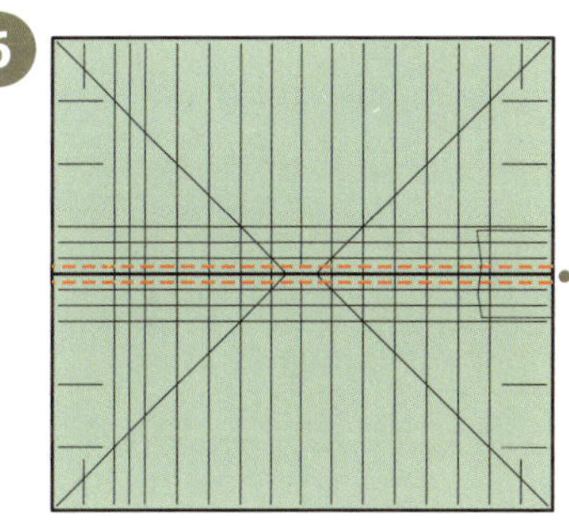

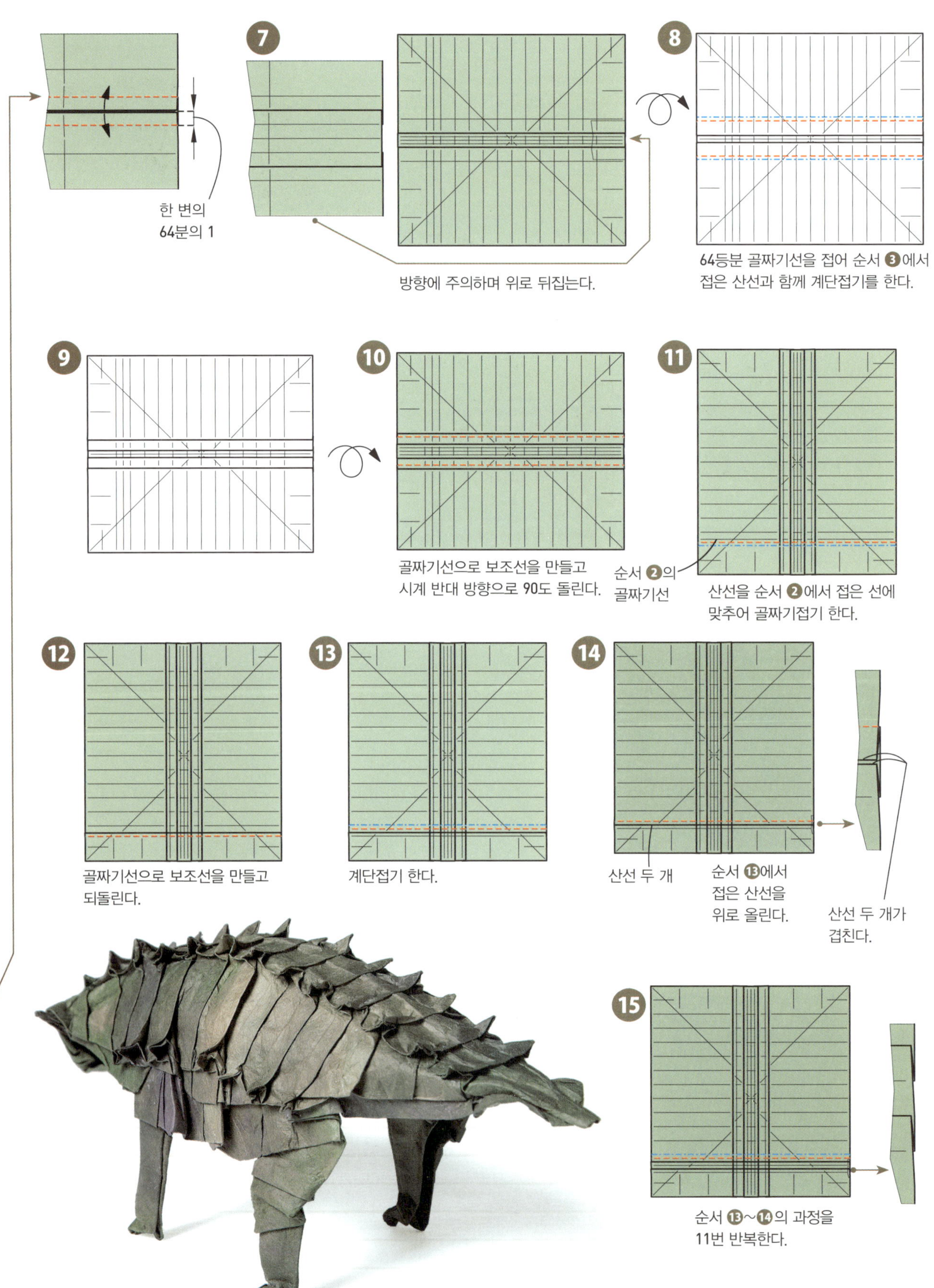
한 변의
64분의 1
7
방향에 주의하며 위로 뒤집는다.
8
64등분 골짜기선을 접어 순서 ❸에서
접은 산선과 함께 계단접기를 한다.
9
10
골짜기선으로 보조선을 만들고
시계 반대 방향으로 90도 돌린다.
11
순서 ❷의
골짜기선
산선을 순서 ❷에서 접은 선에
맞추어 골짜기접기 한다.
12
골짜기선으로 보조선을 만들고
되돌린다.
13
계단접기 한다.
14
산선 두 개
순서 ⓭에서
접은 산선을
위로 올린다.
산선 두 개가
겹친다.
15
순서 ⓭~⓮의 과정을
11번 반복한다.

★★★★★

16

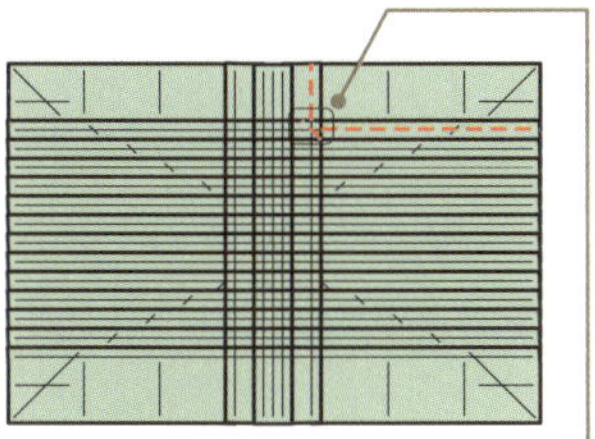

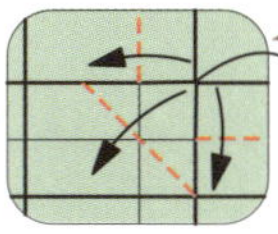

이 모서리를 뾰족하게 만든다.

16-1

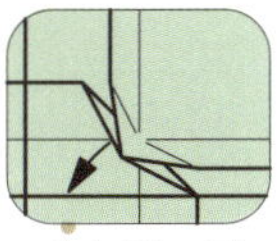

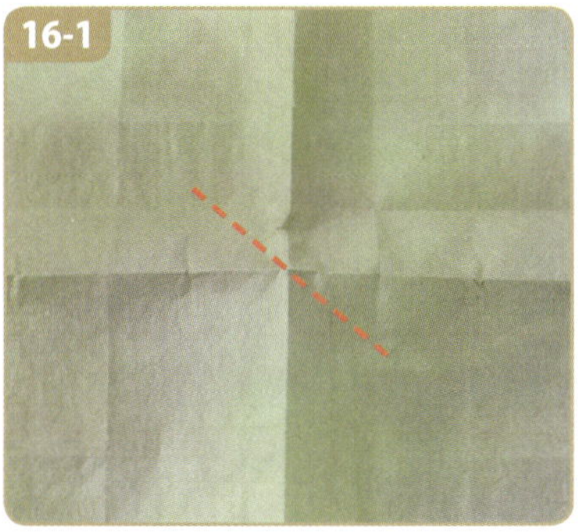

45도 골짜기선을 접는다.
교차하는 산선을 펼친 모습

17

(과정 그림)

17-1

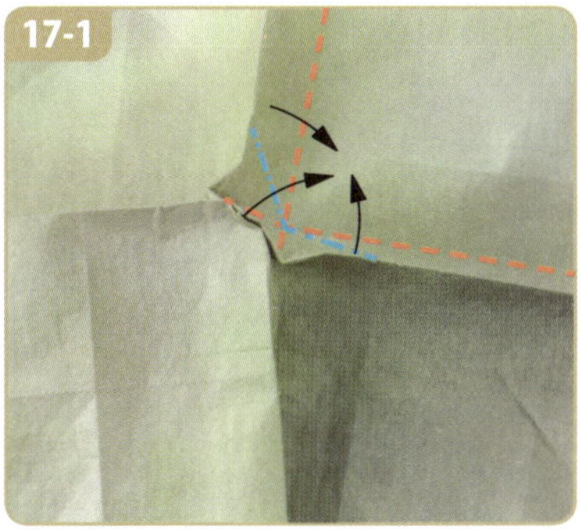

골짜기선과 산선을 모아접어 뾰족하게 만든다.

18

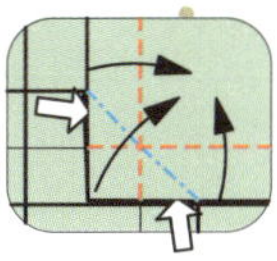

18-1

꼭지점을 화살표 방향으로 넘긴다.

18-2

18-1을 다른 각도에서 본 모습

19

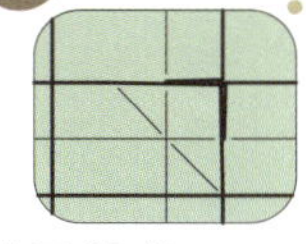

네 줄 52개(한 줄에 13개) 모서리를 같은 방법으로 접는다.

19-1

같은 방법으로 모서리 52개를 뾰족하게 만든다.

19-2

위에서 본 모습

20

첫 번째 풀먹이기
(◇*ABCD* 뒷부분을 제외한 뒷면과
※ 부분 위아래 세 개씩의 가로 방향
주름 뒷면, 앞면 틈 사이 전부)

접착력이 약한 테이프를 이용해 주름을 임시로 고정하고 나서 접으면 좋다.

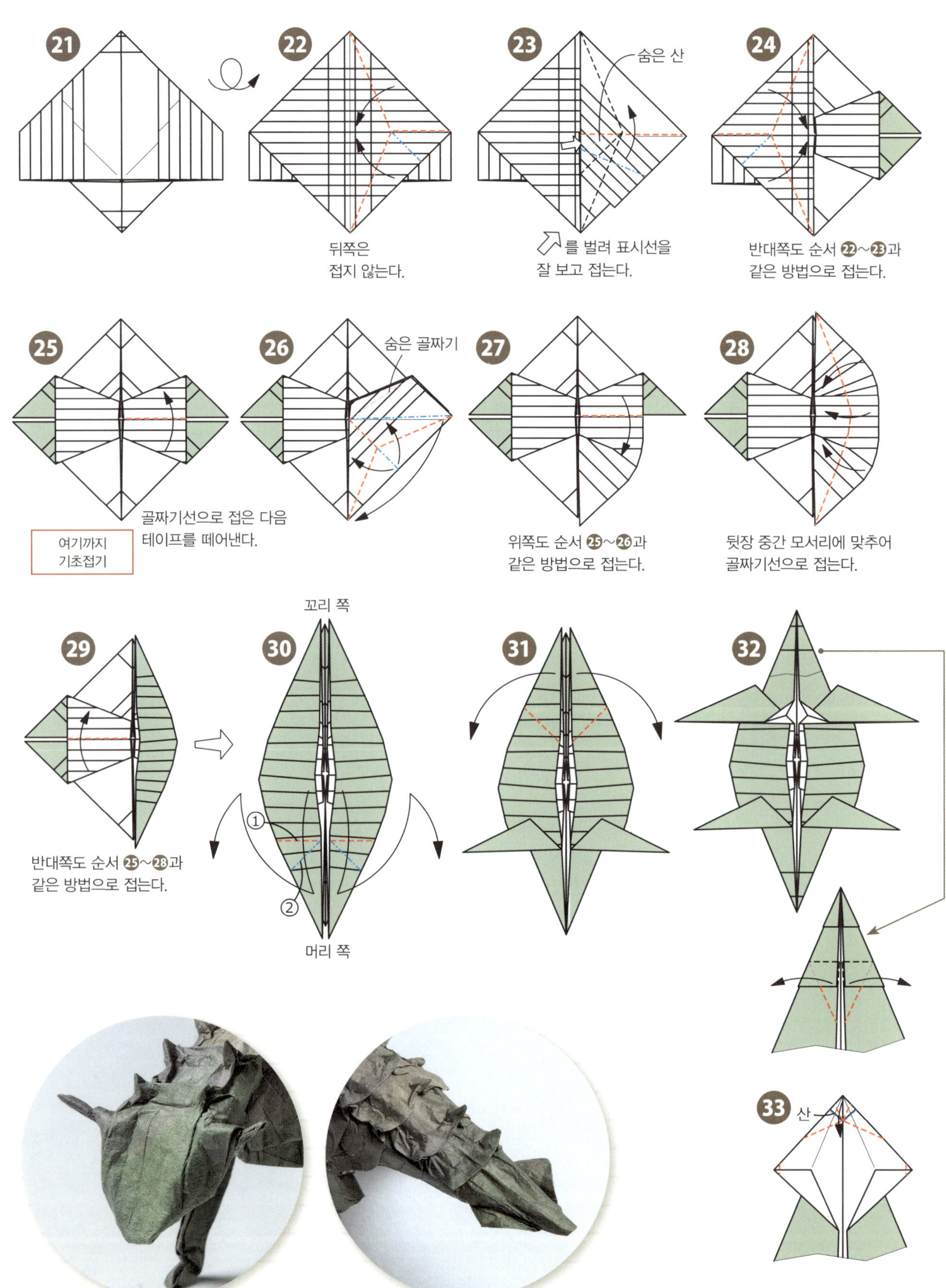
21
22
뒤쪽은
접지 않는다.
23
숨은 산
를 벌려 표시선을
잘 보고 접는다.
24
반대쪽도 순서 22~23과
같은 방법으로 접는다.
25
골짜기선으로 접은 다음
테이프를 떼어낸다.
여기까지
기초접기
26
숨은 골짜기
27
위쪽도 순서 25~26과
같은 방법으로 접는다.
28
뒷장 중간 모서리에 맞추어
골짜기선으로 접는다.
29
반대쪽도 순서 25~28과
같은 방법으로 접는다.
30
꼬리 쪽
①
②
머리 쪽
31
32
33
산

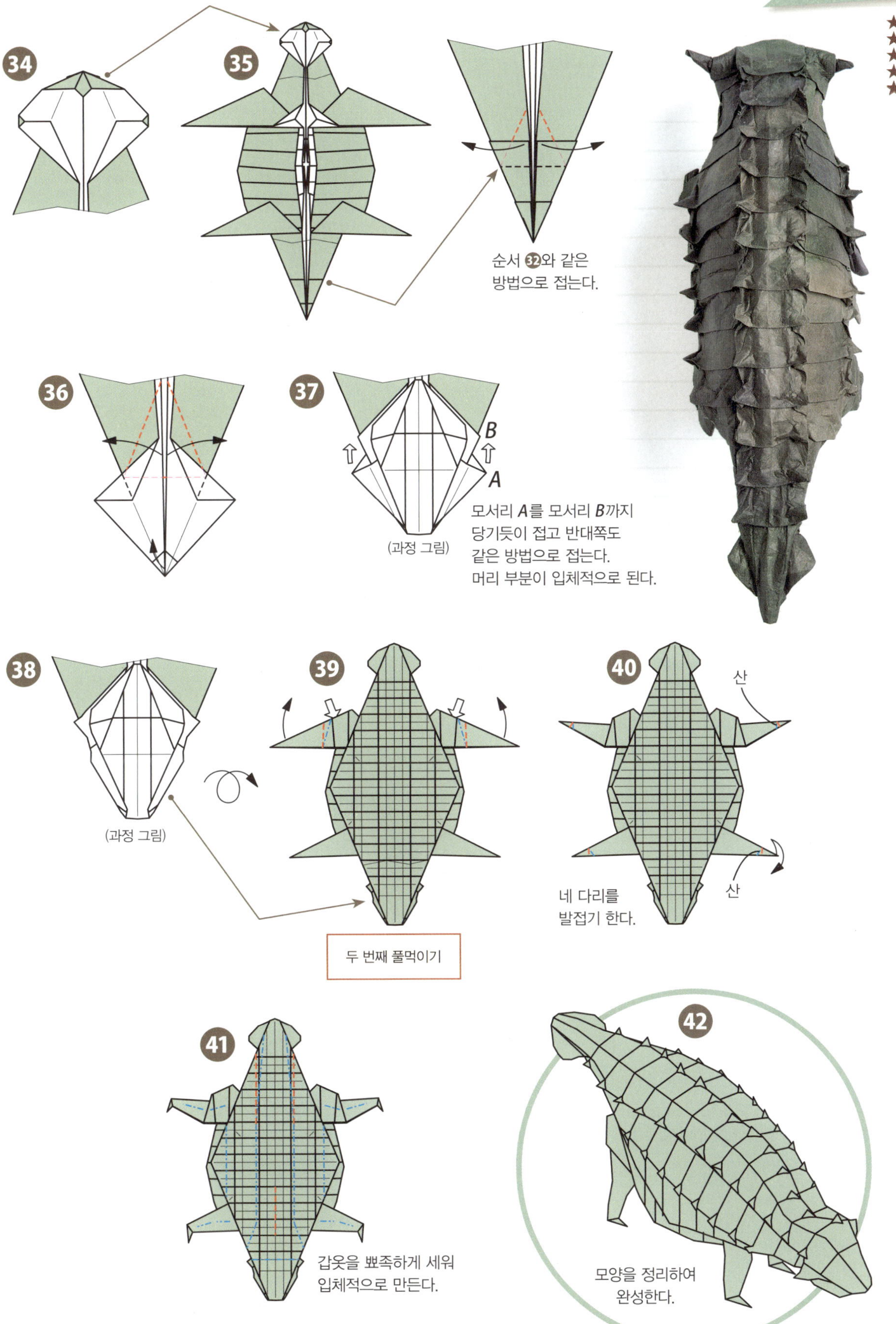
34
35
순서 32와 같은
방법으로 접는다.
36
37
B
A
모서리 A를 모서리 B까지
당기듯이 접고 반대쪽도
같은 방법으로 접는다.
머리 부분이 입체적으로 된다.
(과정 그림)
38
(과정 그림)
39
40
산
산
네 다리를
발접기 한다.
두 번째 풀먹이기
41
갑옷을 뾰족하게 세워
입체적으로 만든다.
42
모양을 정리하여
완성한다.

스테고사우루스

❖ **난이도** ★★★★★
❖ **사용한 종이 :** 40cm×40cm 1장

스테고사우루스는 후기 쥐라기에 북아메리카 대륙에 서식한 초식 공룡이다. 첫 책 《놀라운 리얼 종이접기》에서는 두 장을 이용해 접는 스테고사우루스를 소개했지만, 이번 작품은 한 장으로 접는다. 순서 ❶ 에서 패턴(도면)을 사용하지 않고 주름을 접을 때는 48쪽의 '패턴을 사용하지 않고 접는 예'를 참고한다.

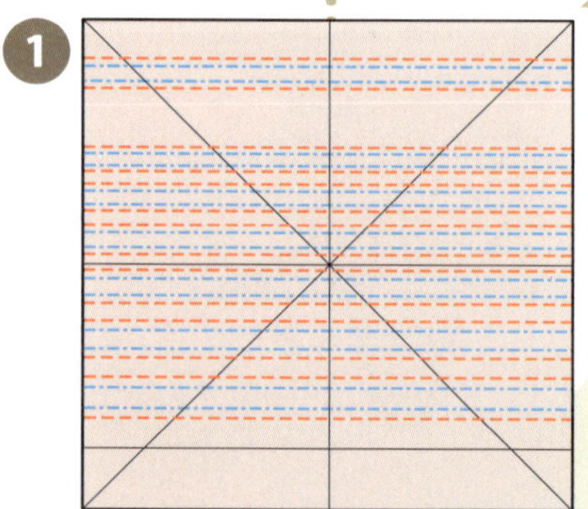

❶ 45쪽 오른쪽에 있는 패턴을 이용해 도면의 위치에 골짜기선, 산선을 만든다.

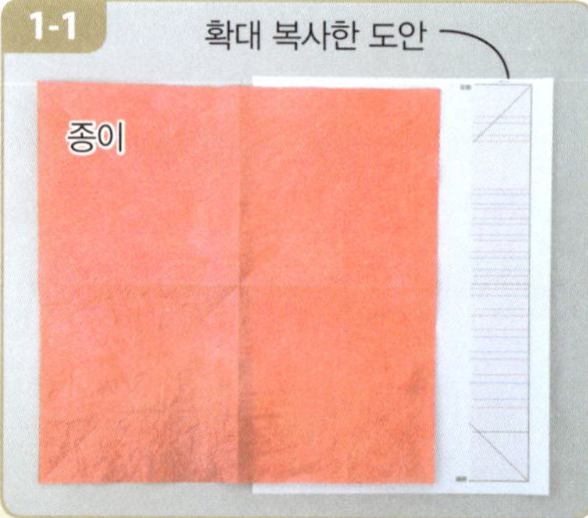

종이의 크기에 맞추어 도안을 확대 복사한다.

확대 복사 비율 일람표

사용하는 종이	확대 복사 비율
20㎝× 20㎝	100%
30㎝× 30㎝	150%
40㎝× 40㎝	200%

★ **확대 비율 산출 방법**
사용하고자 하는 종이 크기가 X㎝×X㎝일 때
X÷20×100=확대 비율(%)

종이 크기에 맞추어 확대 비율을 변경한다.

종이를 복사한 패턴에 대고 연필로 가장자리에 표시해 나간다.

골짜기선은 짧게, 산선은 길게 표시한다.

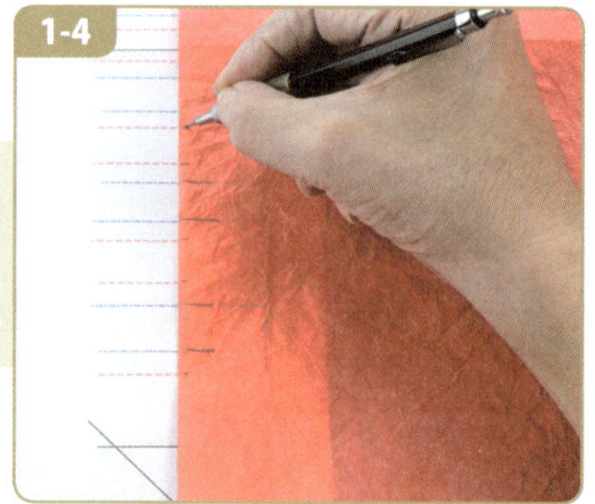

반대쪽 가장자리에도 같은 방법으로 표시한다.

★★★★★

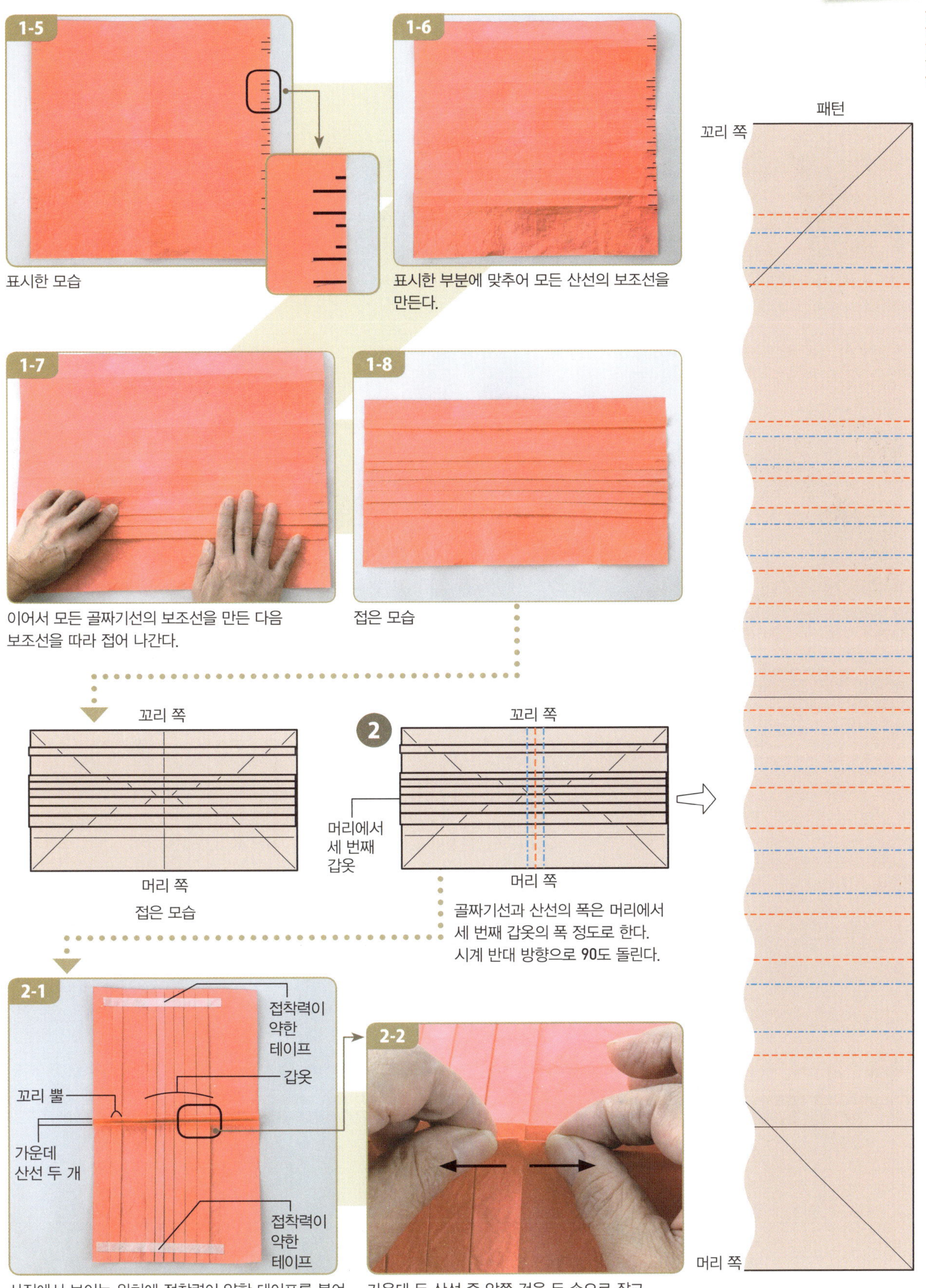

표시한 모습

표시한 부분에 맞추어 모든 산선의 보조선을 만든다.

이어서 모든 골짜기선의 보조선을 만든 다음 보조선을 따라 접어 나간다.

접은 모습

접은 모습

골짜기선과 산선의 폭은 머리에서 세 번째 갑옷의 폭 정도로 한다. 시계 반대 방향으로 90도 돌린다.

사진에서 보이는 위치에 접착력이 약한 테이프를 붙여 주름을 임시로 고정한다.

가운데 두 산선 중 앞쪽 것을 두 손으로 잡고 양옆으로 당긴다.

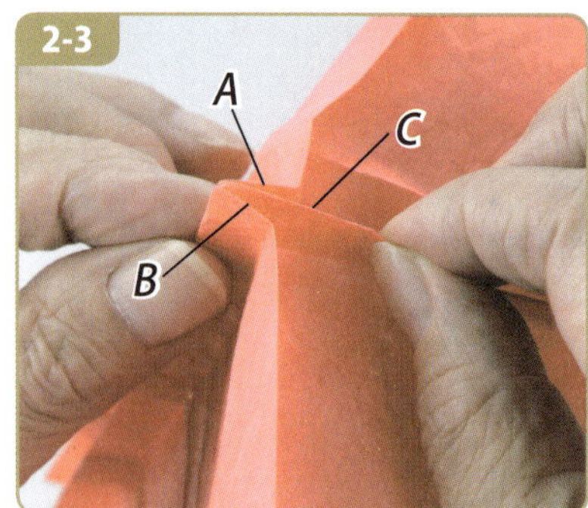

산선 *A*~*C* 세 개의 높이를 맞춘다.

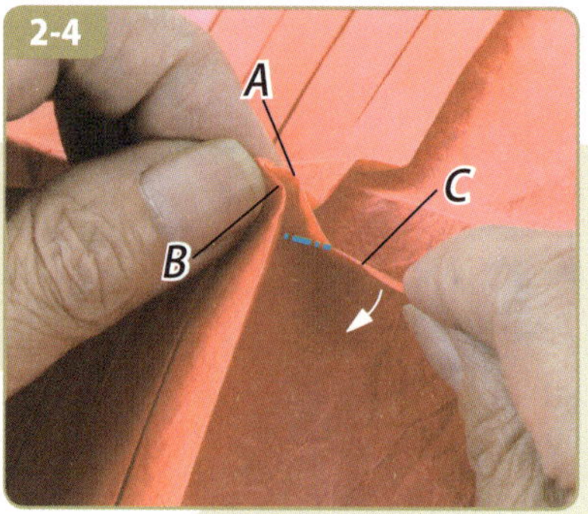

맞춘 산선 세 개를 잡고
산선 *C*를 앞(화살표 방향)으로 넘긴다.

넘긴 모습

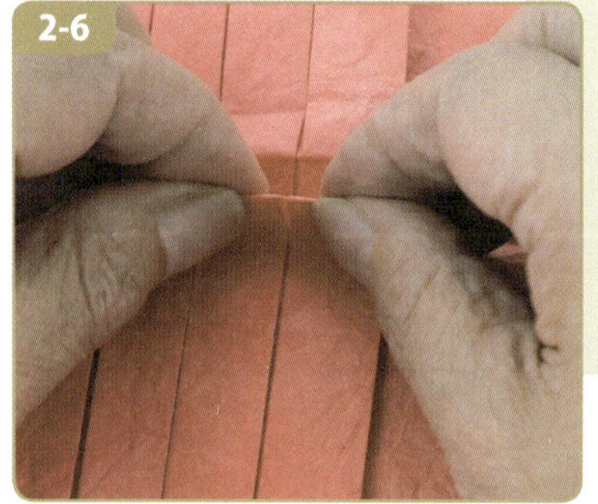

첫 번째와 두 번째 갑옷을 잡고 양옆으로 당긴다.

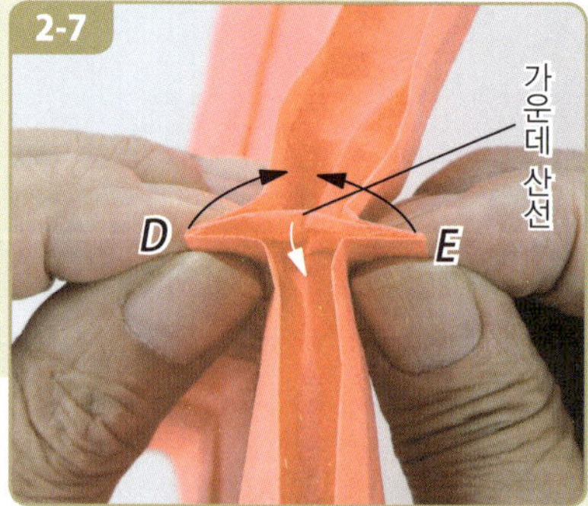

모서리 *D*와 *E*를 산선 세 개에 맞춘다.

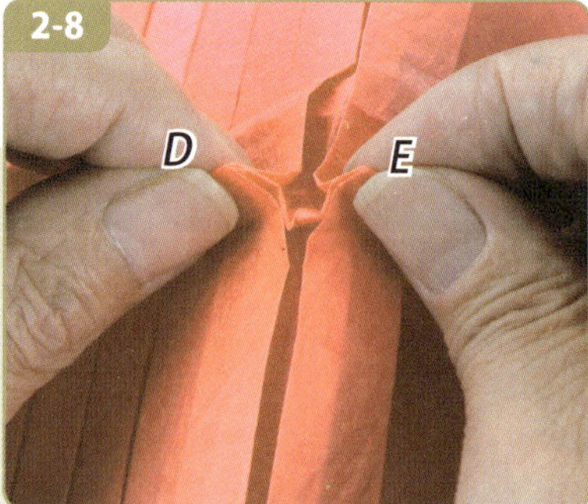

모서리 *D*와 *E*를 맞추듯이 접는다.

첫 번째와 두 번째 갑옷이 분리되었다.
갑옷 전체와 꼬리 뿔을 같은 방법으로 접는다.

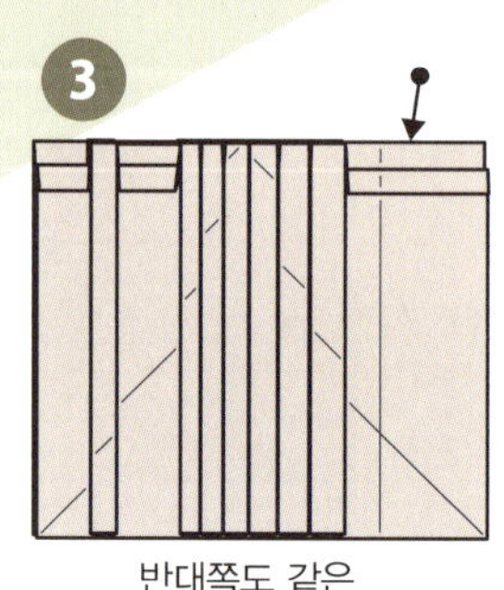

반대쪽도 같은
방법으로 접는다.

순서 ❸을 완성한 모습

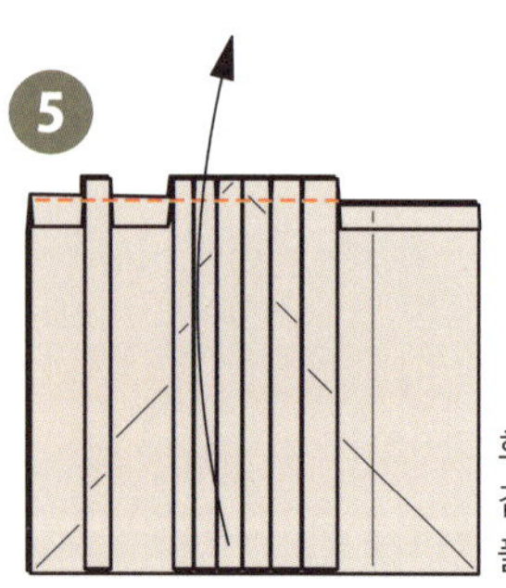

화살표 방향으로 넘긴다.
갑옷과 꼬리 뿔 사이에
풀먹이기를 하면 좋다.

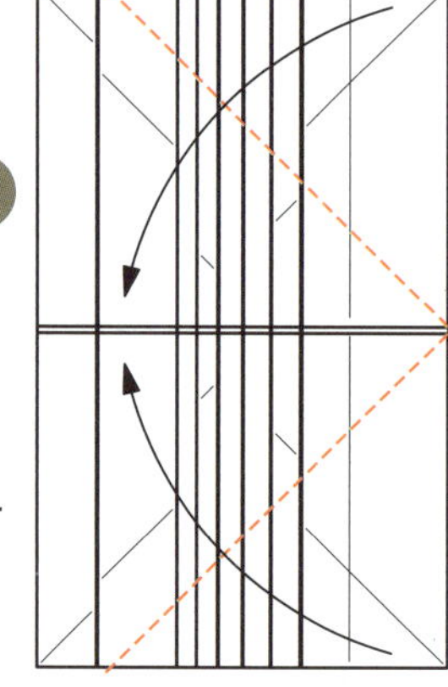

화살표 방향으로 넘긴다.

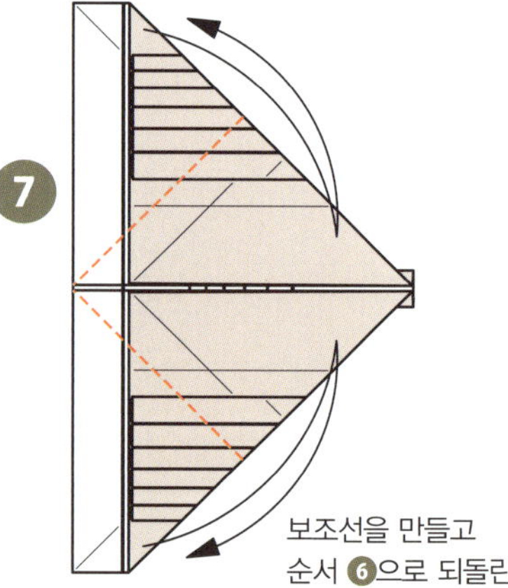

보조선을 만들고
순서 ❻으로 되돌린다.

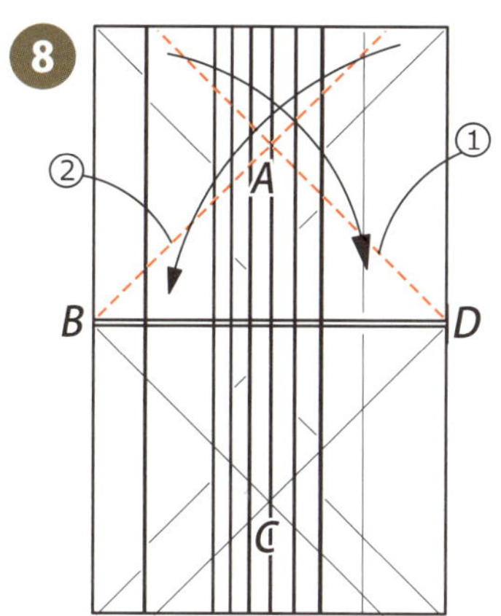

풀먹이기 시작
(순서 ❾로 나아가기 전에
갑옷의 뒷면과 ◇ABCD
안쪽 주름 전부의
앞뒷면에 풀먹이기.
꼬리 뿔의 주름 두 개는
◇ 밖에도 풀먹이기를
하면 좋다.)

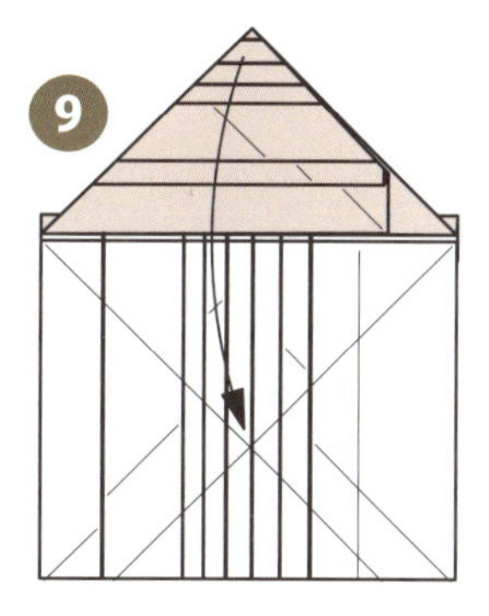

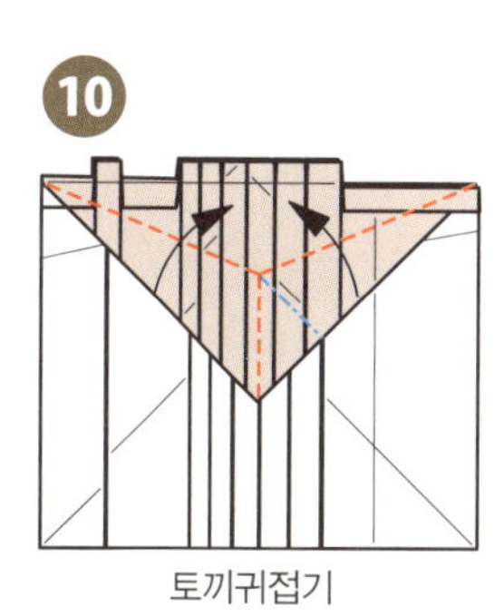

토끼귀접기

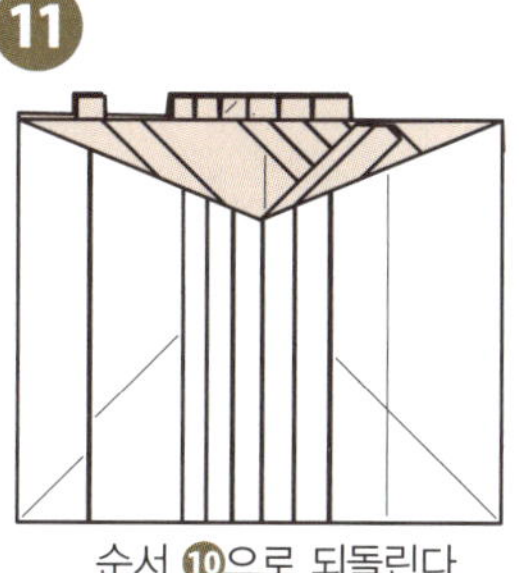

순서 ❿으로 되돌린다.

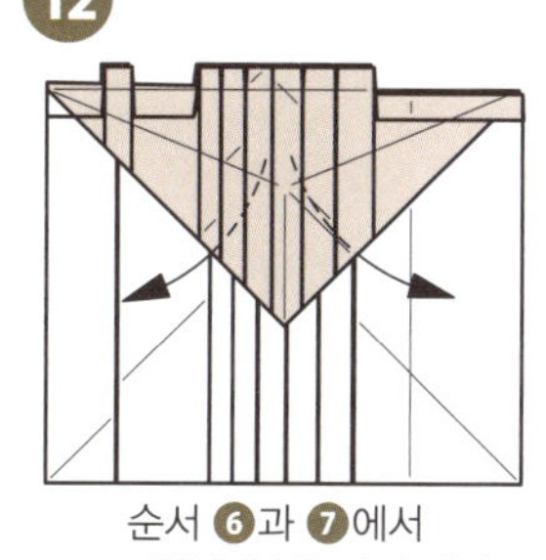

순서 ❻과 ❼에서
접은 부분을 다시 편다.

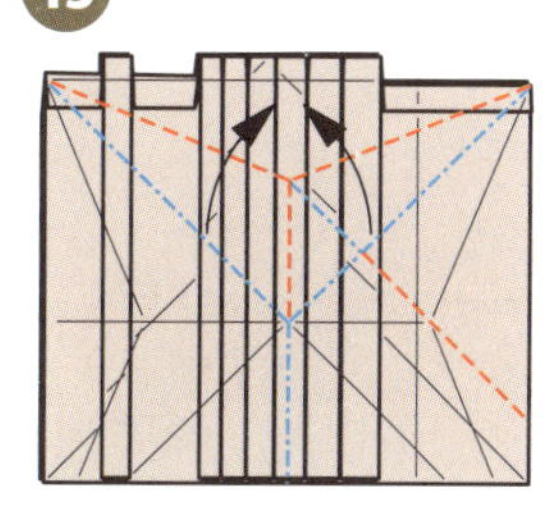

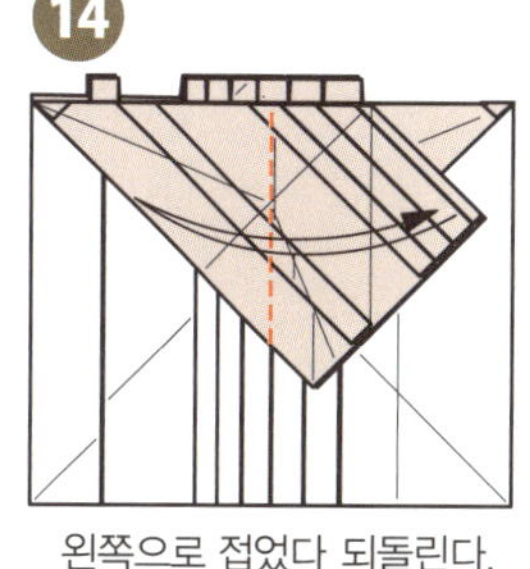

왼쪽으로 접었다 되돌린다.

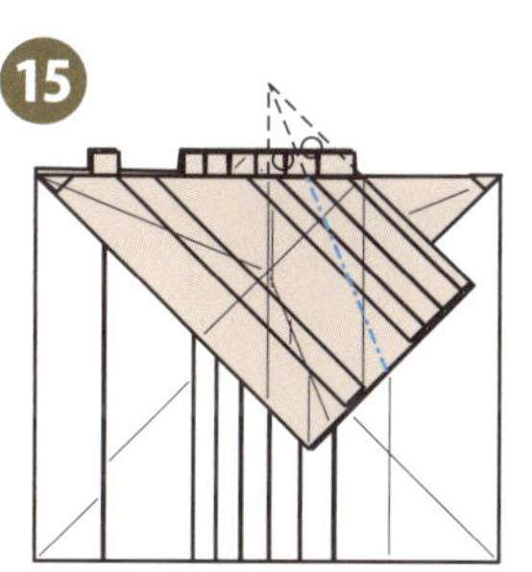

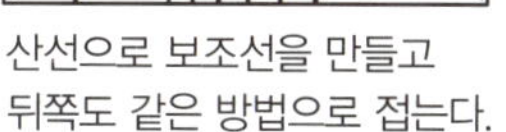
산선으로 보조선을 만들고
뒤쪽도 같은 방법으로 접는다.

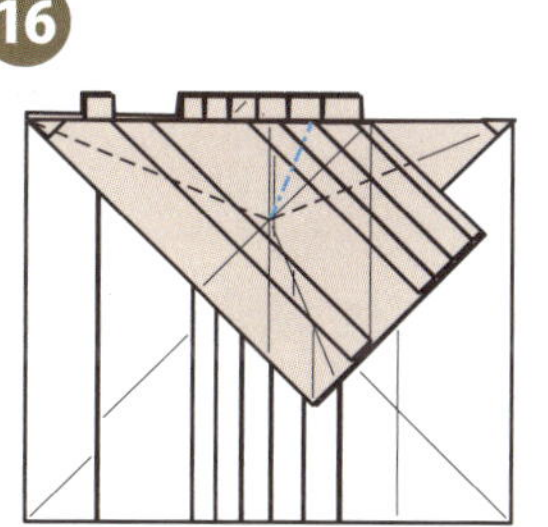

산선으로 보조선을 만들고
뒤쪽도 같은 방법으로 접는다.

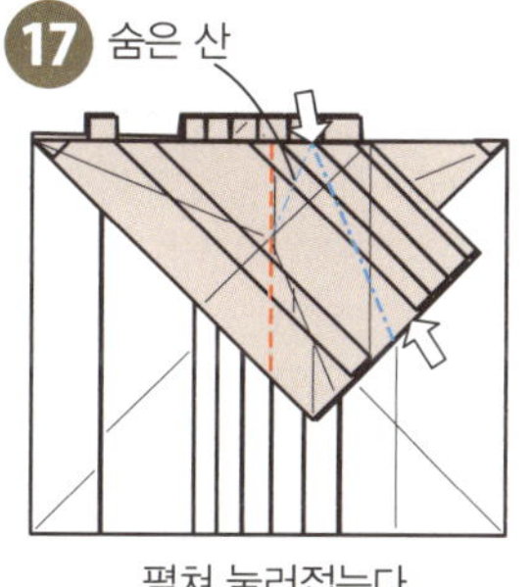

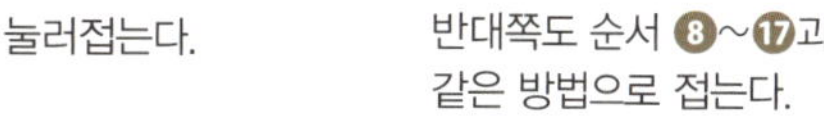
펼쳐 눌러접는다.

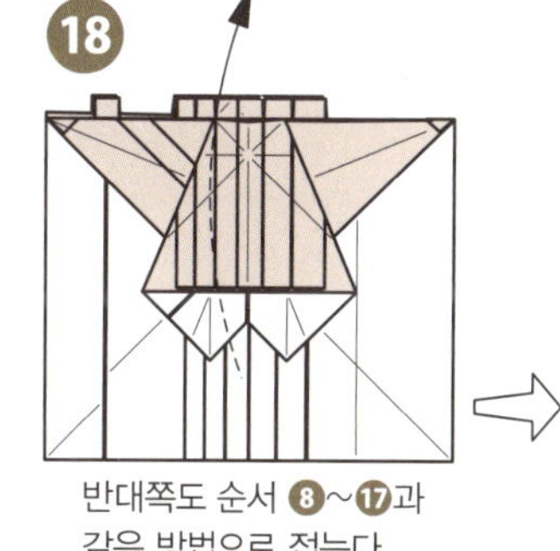

반대쪽도 순서 ❽~⓱과
같은 방법으로 접는다.

19

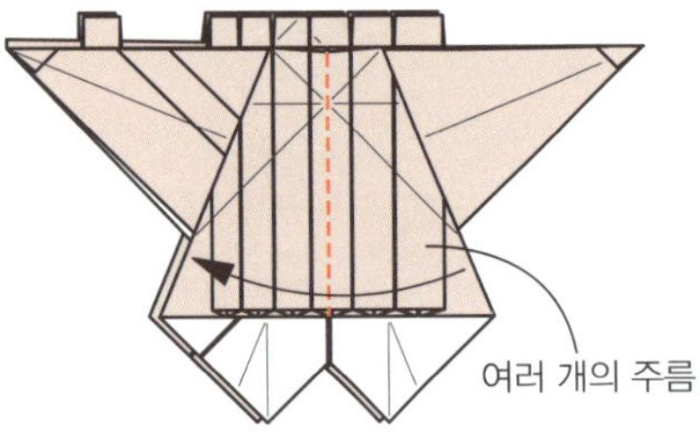

여러 개의 주름

테이프를 떼어내고
한 장을 왼쪽으로 넘긴다.

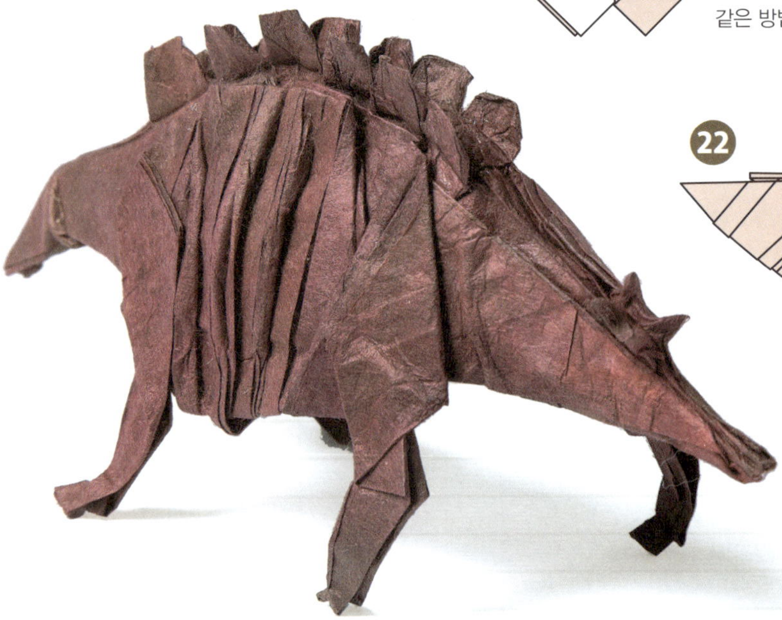

20

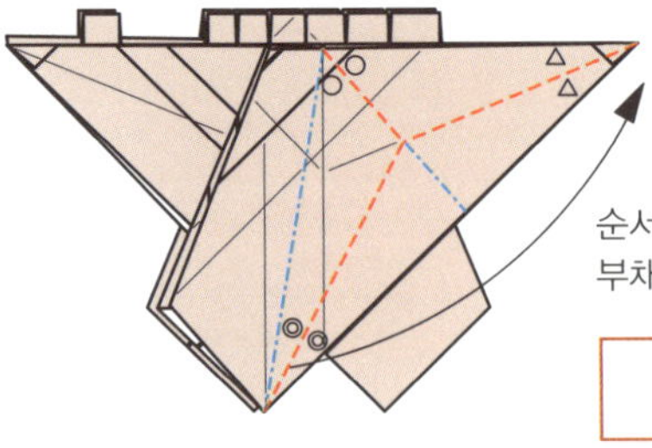

순서 19의 주름을
부채를 펼치듯 접는다.

여기까지
기초접기

21

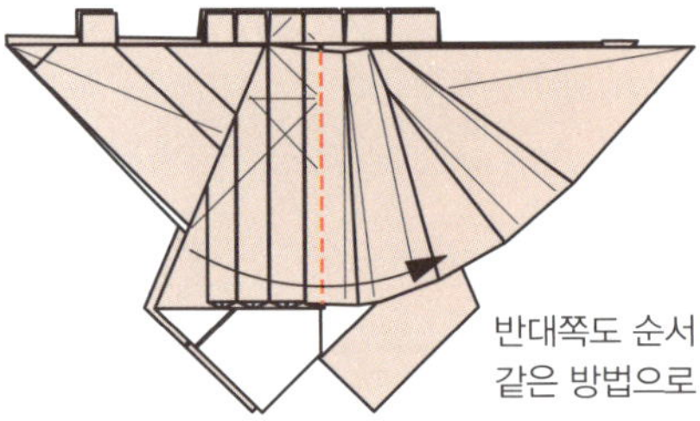

반대쪽도 순서 19~20과
같은 방법으로 접는다.

22

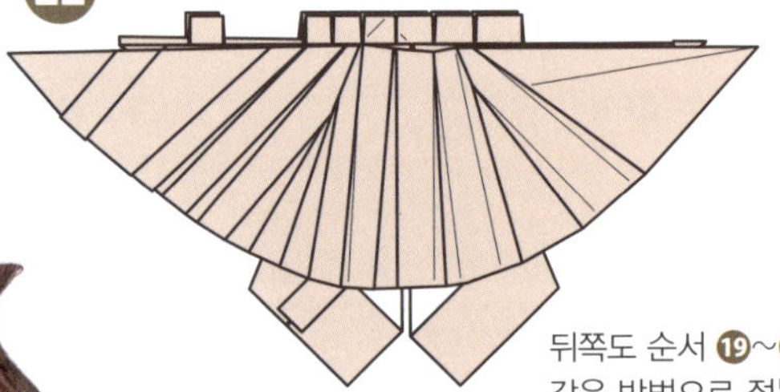

뒤쪽도 순서 19~21과
같은 방법으로 접는다.

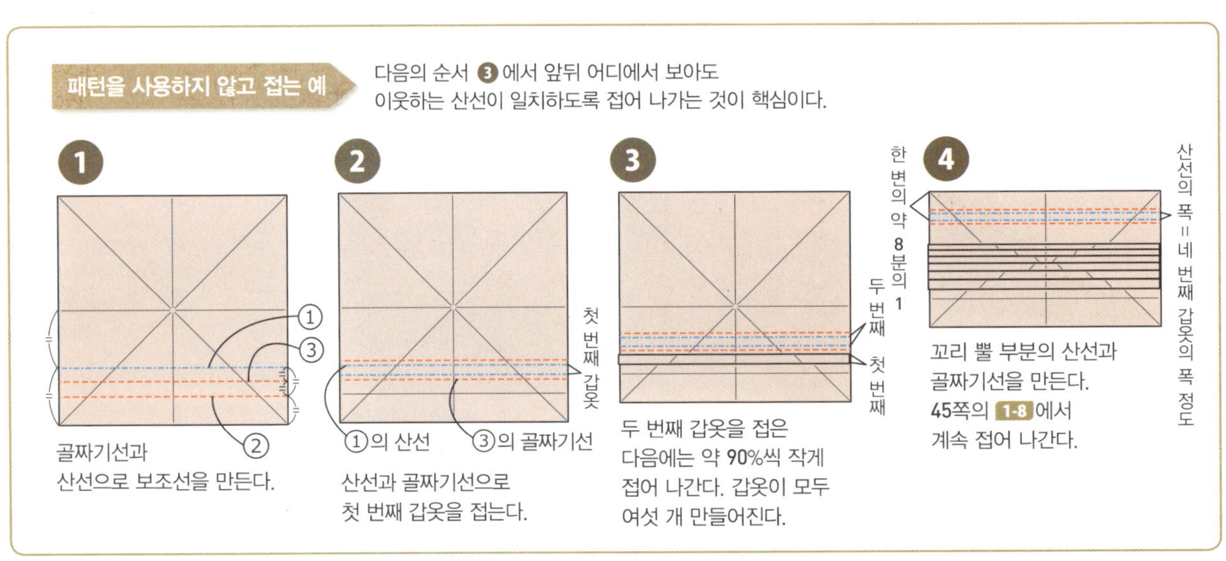

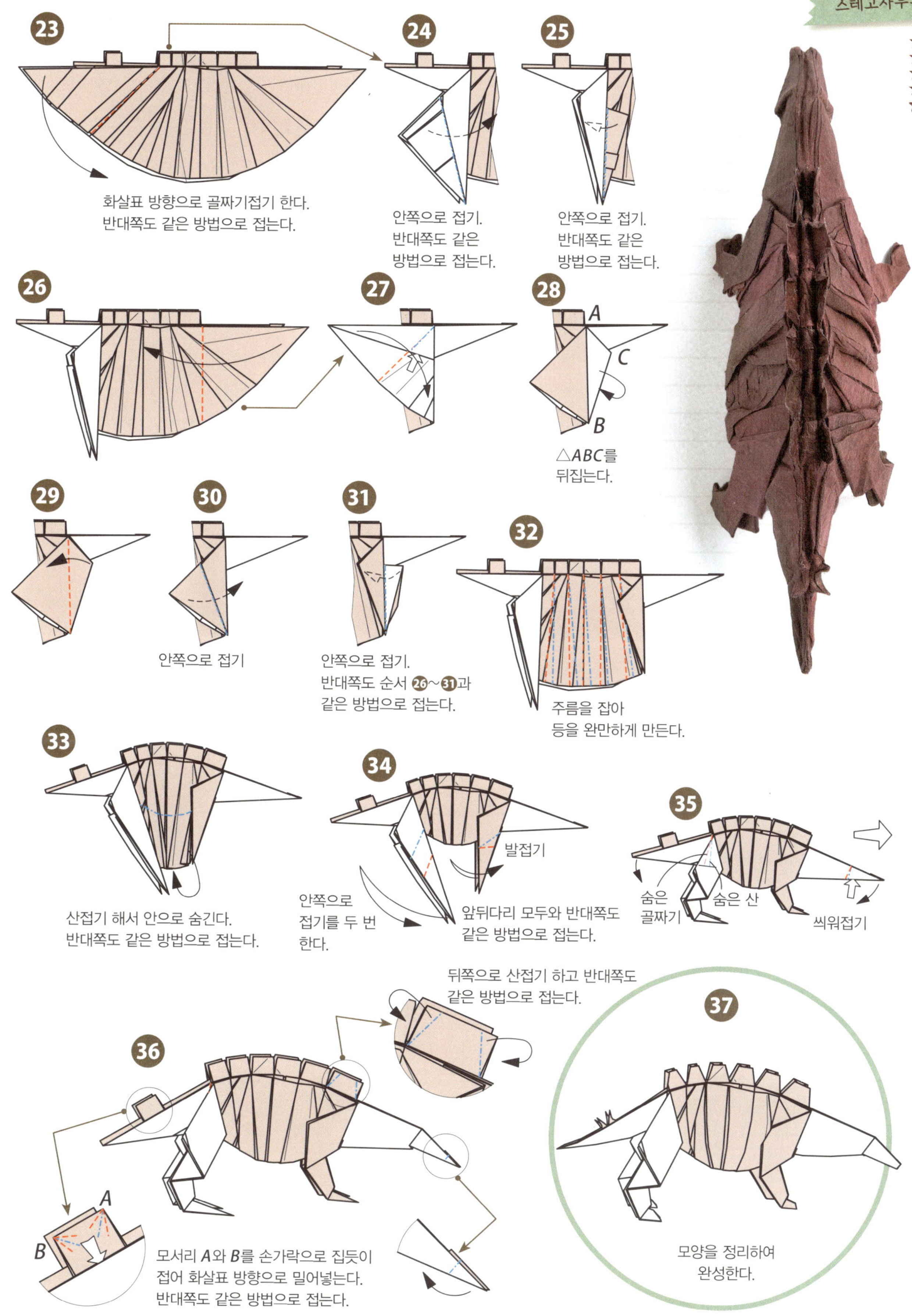
23
화살표 방향으로 골짜기접기 한다.
반대쪽도 같은 방법으로 접는다.
24
안쪽으로 접기.
반대쪽도 같은
방법으로 접는다.
25
안쪽으로 접기.
반대쪽도 같은
방법으로 접는다.
26
27
28
A
C
B
△ABC를
뒤집는다.
29
30
안쪽으로 접기
31
안쪽으로 접기.
반대쪽도 순서 26~31과
같은 방법으로 접는다.
32
주름을 잡아
등을 완만하게 만든다.
33
산접기 해서 안으로 숨긴다.
반대쪽도 같은 방법으로 접는다.
34
발접기
안쪽으로
접기를 두 번
한다.
앞뒤다리 모두와 반대쪽도
같은 방법으로 접는다.
35
숨은
골짜기
숨은 산
씌워접기
36
뒤쪽으로 산접기 하고 반대쪽도
같은 방법으로 접는다.
A
B
모서리 A와 B를 손가락으로 집듯이
접어 화살표 방향으로 밀어넣는다.
반대쪽도 같은 방법으로 접는다.
37
모양을 정리하여
완성한다.

디플로카울루스

❖ 난이도 ★★☆☆☆
❖ 사용한 종이 : 22cm×22cm 1장

디프로카울루스는 고생대의 페름기에 북아메리카에 서식한 양서류이다. 순서 ❼에서 뒷다리를 벌리는 과정은 18쪽 엘라스모사우루스 순서 ❽~❿이나 72쪽 아이벡스 순서 ⓬~⓮와 접는 방법이 같으므로 그것을 참고한다. 모양을 다듬을 때 양쪽에 돌출된 머리가 시작되는 곳을 밀어넣어 몸통과 이어지는 부분을 잘록하게 만들면 더욱 리얼한 고생물로 탄생한다.

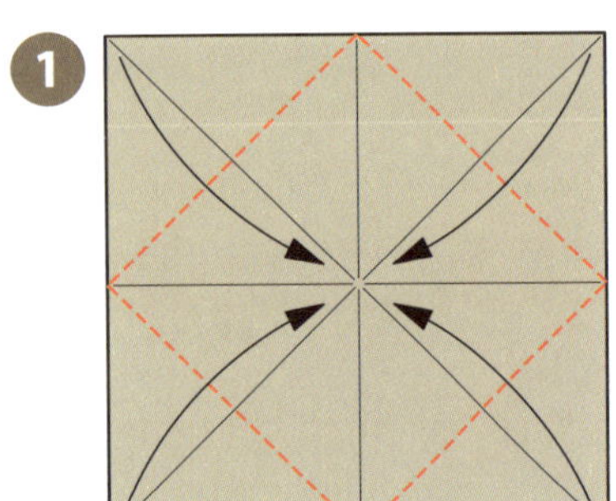

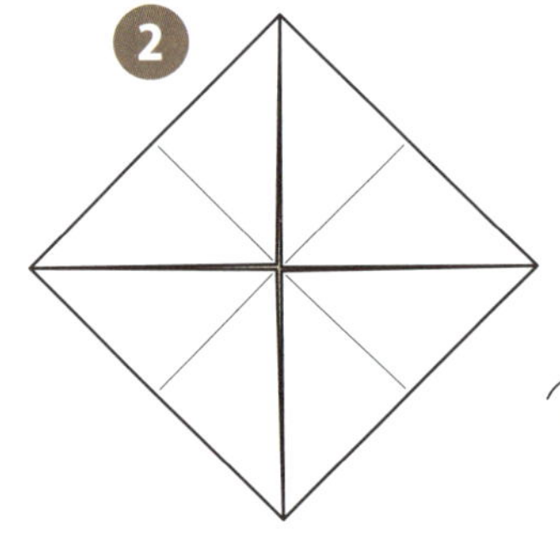

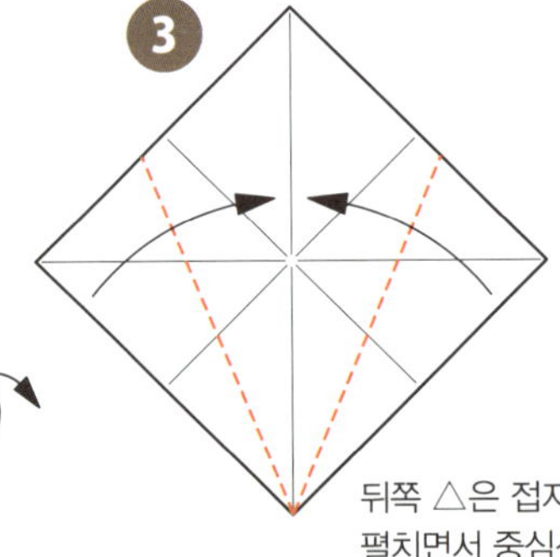

뒤쪽 △은 접지 않고 펼치면서 중심선에 맞추어 접는다.

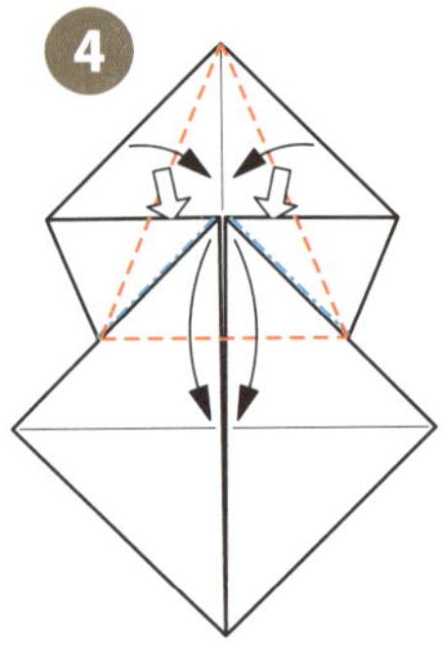

뒤쪽 △은 접지 않고 펼치면서 화살표 방향으로 펼쳐 눌러접는다.

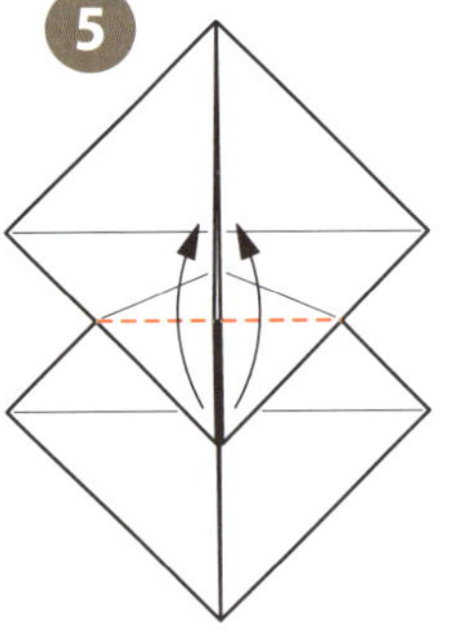

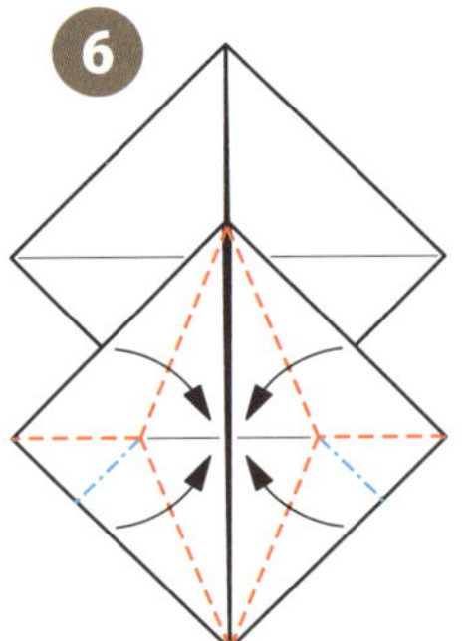

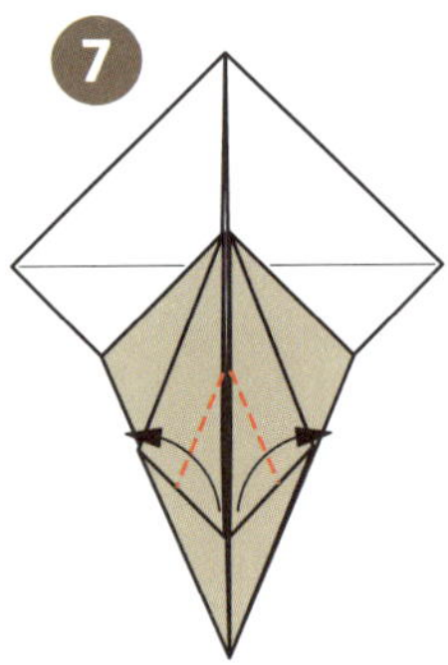

72쪽 아이벡스 순서 ⓬~⓮ 참고

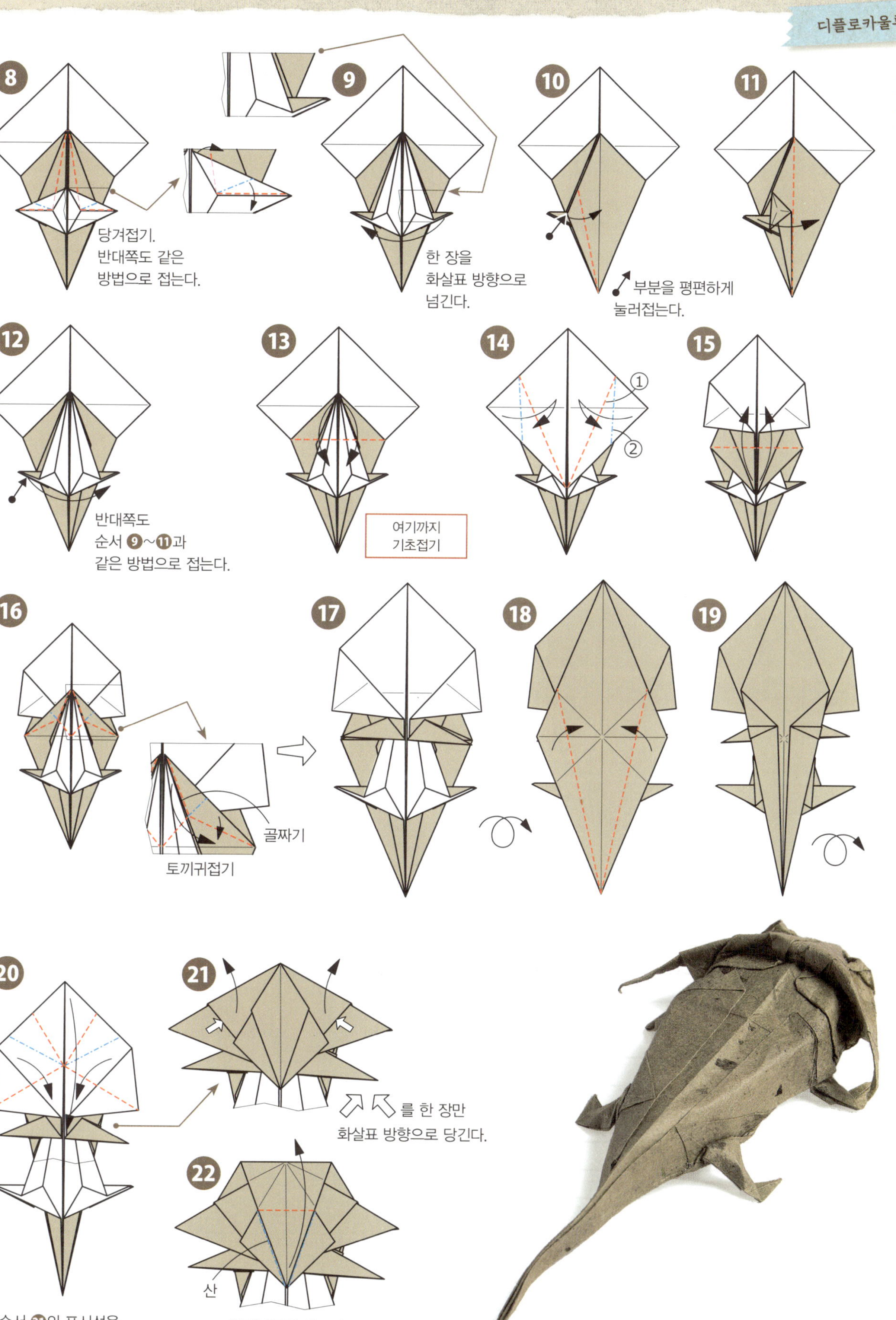
8
당겨접기.
반대쪽도 같은
방법으로 접는다.
9
한 장을
화살표 방향으로
넘긴다.
10
11
부분을 평편하게
눌러접는다.
12
반대쪽도
순서 9~11과
같은 방법으로 접는다.
13
여기까지
기초접기
14
①
②
15
16
골짜기
토끼귀접기
17
18
19
20
순서 21의 표시선을
참고하여 접는다.
21
를 한 장만
화살표 방향으로 당긴다.
22
산
학마름모접기(14쪽)

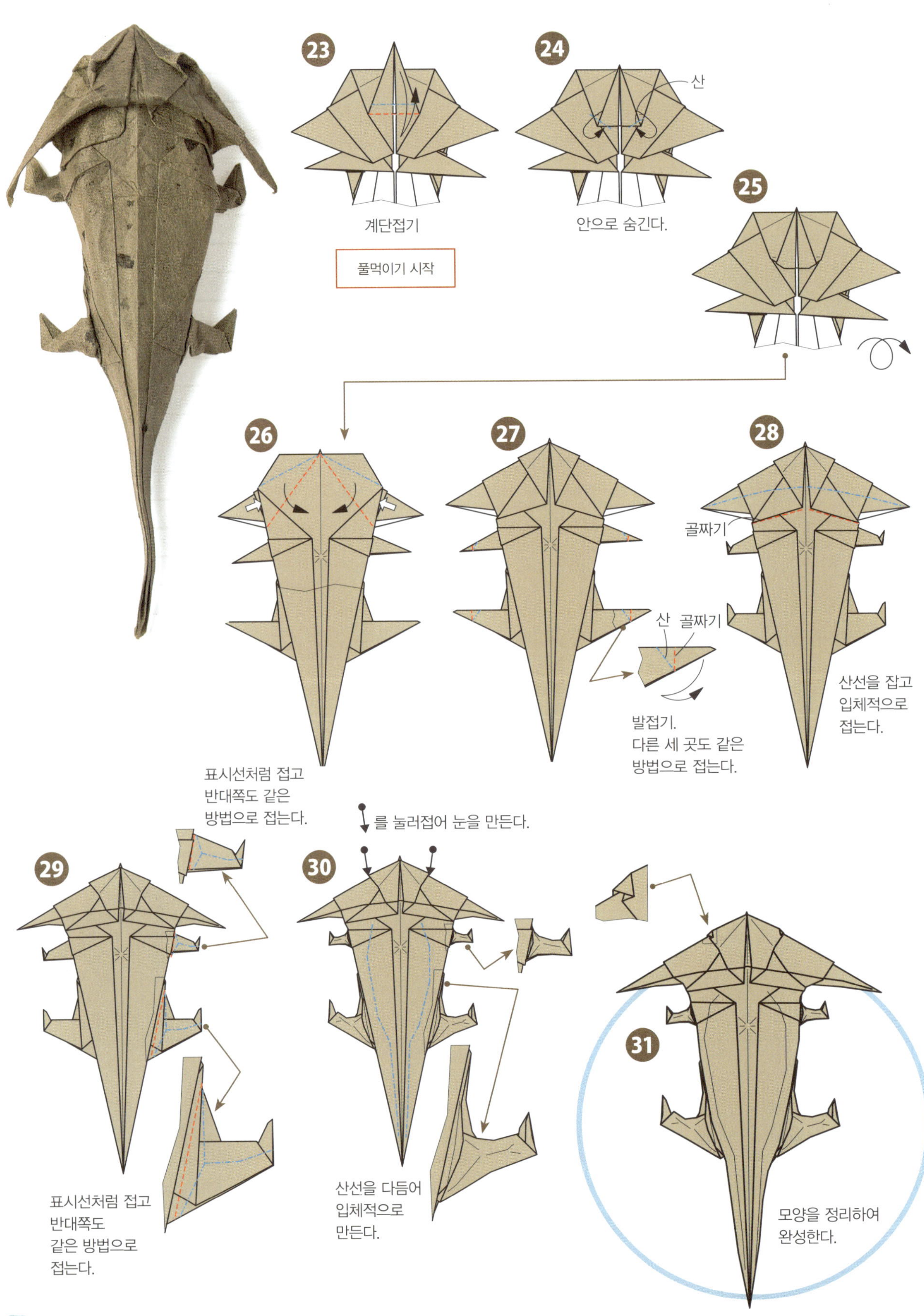
23
계단접기
풀먹이기 시작
24
산
안으로 숨긴다.
25
26
27
산 골짜기
발접기.
다른 세 곳도 같은
방법으로 접는다.
28
골짜기
산선을 잡고
입체적으로
접는다.
표시선처럼 접고
반대쪽도 같은
방법으로 접는다.
를 눌러접어 눈을 만든다.
29
30
31
표시선처럼 접고
반대쪽도
같은 방법으로
접는다.
산선을 다듬어
입체적으로
만든다.
모양을 정리하여
완성한다.

아노말로카리스

❖ **난이도** ★★☆☆☆
❖ **사용한 종이 :** 32cm×32cm 1장

아노말로카리스는 고생대 캄브리아기에 바다에 서식한 포식성 동물이다. 접기 시작 단계에서 네 모서리를 한 변의 8분의 1 길이로 사각주머니처럼 접어넣으면 긴 촉수 모양의 돌기를 만들 수 있다. 이 부분에서 꼬리에 작은 돌기 다섯 개가 만들어진다.

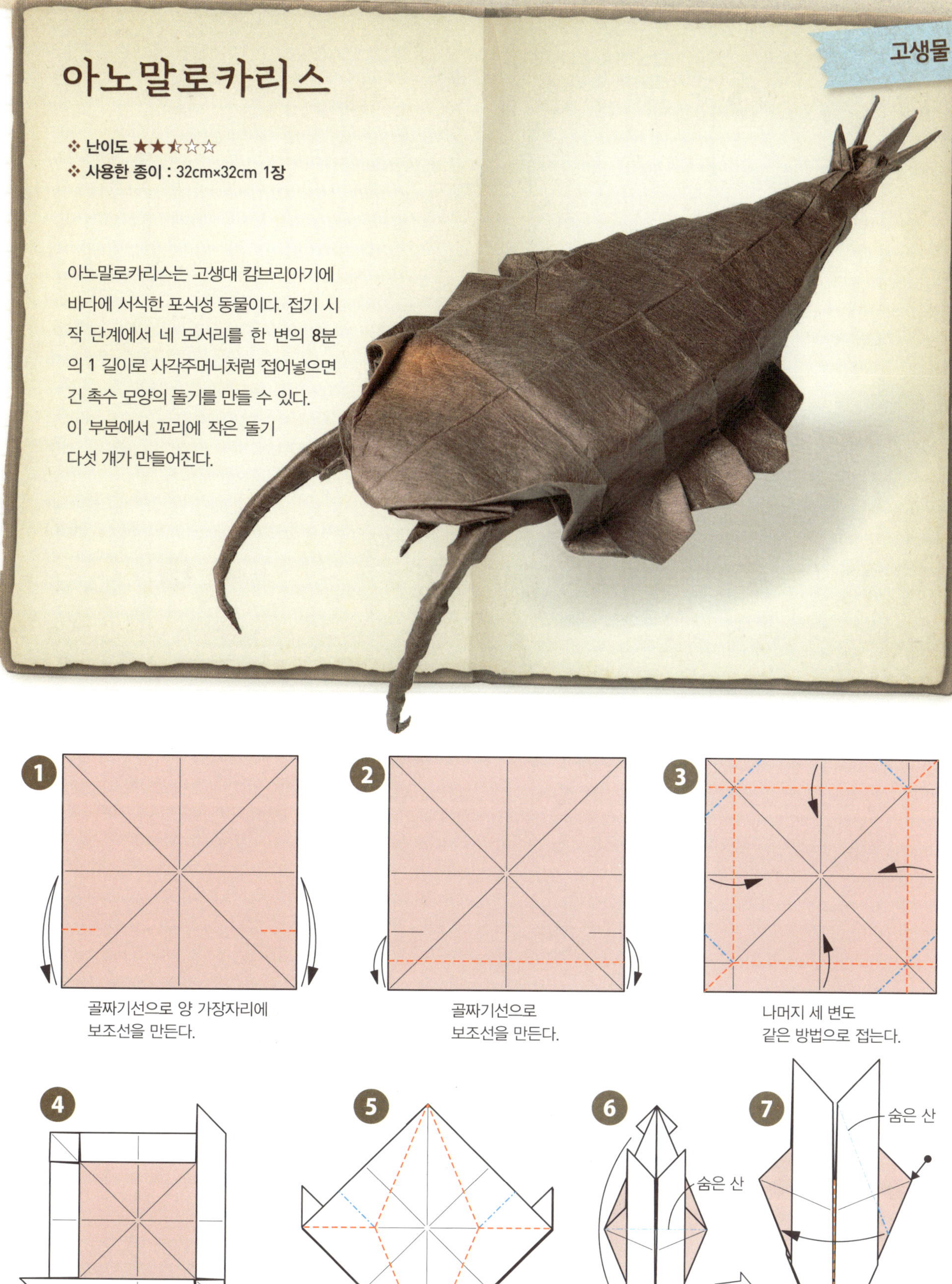

1 골짜기선으로 양 가장자리에 보조선을 만든다.

2 골짜기선으로 보조선을 만든다.

3 나머지 세 변도 같은 방법으로 접는다.

4 종이의 방향을 바꾼 다음 뒤집는다.

5 표시선을 잘 보고 뒤쪽 △은 펼치면서 접는다.

7 ●↙를 눌러 접는다.

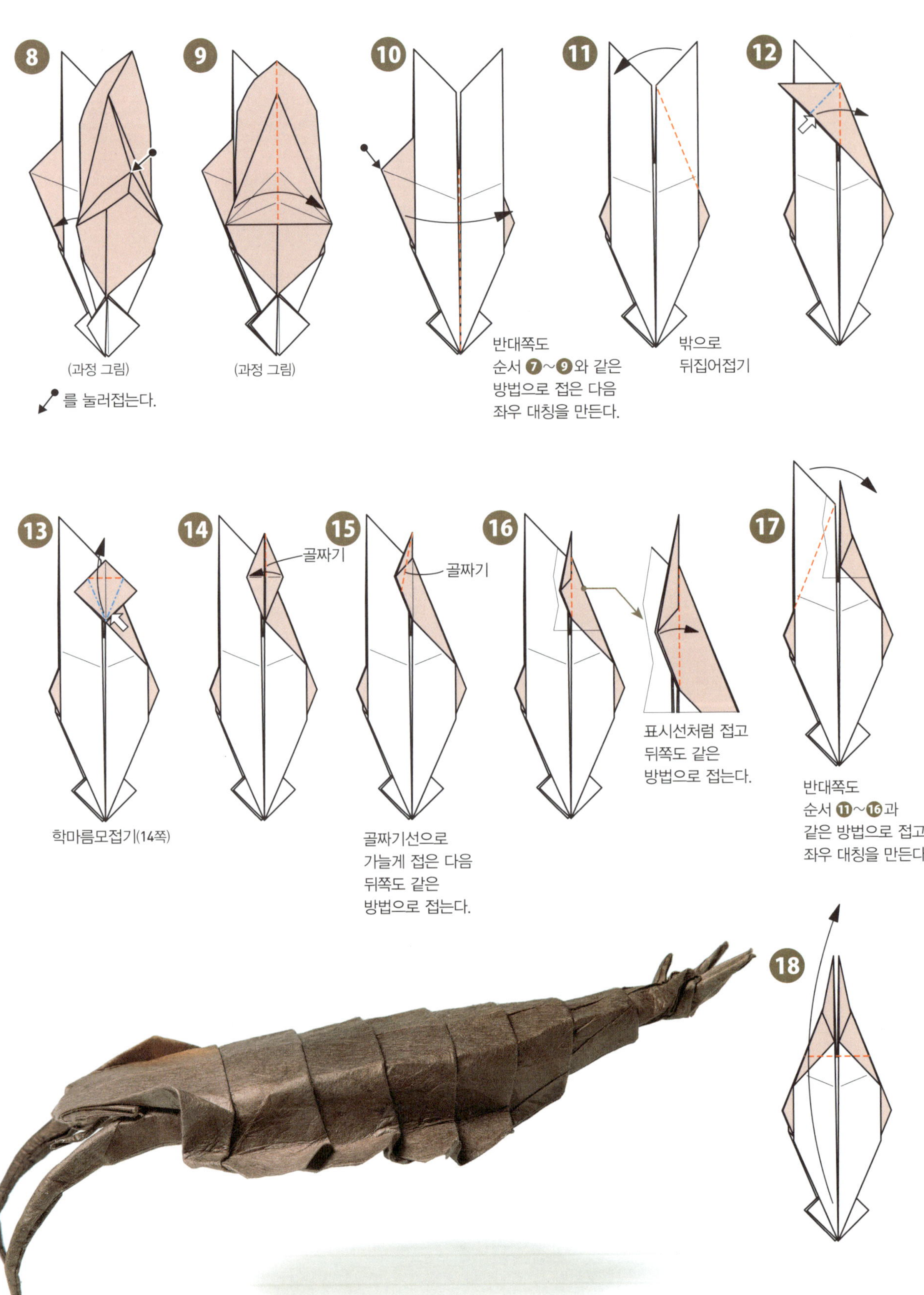
8
(과정 그림)
를 눌러접는다.
9
(과정 그림)
10
반대쪽도
순서 7~9와 같은
방법으로 접은 다음
좌우 대칭을 만든다.
11
밖으로
뒤집어접기
12
13
학마름모접기(14쪽)
14
골짜기
15
골짜기
골짜기선으로
가늘게 접은 다음
뒤쪽도 같은
방법으로 접는다.
16
표시선처럼 접고
뒤쪽도 같은
방법으로 접는다.
17
반대쪽도
순서 11~16과
같은 방법으로 접고
좌우 대칭을 만든다.
18

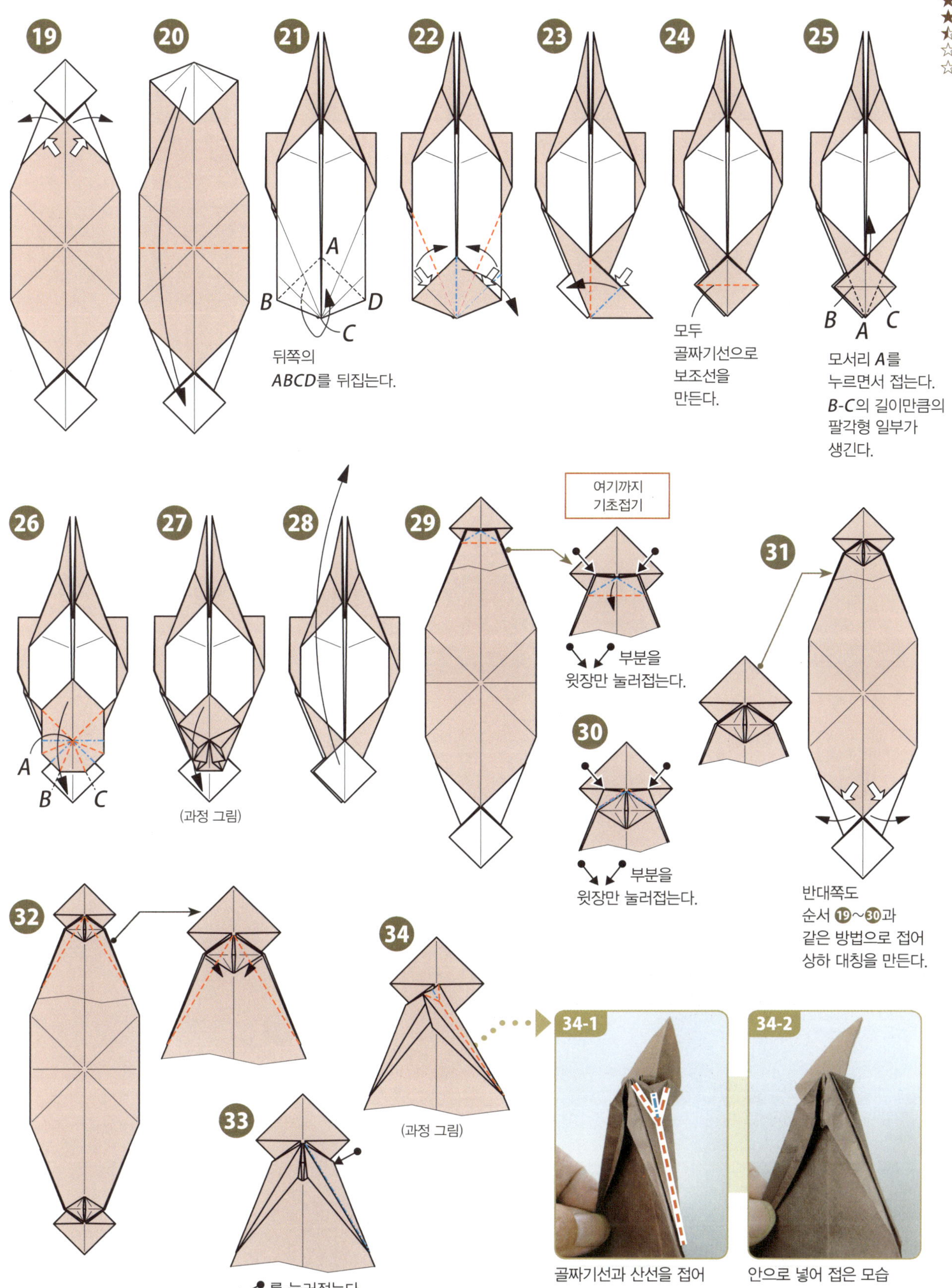
19
20
21
A
B
D
C
뒤쪽의
ABCD를 뒤집는다.
22
23
24
모두
골짜기선으로
보조선을
만든다.
25
B
A
C
모서리 A를
누르면서 접는다.
B-C의 길이만큼의
팔각형 일부가
생긴다.
26
A
B
C
27
(과정 그림)
28
29
여기까지
기초접기
부분을
윗장만 눌러접는다.
30
부분을
윗장만 눌러접는다.
31
반대쪽도
순서 19~30과
같은 방법으로 접어
상하 대칭을 만든다.
32
33
를 눌러접는다.
34
(과정 그림)
34-1
골짜기선과 산선을 접어
안으로 넣어 접는다.
34-2
안으로 넣어 접은 모습

35

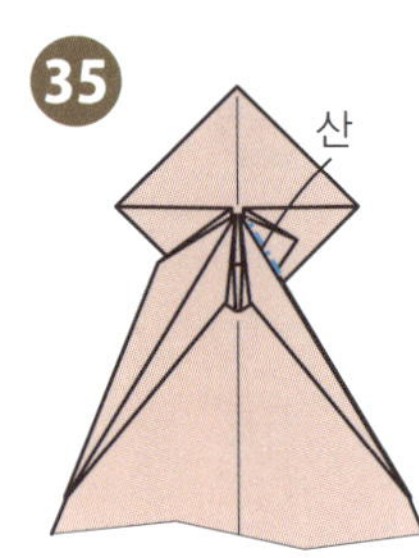

나와 있는 부분을 안쪽으로 접기 한다.

36

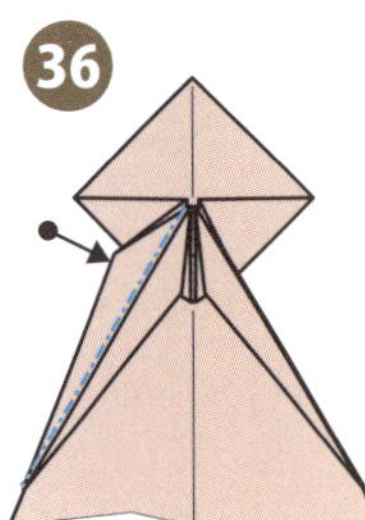

반대쪽도 순서 33~35와 같은 방법으로 눌러접는다.

37

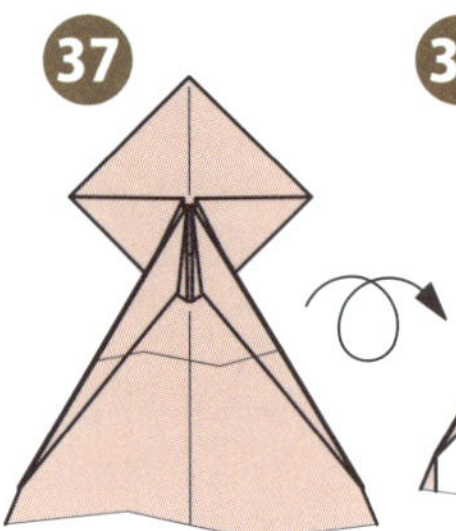

순서 36을 접은 모습

38

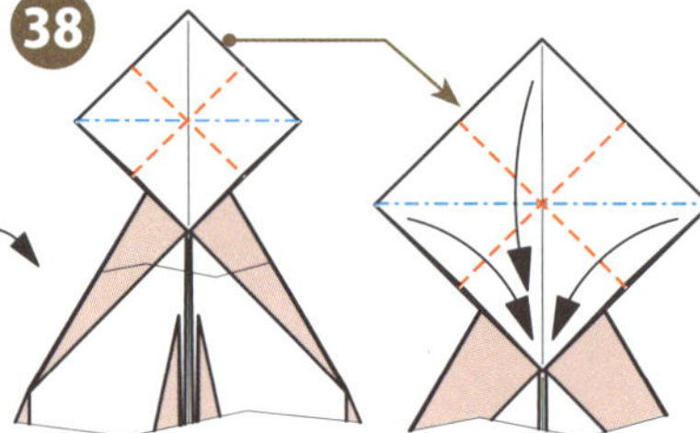

사각주머니접기를 한다.

39

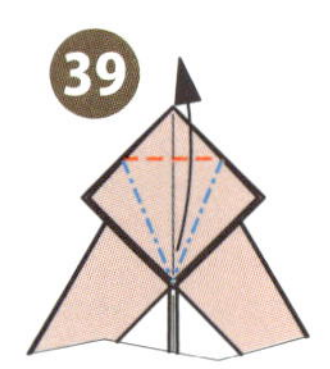

학마름모접기(14쪽)

40

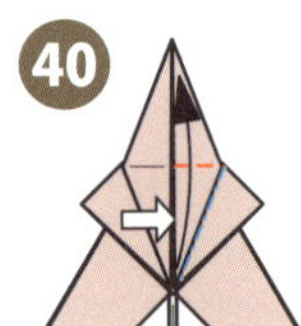

41

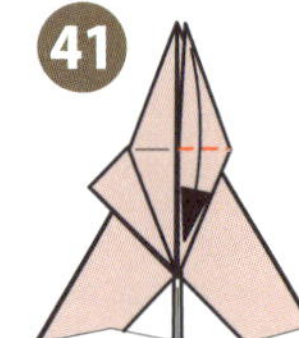

42

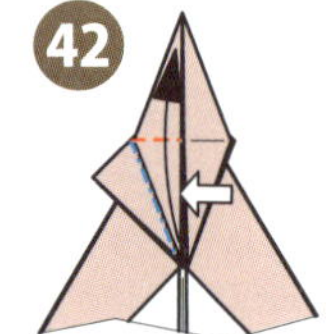

반대쪽도 순서 40~41과 같은 방법으로 접는다.

46

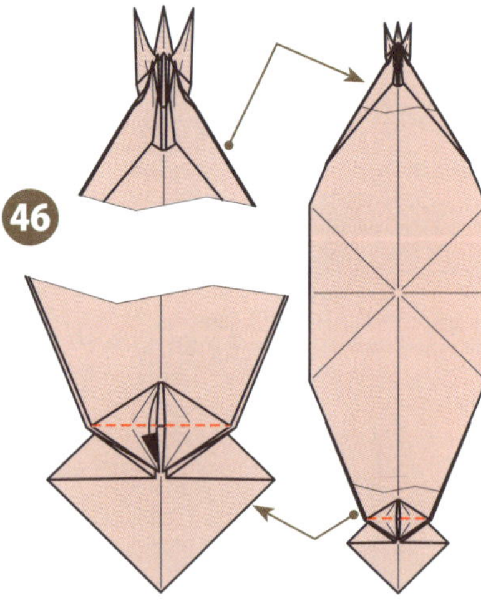

43

안쪽으로 접기

44

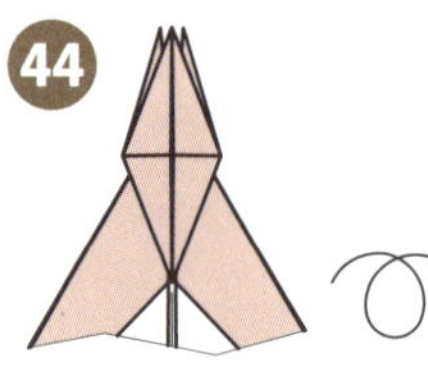

45

산선으로 모아접듯이 하여 가늘게 만든다.

47

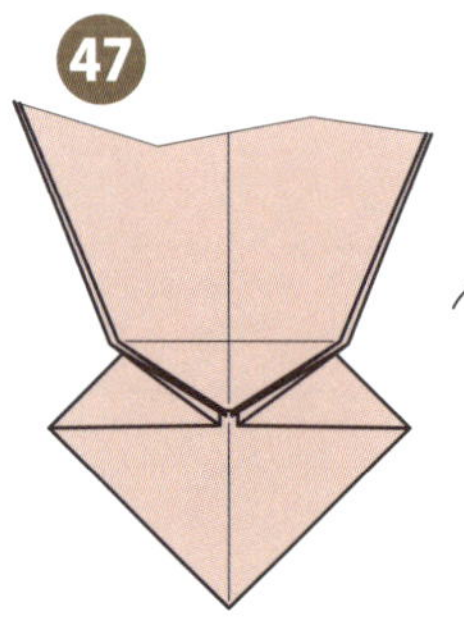

48

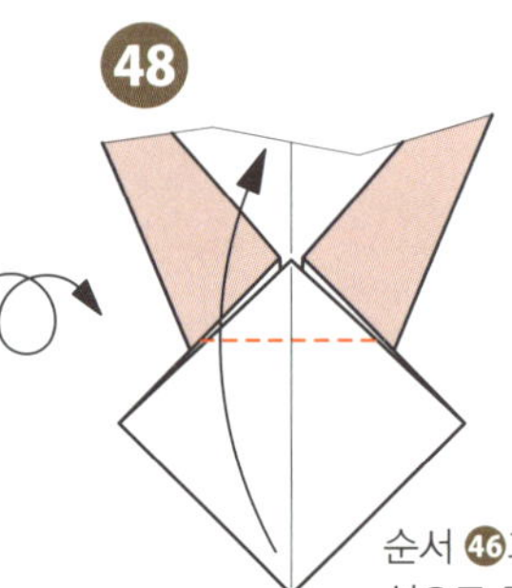

순서 46과 같은 선으로 접는다.

49

산 산

50

52

토끼귀접기

51

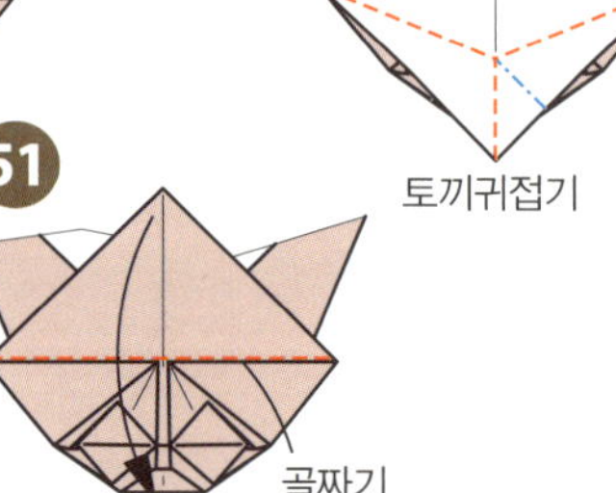

53

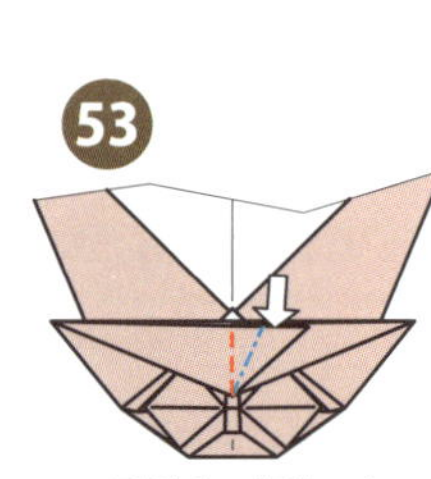

펼쳐 눌러접는다.

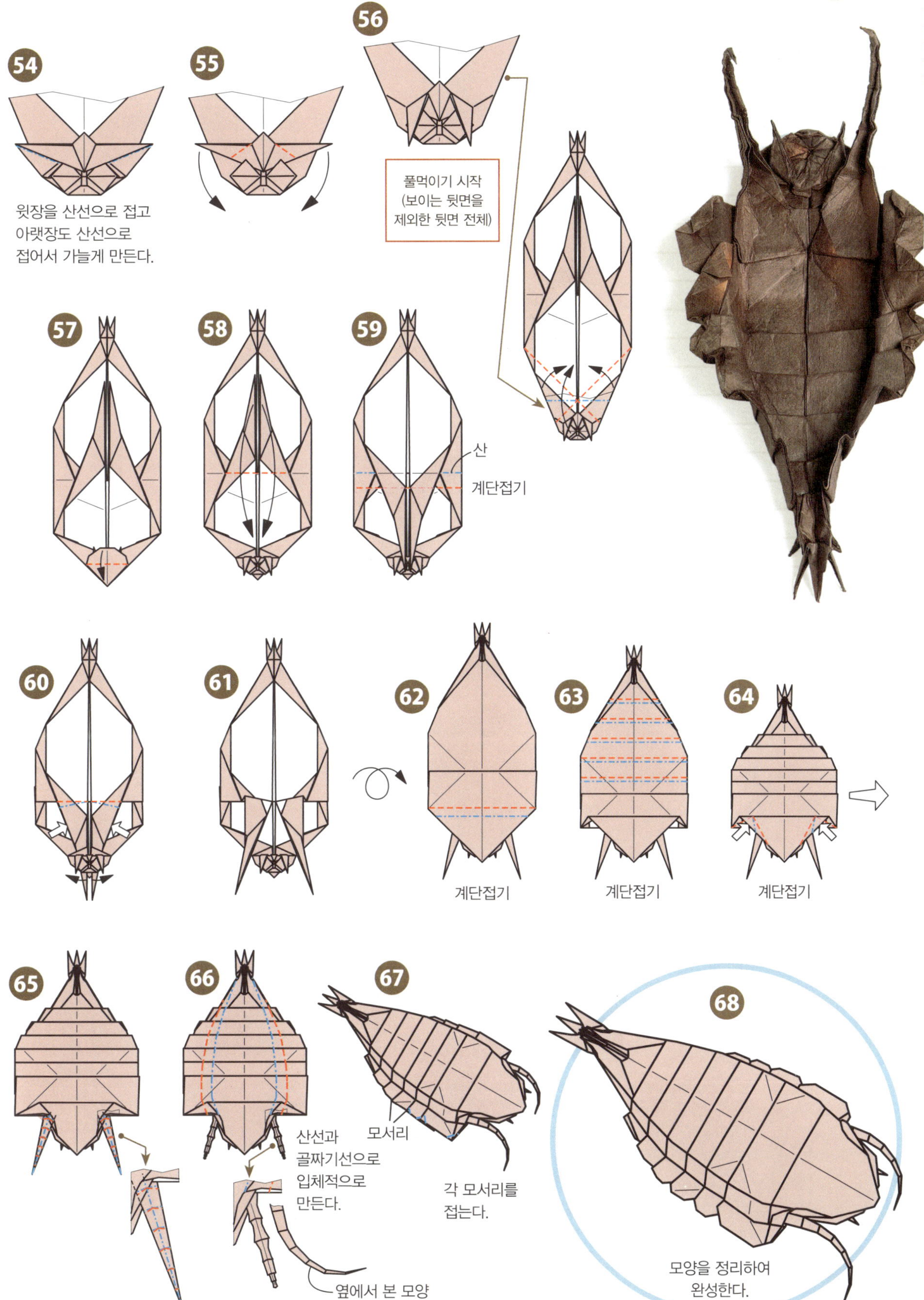

54
55
56
윗장을 산선으로 접고
아랫장도 산선으로
접어서 가늘게 만든다.
풀먹이기 시작
(보이는 뒷면을
제외한 뒷면 전체)
57
58
59
산
계단접기
60
61
62
63
64
계단접기
계단접기
계단접기
65
66
67
68
산선과
골짜기선으로
입체적으로
만든다.
모서리
각 모서리를
접는다.
옆에서 본 모양
모양을 정리하여
완성한다.

바다전갈

❖ 난이도 ★★★⯪☆
❖ 사용한 종이 : 32cm×32cm 1장

바다전갈은 실루리아기부터 데본기에 걸쳐 번성한 수생동물이다. 바다전갈에는 여러 종류가 있지만 이 작품은 비교적 몸집이 작고 앞쪽에 집게발이 없는 개체를 모델로 해서 창작했다. 다리 끝에 있는 수염 모양 돌기 한 쌍은 조금 간단한 기초에서 고안해 냈다.

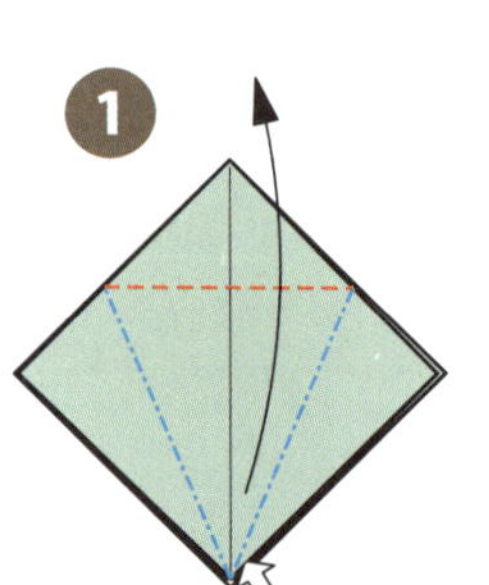

사각주머니접기(14쪽)에서 그림처럼 벌려 접는다.

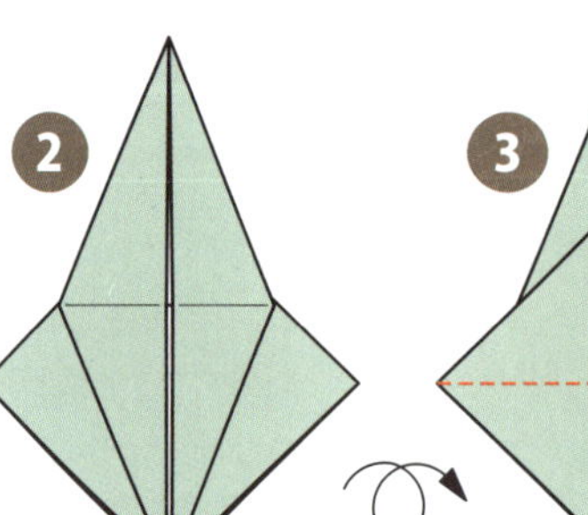

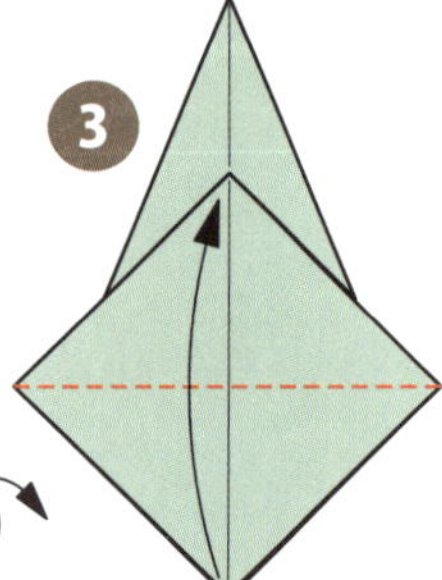

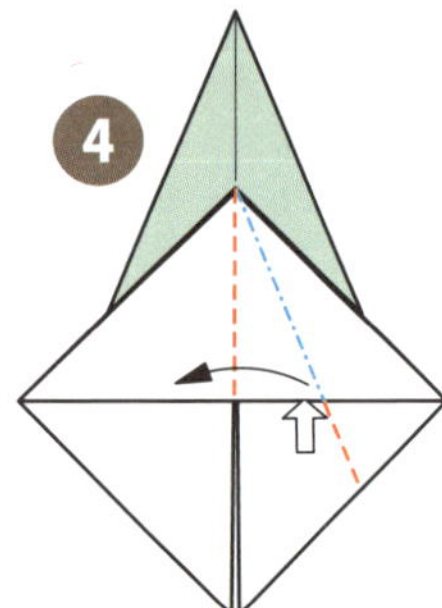

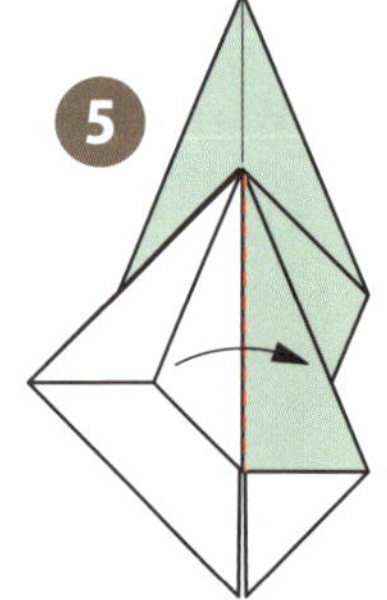

한 장만 오른쪽으로 넘겨접는다.

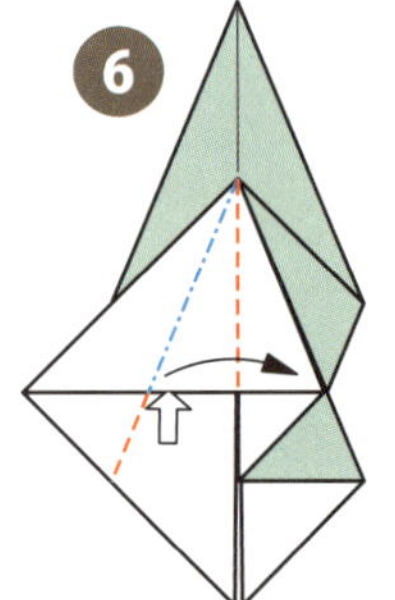

순서 ❹와 같은 방법으로 접는다.

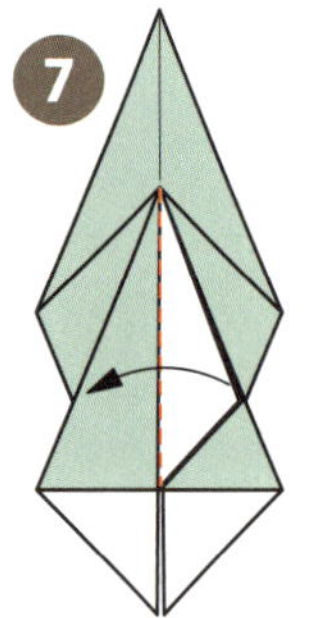

8
개구리접기(14쪽)

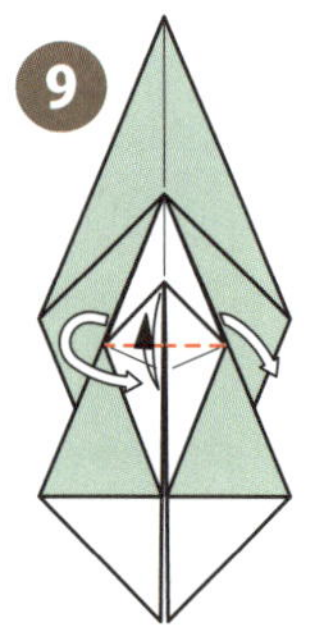

빼내어접기(13쪽)

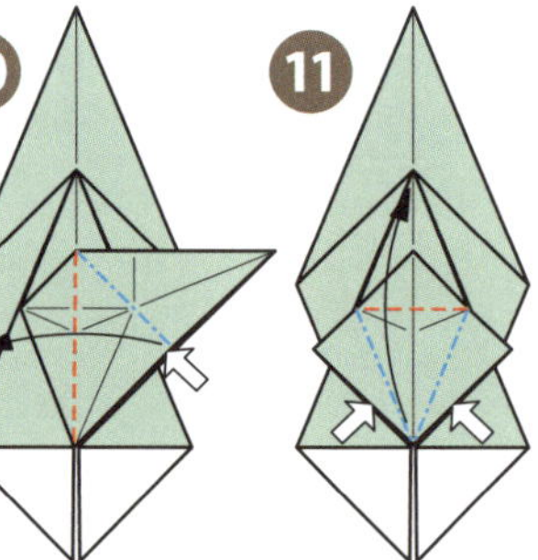

학마름모접기(14쪽)

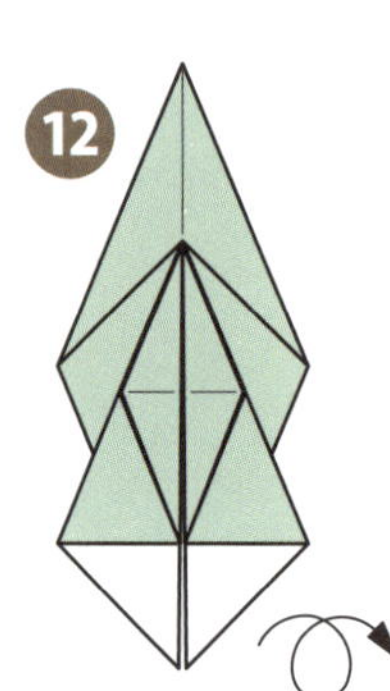

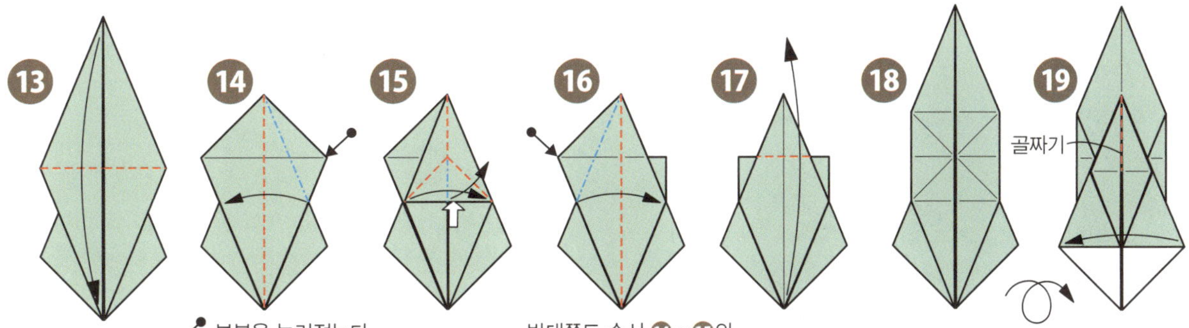

13 14 15 16 17 18 19

골짜기

부분을 눌러접는다.

반대쪽도 순서 14~15와 같은 방법으로 접는다.

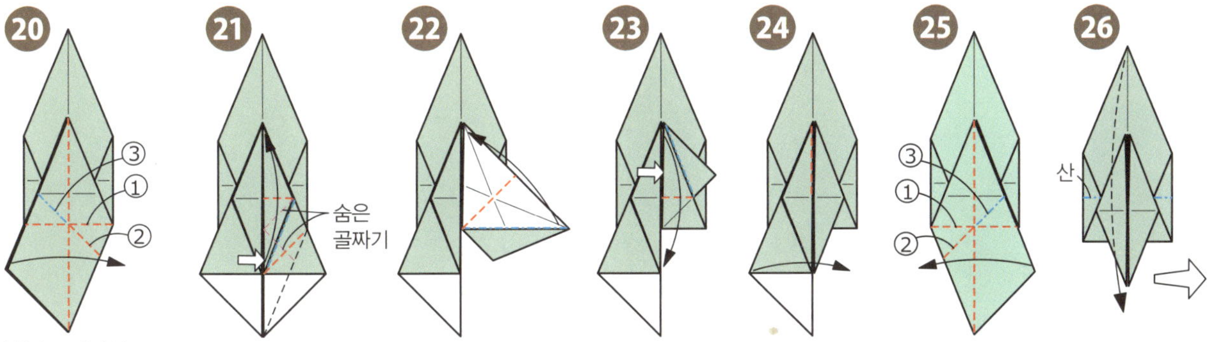

20 21 22 23 24 25 26

③ ① ②

숨은 골짜기

산

산선과 골짜기선으로 보조선을 만들고 순서 19로 되돌린다.

반대쪽도 순서 20~23과 같은 방법으로 접는다.

뒷장을 접어내린다.

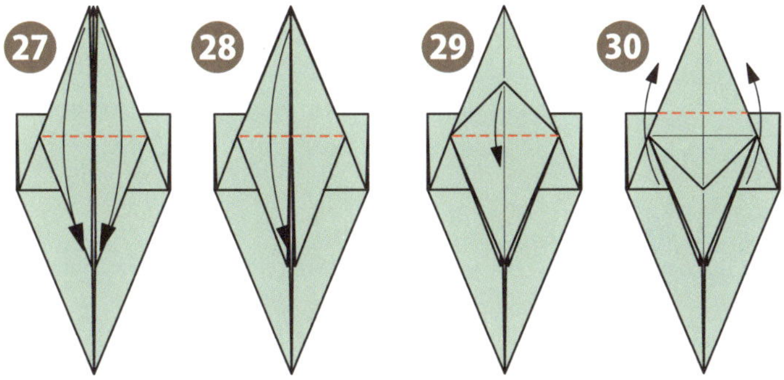

27 28 29 30

한 장씩 접어내린다.

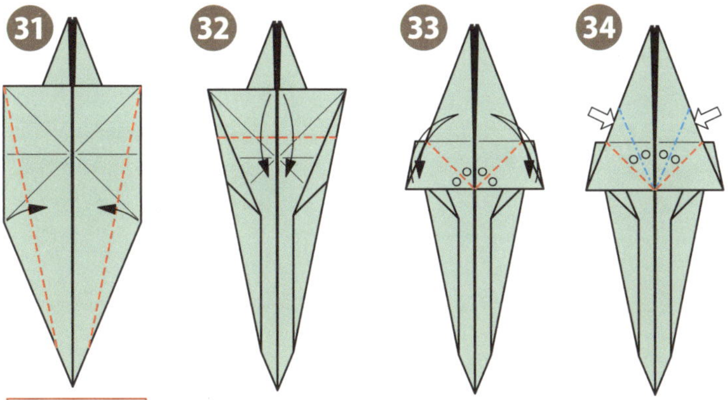

31 32 33 34

여기까지 기초접기

골짜기선으로 보조선을 만든다.

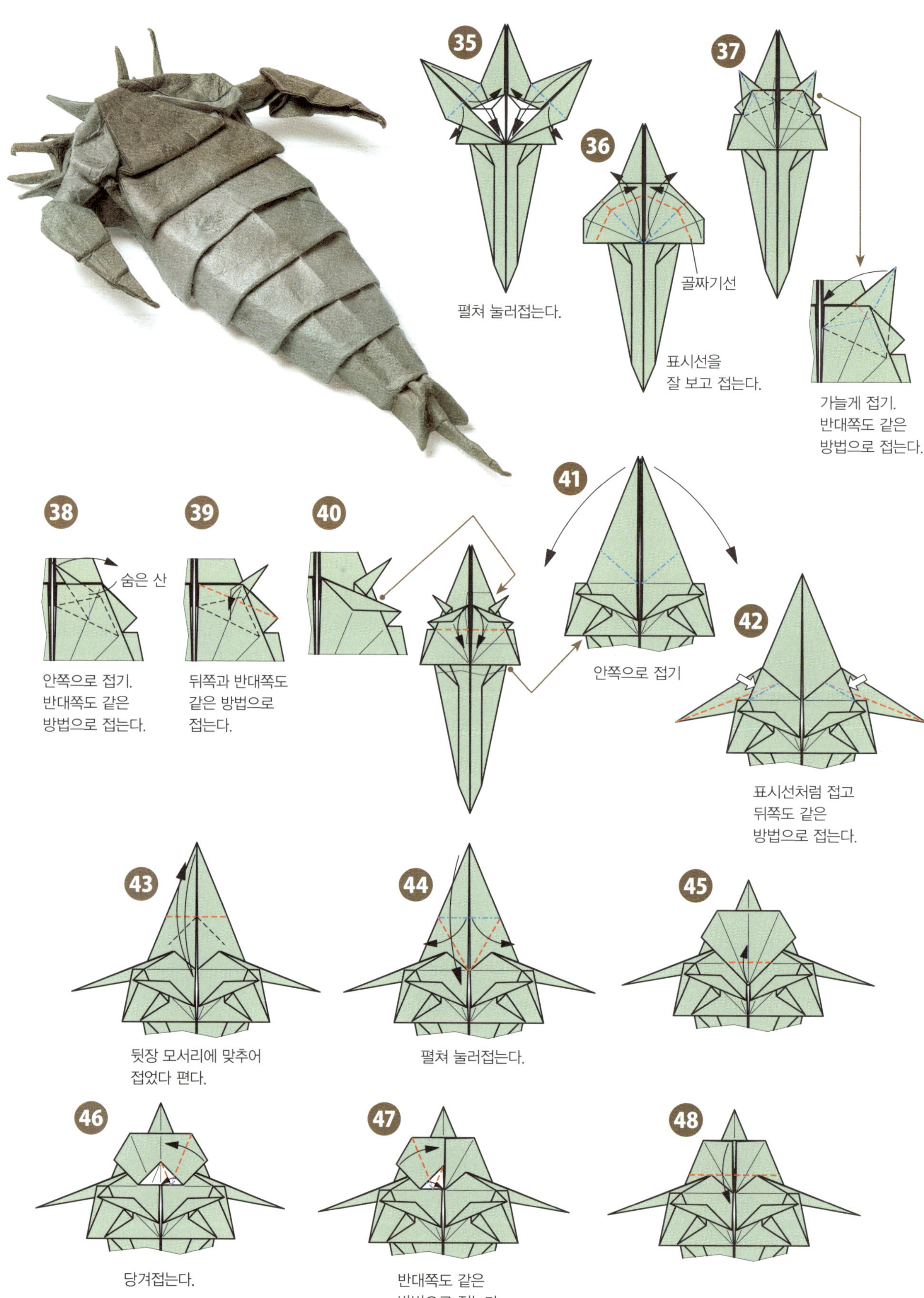
35
펼쳐 눌러접는다.
36
골짜기선
표시선을
잘 보고 접는다.
37
가늘게 접기.
반대쪽도 같은
방법으로 접는다.
38
숨은 산
안쪽으로 접기.
반대쪽도 같은
방법으로 접는다.
39
뒤쪽과 반대쪽도
같은 방법으로
접는다.
40
41
안쪽으로 접기
42
표시선처럼 접고
뒤쪽도 같은
방법으로 접는다.
43
뒷장 모서리에 맞추어
접었다 편다.
44
펼쳐 눌러접는다.
45
46
당겨접는다.
47
반대쪽도 같은
방법으로 접는다.
48

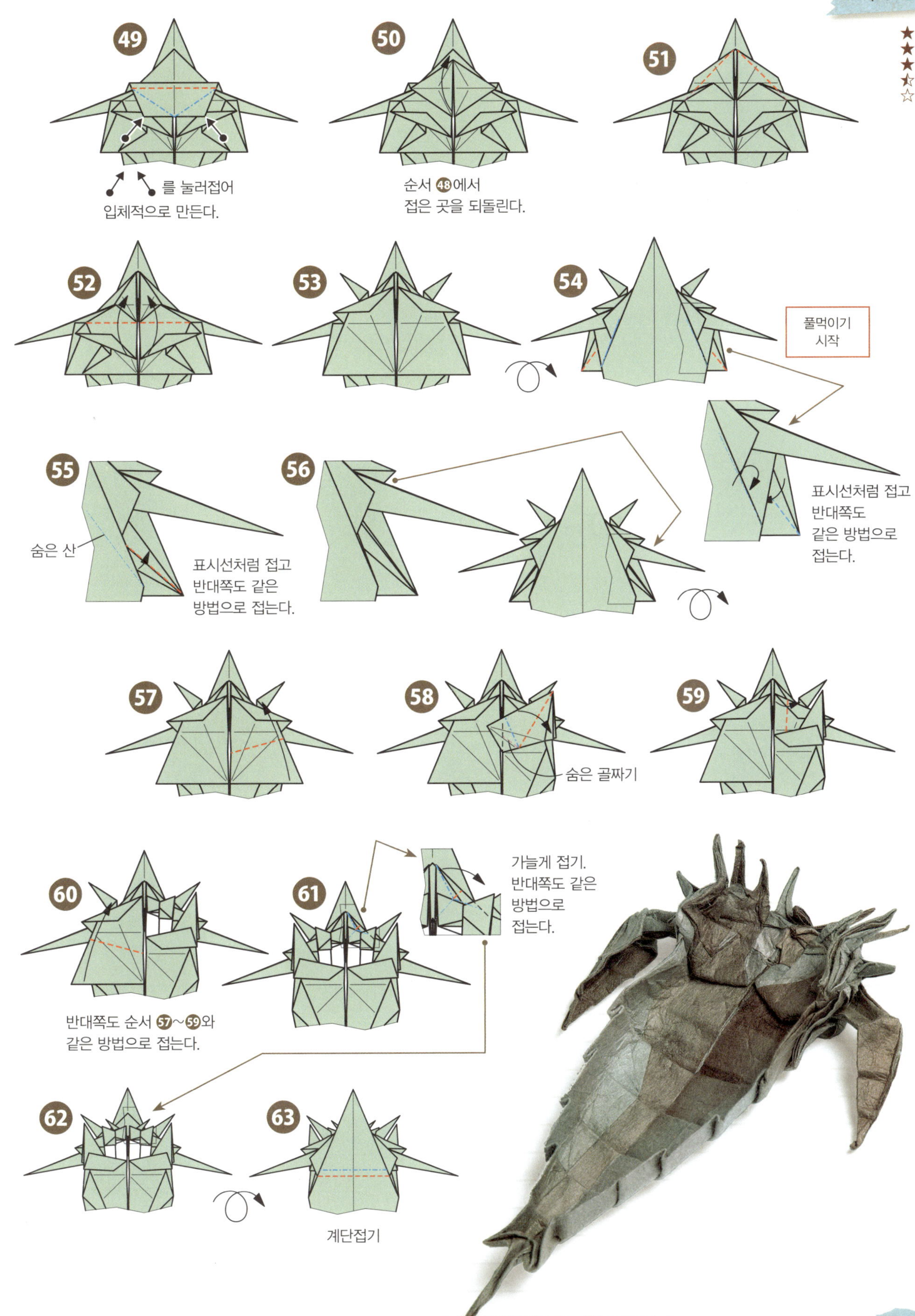
49
50
51
를 눌러접어
입체적으로 만든다.
순서 48에서
접은 곳을 되돌린다.
52
53
54
풀먹이기
시작
55
56
숨은 산
표시선처럼 접고
반대쪽도 같은
방법으로 접는다.
표시선처럼 접고
반대쪽도
같은 방법으로
접는다.
57
58
59
숨은 골짜기
60
61
가늘게 접기.
반대쪽도 같은
방법으로
접는다.
반대쪽도 순서 57~59와
같은 방법으로 접는다.
62
63
계단접기

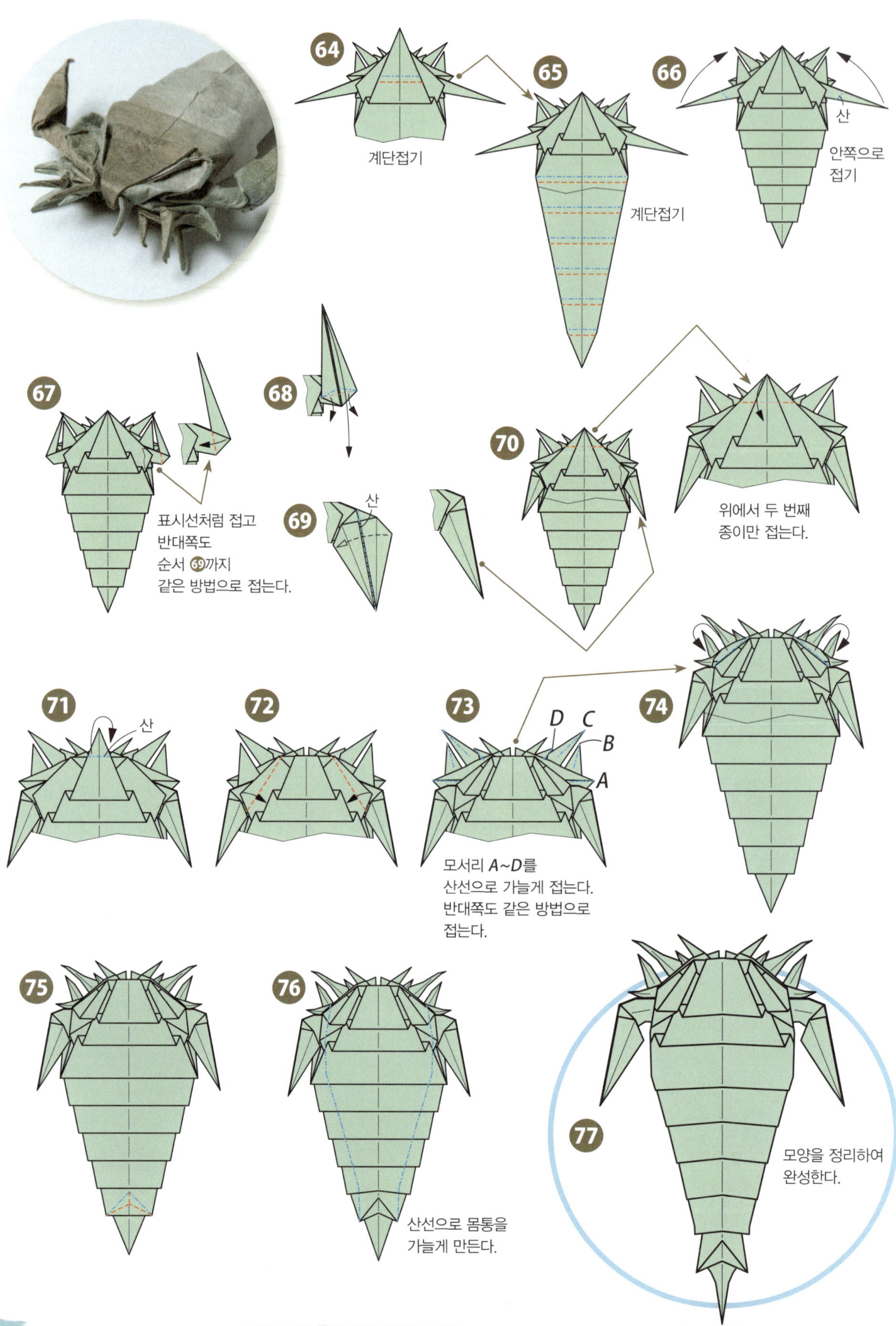
64
계단접기
65
계단접기
66
산
안쪽으로
접기
67
표시선처럼 접고
반대쪽도
순서 69까지
같은 방법으로 접는다.
68
69
산
70
위에서 두 번째
종이만 접는다.
71
산
72
73
D
C
B
A
모서리 A~D를
산선으로 가늘게 접는다.
반대쪽도 같은 방법으로
접는다.
74
75
76
산선으로 몸통을
가늘게 만든다.
77
모양을 정리하여
완성한다.

스밀로돈(검치호랑이)

❖ 난이도 ★★★☆☆
❖ 사용한 종이 : 32cm×32cm 1장

스밀로돈은 수만 년 전까지 아메리카 대륙을 중심으로 서식한 고양잇과 육식 동물이다. 순서 ㉘에서 뒤집는 과정이 있지만 순서 ㉗로 돌아가 산선을 골짜기선으로 바꾸어 접으면 쉽게 순서 ㉘의 그림과 같이 된다. 뒤집으면 송곳니를 제외한 뒷면을 드러내지 않고 접을 수 있다.

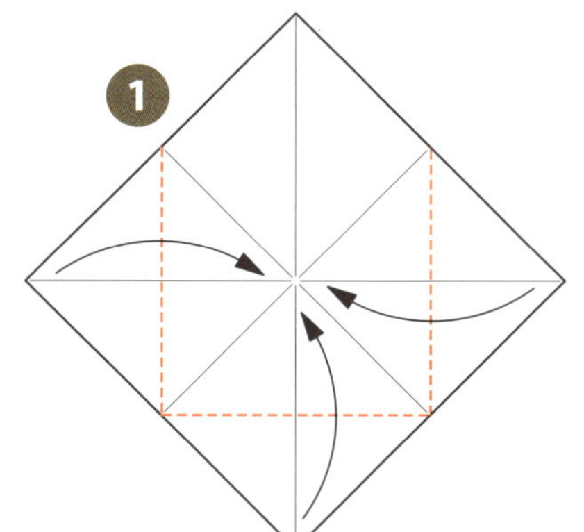

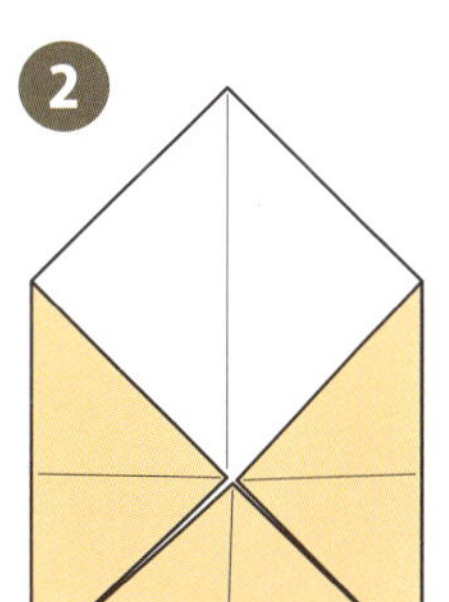

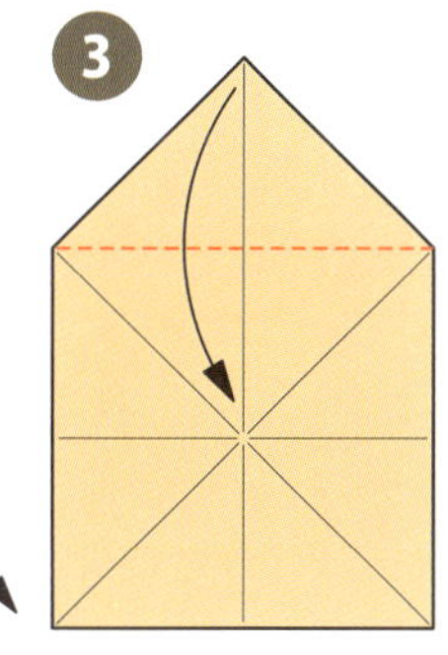

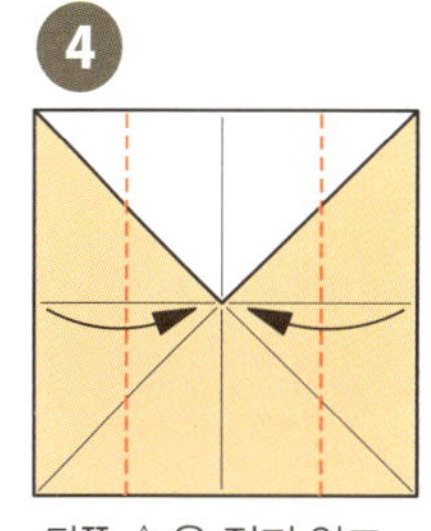

뒤쪽 △은 접지 않고 펼치면서 화살표 방향으로 접는다.

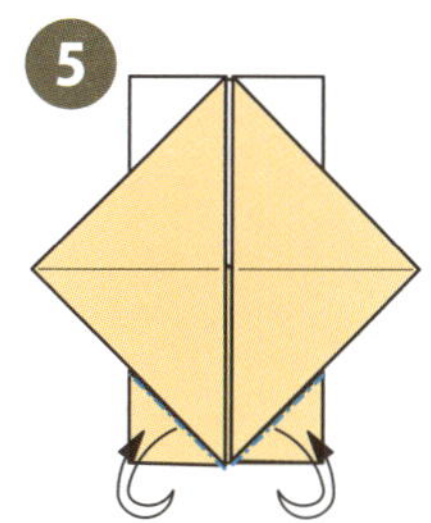

산선으로 보조선을 만든다.

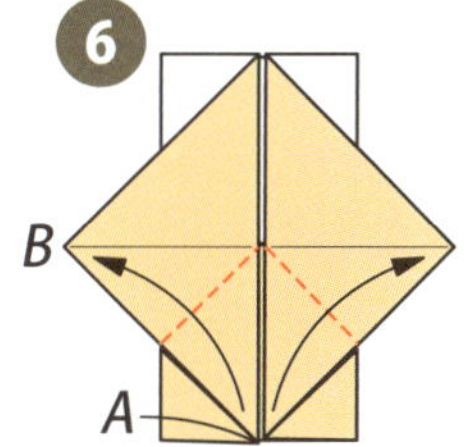

모서리 *A*를 모서리 *B*에 맞추어 접어 보조선을 만든다.

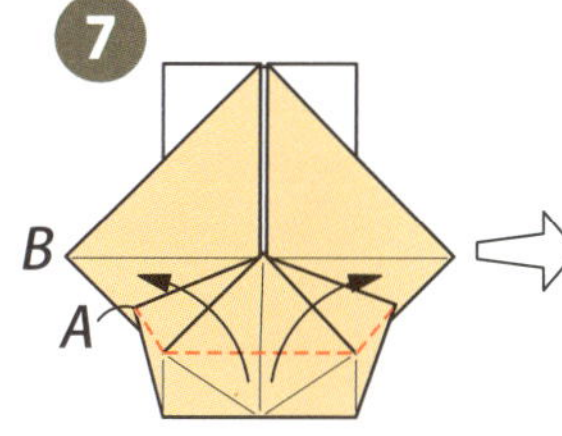

(과정 그림)
뒤쪽 △은 접지 않고 펼치면서 접는다.

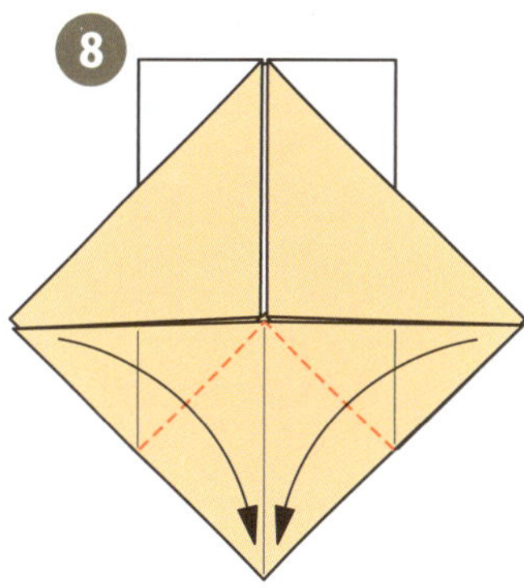

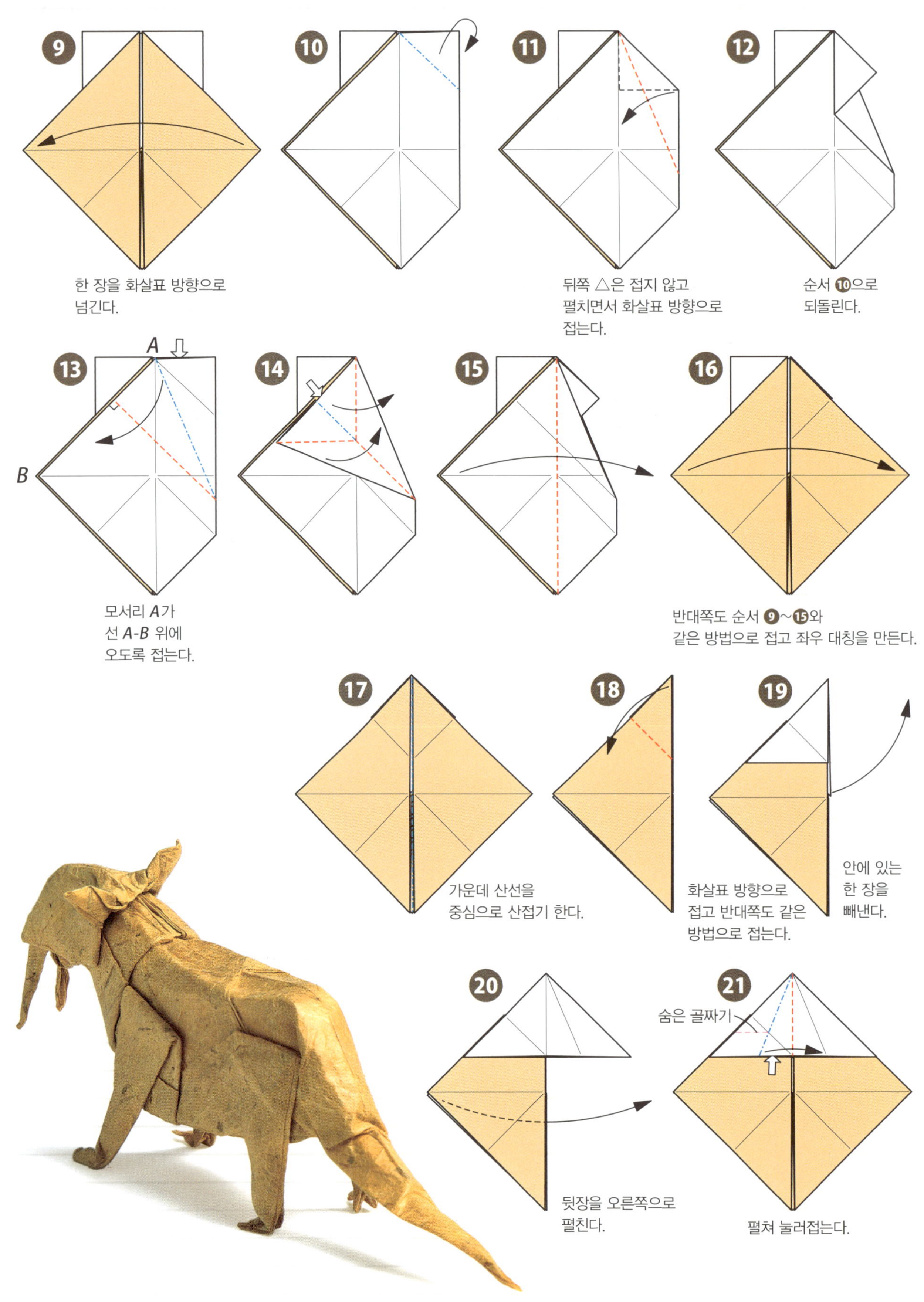
9
한 장을 화살표 방향으로
넘긴다.
10
11
뒤쪽 △은 접지 않고
펼치면서 화살표 방향으로
접는다.
12
순서 ⑩으로
되돌린다.
13
A
B
모서리 A가
선 A-B 위에
오도록 접는다.
14
15
16
반대쪽도 순서 ⑨~⑮와
같은 방법으로 접고 좌우 대칭을 만든다.
17
가운데 산선을
중심으로 산접기 한다.
18
19
화살표 방향으로
접고 반대쪽도 같은
방법으로 접는다.
안에 있는
한 장을
빼낸다.
20
뒷장을 오른쪽으로
펼친다.
21
숨은 골짜기
펼쳐 눌러접는다.

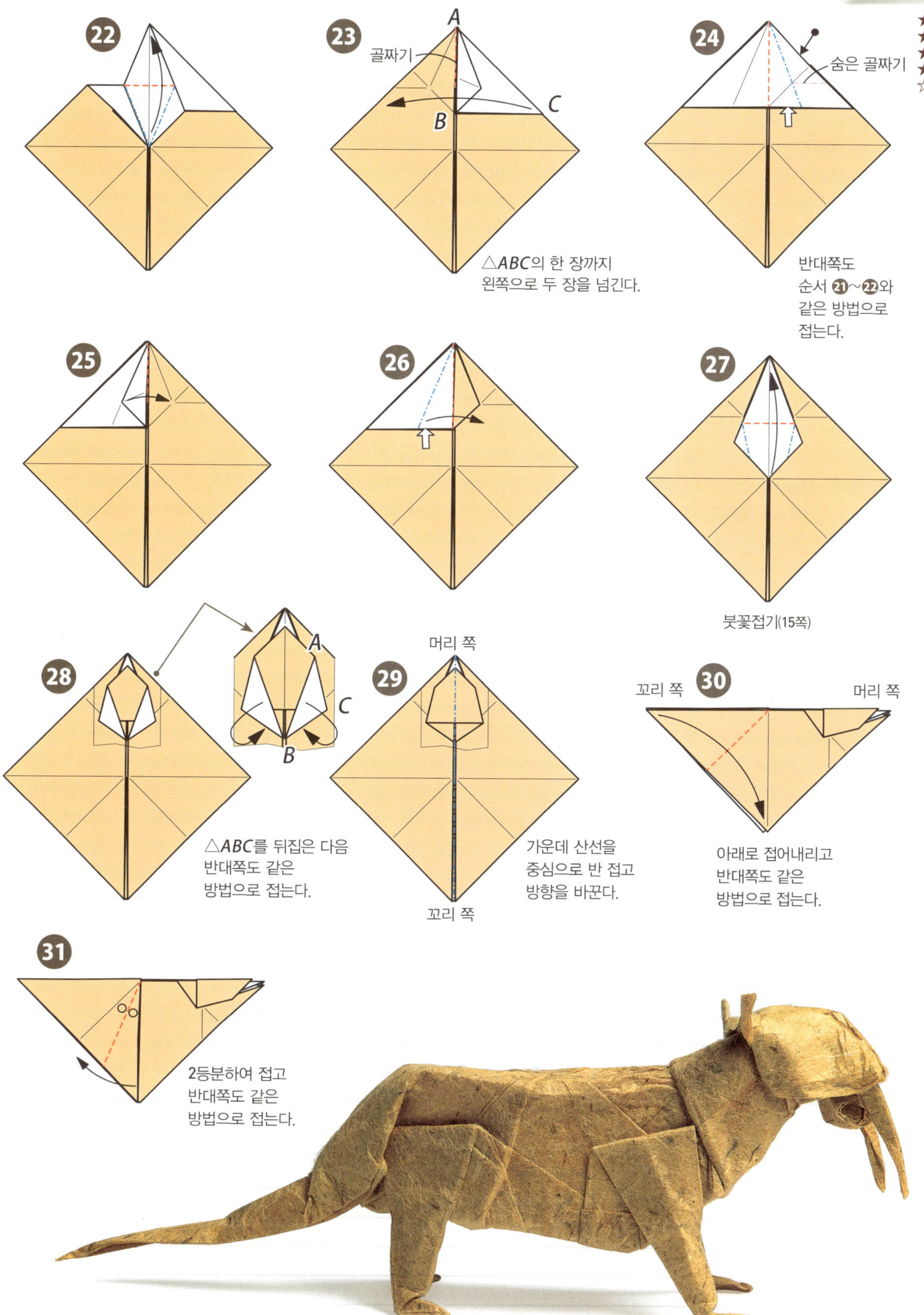
22
23
A
골짜기
B
C
△ABC의 한 장까지
왼쪽으로 두 장을 넘긴다.
24
숨은 골짜기
반대쪽도
순서 21~22와
같은 방법으로
접는다.
25
26
27
붓꽃접기(15쪽)
28
A
C
B
△ABC를 뒤집은 다음
반대쪽도 같은
방법으로 접는다.
29
머리 쪽
꼬리 쪽
가운데 산선을
중심으로 반 접고
방향을 바꾼다.
30
꼬리 쪽
머리 쪽
아래로 접어내리고
반대쪽도 같은
방법으로 접는다.
31
2등분하여 접고
반대쪽도 같은
방법으로 접는다.

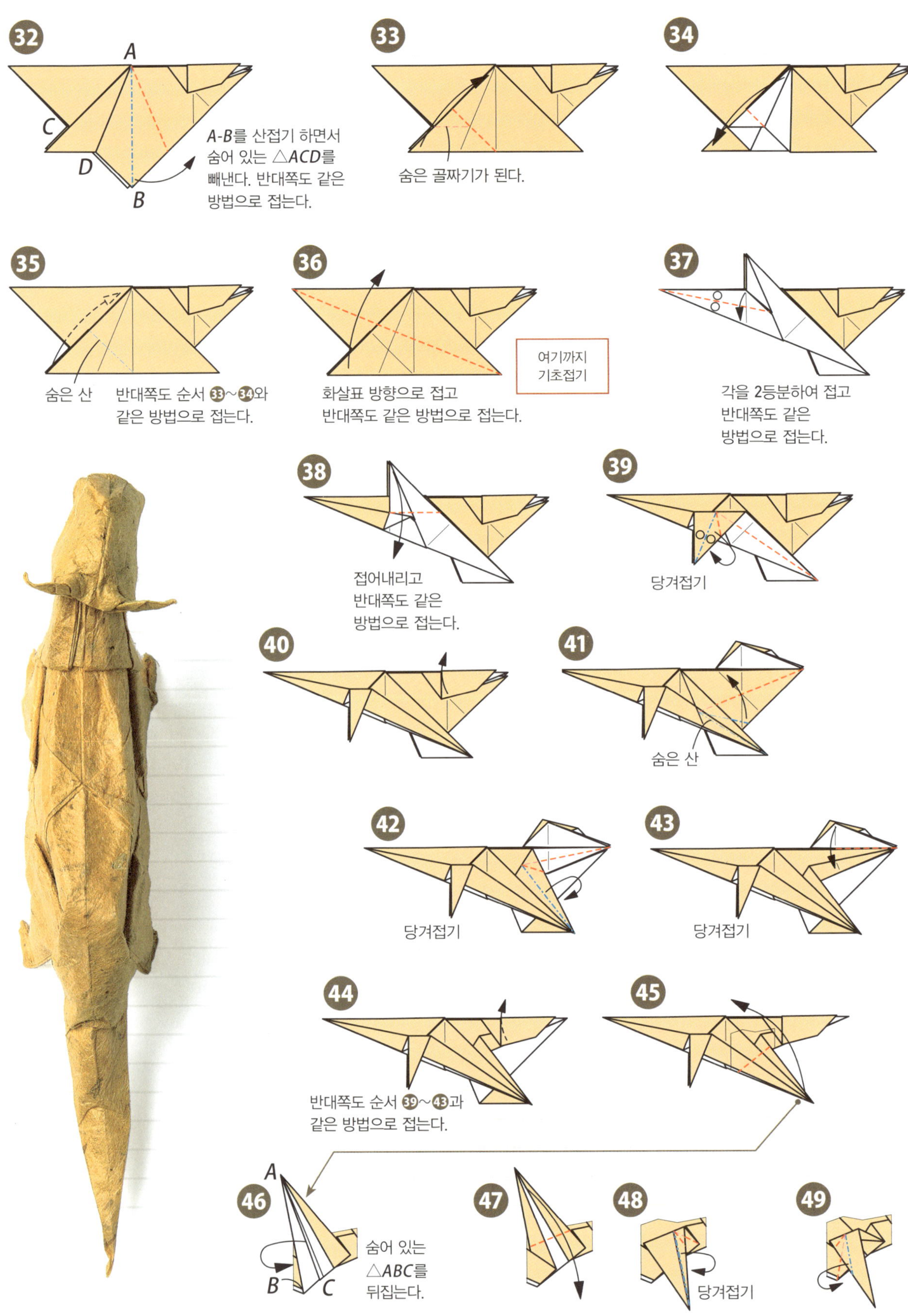
32
A
C
D
B
A-B를 산접기 하면서
숨어 있는 △ACD를
빼낸다. 반대쪽도 같은
방법으로 접는다.
33
숨은 골짜기가 된다.
34
35
숨은 산
반대쪽도 순서 33~34와
같은 방법으로 접는다.
36
화살표 방향으로 접고
반대쪽도 같은 방법으로 접는다.
여기까지
기초접기
37
각을 2등분하여 접고
반대쪽도 같은
방법으로 접는다.
38
접어내리고
반대쪽도 같은
방법으로 접는다.
39
당겨접기
40
41
숨은 산
42
당겨접기
43
당겨접기
44
반대쪽도 순서 39~43과
같은 방법으로 접는다.
45
46
A
B
C
숨어 있는
△ABC를
뒤집는다.
47
48
당겨접기
49

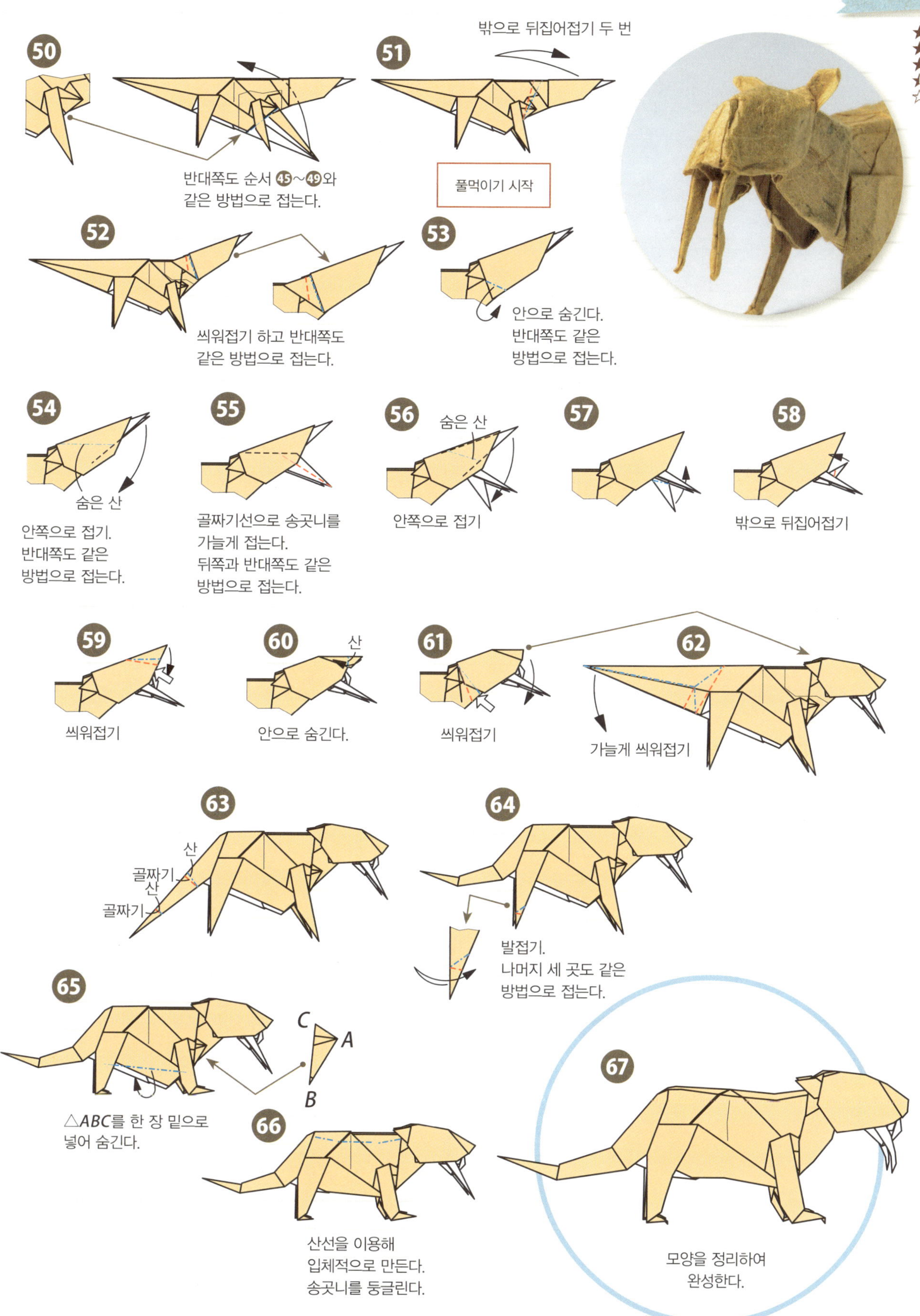
50
51
밖으로 뒤집어접기 두 번
반대쪽도 순서 45~49와
같은 방법으로 접는다.
풀먹이기 시작
52
53
씌워접기 하고 반대쪽도
같은 방법으로 접는다.
안으로 숨긴다.
반대쪽도 같은
방법으로 접는다.
54
55
56
57
58
숨은 산
숨은 산
안쪽으로 접기.
반대쪽도 같은
방법으로 접는다.
골짜기선으로 송곳니를
가늘게 접는다.
뒤쪽과 반대쪽도 같은
방법으로 접는다.
안쪽으로 접기
밖으로 뒤집어접기
59
60
산
61
62
씌워접기
안으로 숨긴다.
씌워접기
가늘게 씌워접기
63
64
산
골짜기
산
골짜기
발접기.
나머지 세 곳도 같은
방법으로 접는다.
65
C
A
B
△ABC를 한 장 밑으로
넣어 숨긴다.
66
67
산선을 이용해
입체적으로 만든다.
송곳니를 둥글린다.
모양을 정리하여
완성한다.

코끼리거북은 인도양과 태평양의 여러 섬에서 서로 다른 육지거북이 대형화한 것으로, 무분별한 포획 때문에 많은 종이 멸종했다. 순서 ㉙에서 주름을 크게 잡으면 그만큼 등딱지가 높아지지만 너무 크게 잡으면 말라 보일 수 있으므로 주의한다. 앞에서 보았을 때 순서 ㉟와 같이 꼬리가 시작되는 부분에서 산선이 두 개 교차하듯이 머리 쪽은 반대이거나 평행하면 좋다.

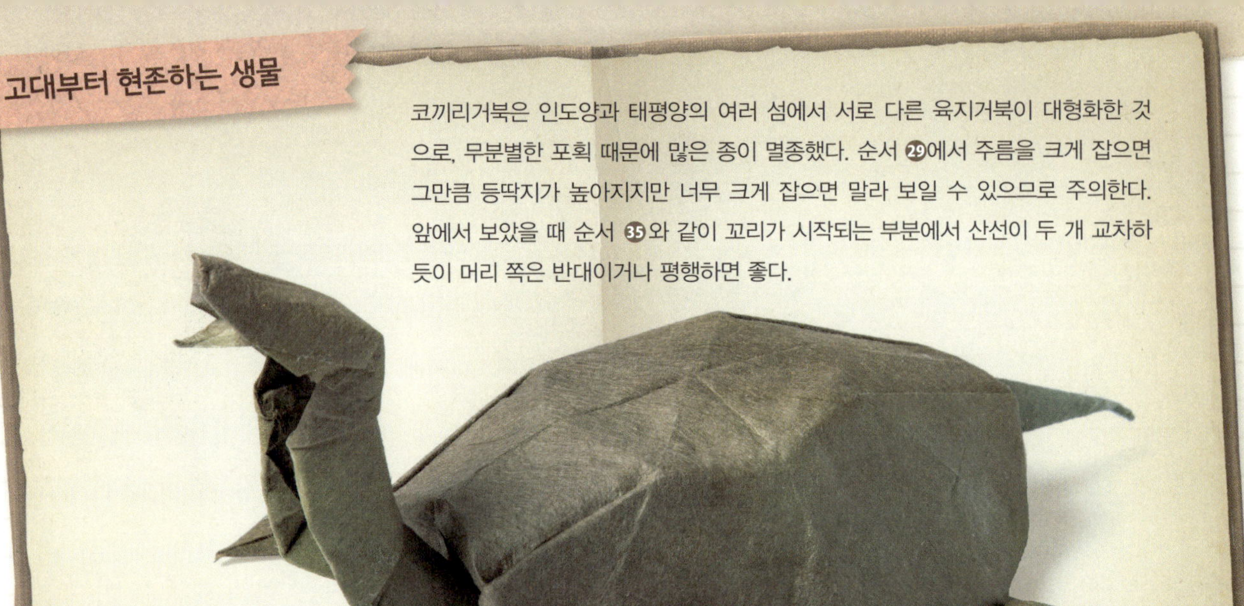

코끼리거북

❖ 난이도 ★★☆☆☆
❖ 사용한 종이 : 32cm×32cm 1장

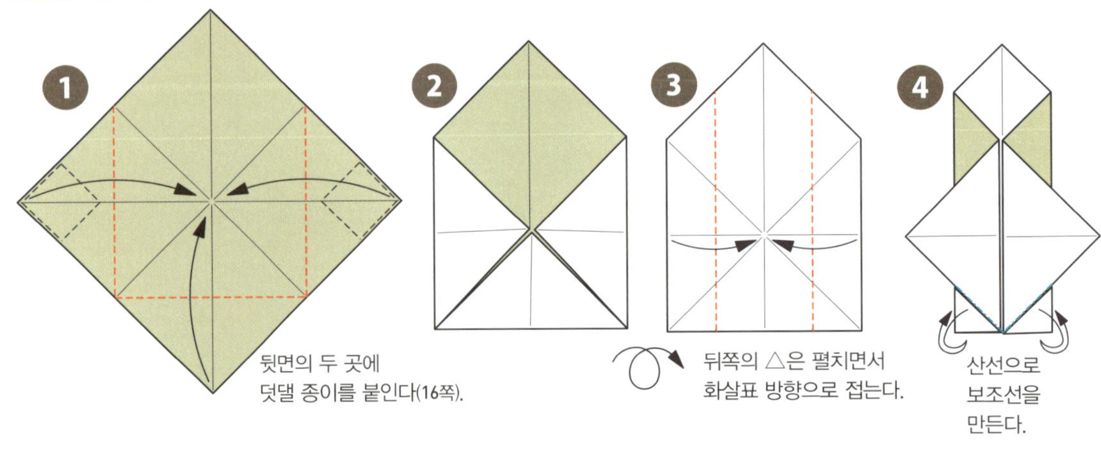

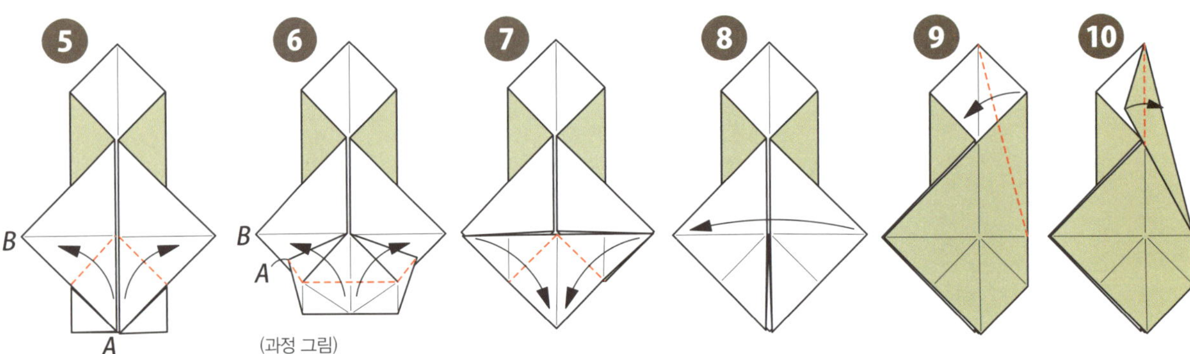

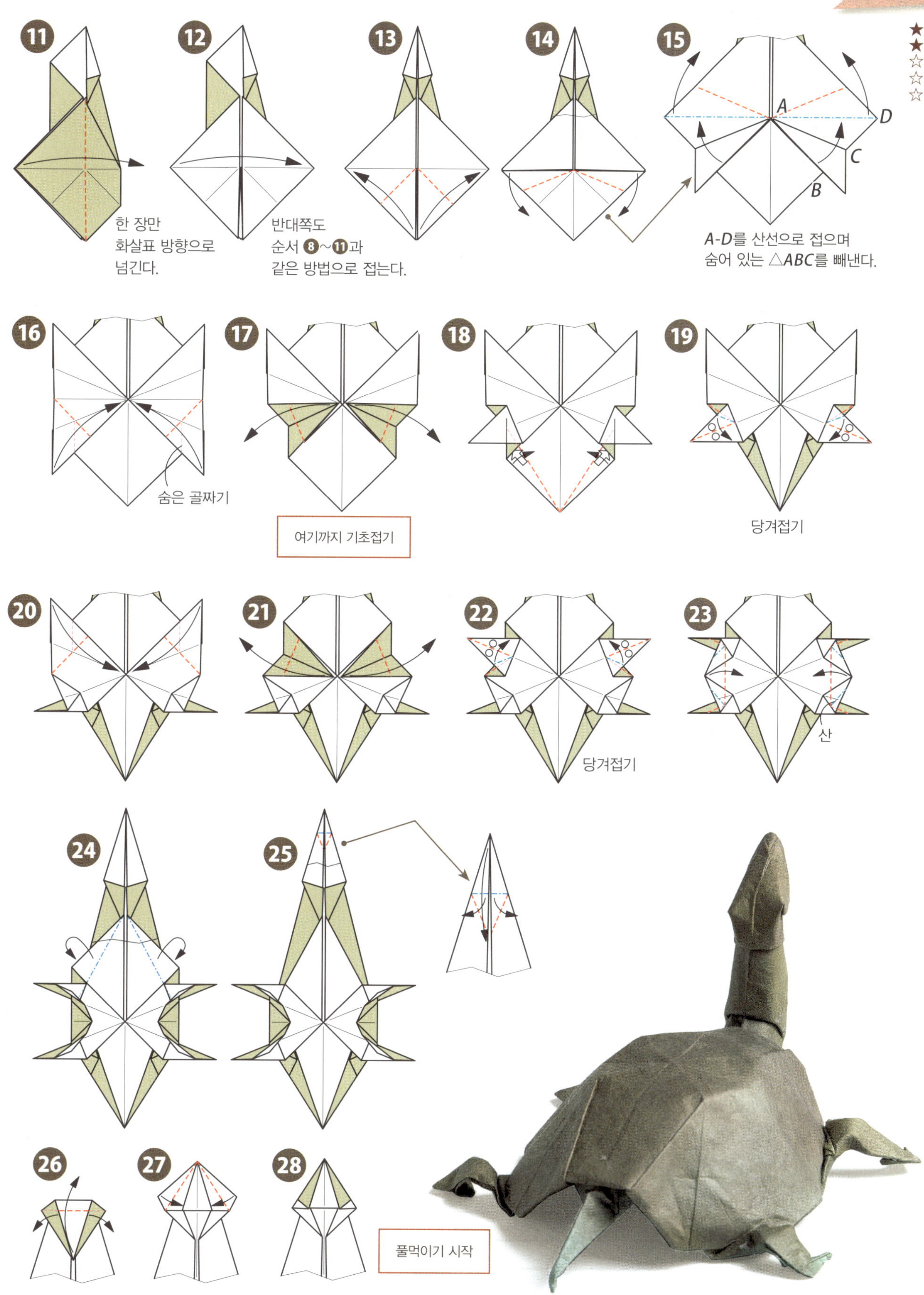
11
한 장만
화살표 방향으로
넘긴다.
12
반대쪽도
순서 8~11과
같은 방법으로 접는다.
13
14
15
A
D
C
B
A-D를 산선으로 접으며
숨어 있는 △ABC를 빼낸다.
16
숨은 골짜기
17
여기까지 기초접기
18
19
당겨접기
20
21
22
당겨접기
23
산
24
25
26
27
28
풀먹이기 시작

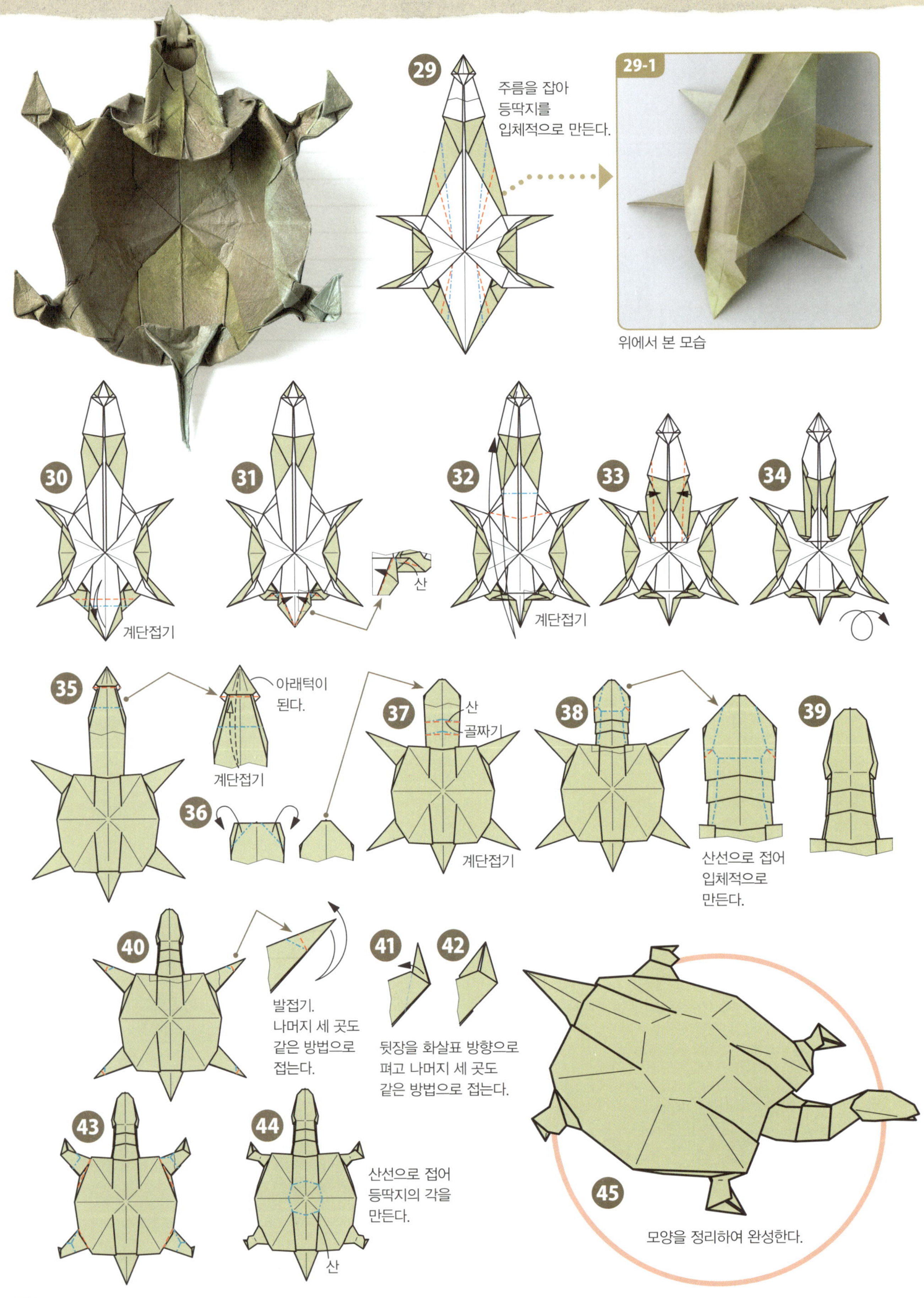
29
주름을 잡아
등딱지를
입체적으로 만든다.
29-1
위에서 본 모습
30
계단접기
31
산
32
계단접기
33
34
35
아래턱이
된다.
계단접기
36
37
산
골짜기
계단접기
38
39
산선으로 접어
입체적으로
만든다.
40
발접기.
나머지 세 곳도
같은 방법으로
접는다.
41
42
뒷장을 화살표 방향으로
펴고 나머지 세 곳도
같은 방법으로 접는다.
43
44
산선으로 접어
등딱지의 각을
만든다.
산
45
모양을 정리하여 완성한다.

아이벡스

❖ 난이도 ★★☆☆☆
❖ 사용한 종이 : 32cm×32cm 1장

아이벡스는 주로 알프스산맥에 서식하는 염소속 포유류의 일종으로 야생 개체는 무분별한 포획 때문에 사라졌다.
순서 ㉘에서 뿔 부분을 꼬리 쪽으로 접는데 너무 눕히면 뿔이 머리 뒤쪽에서 벗어난 부분에서 돋은 것처럼 보여 자연스럽지 않을 수 있으므로 주의한다.

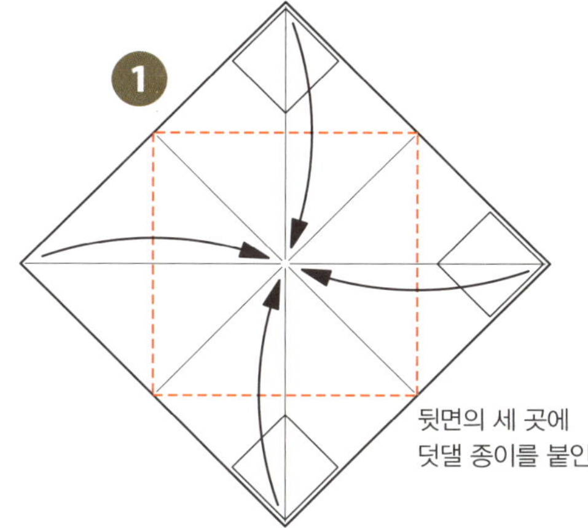

뒷면의 세 곳에 덧댈 종이를 붙인다(16쪽).

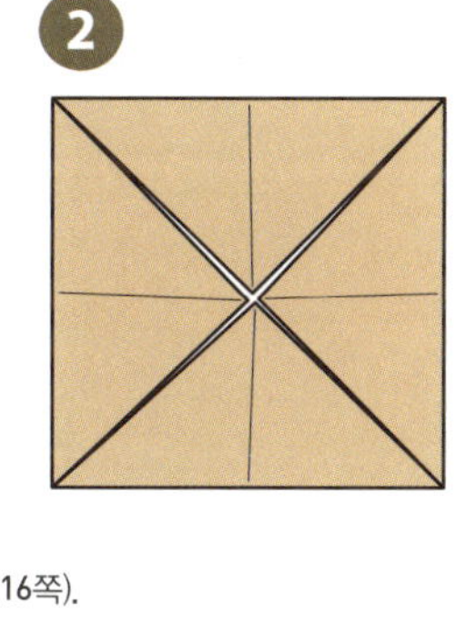

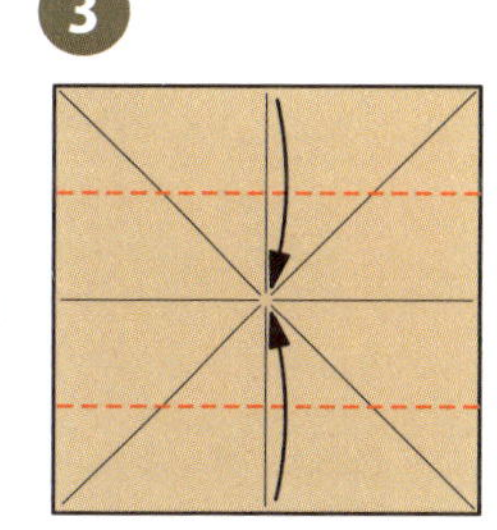

뒤쪽의 △은 펼치면서 중심에 맞추어 접는다.

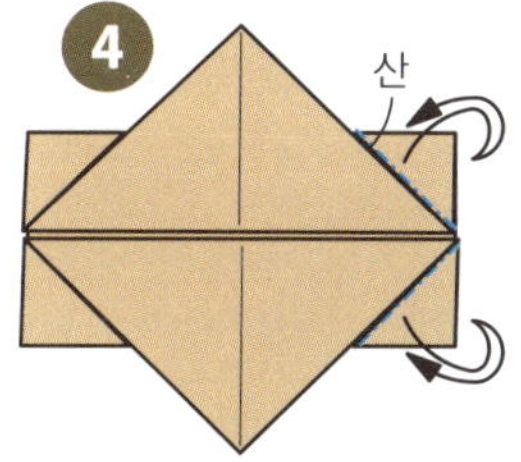

산선으로 보조선을 만든다.

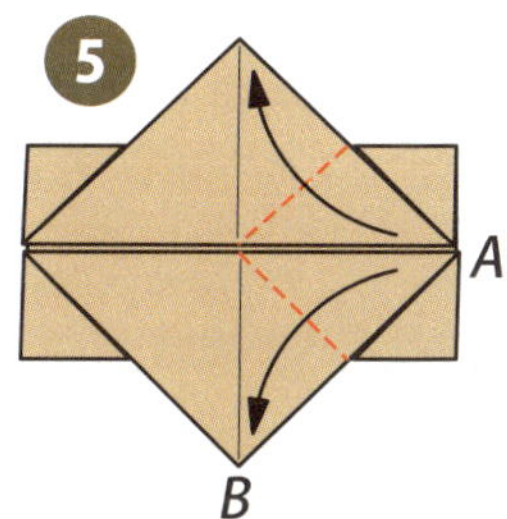

모서리 *A*를 모서리 *B*에 맞추어 보조선을 만든다. 반대쪽도 같은 방법으로 접는다.

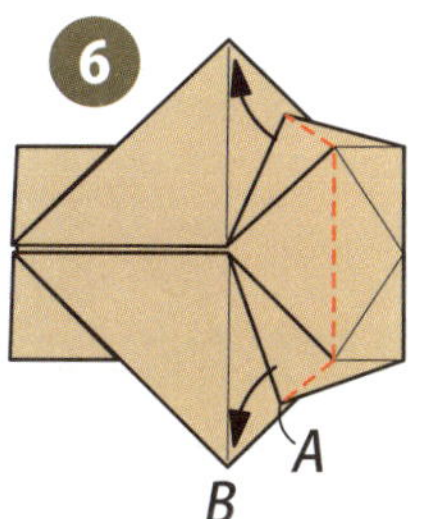

(과정 그림)
뒤쪽 △은 펼치면서 화살표 방향으로 접는다.

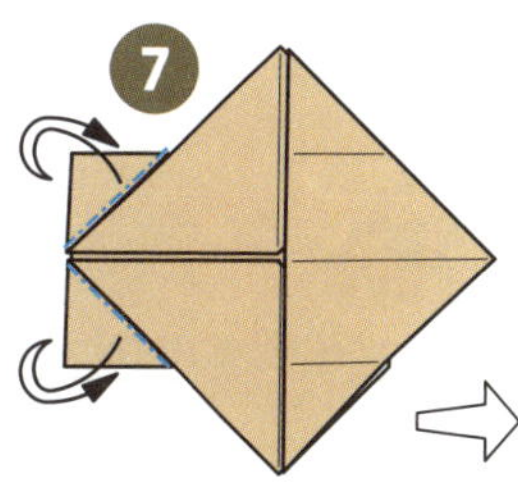

반대쪽도 순서 ❹~❻과 같은 방법으로 접는다.

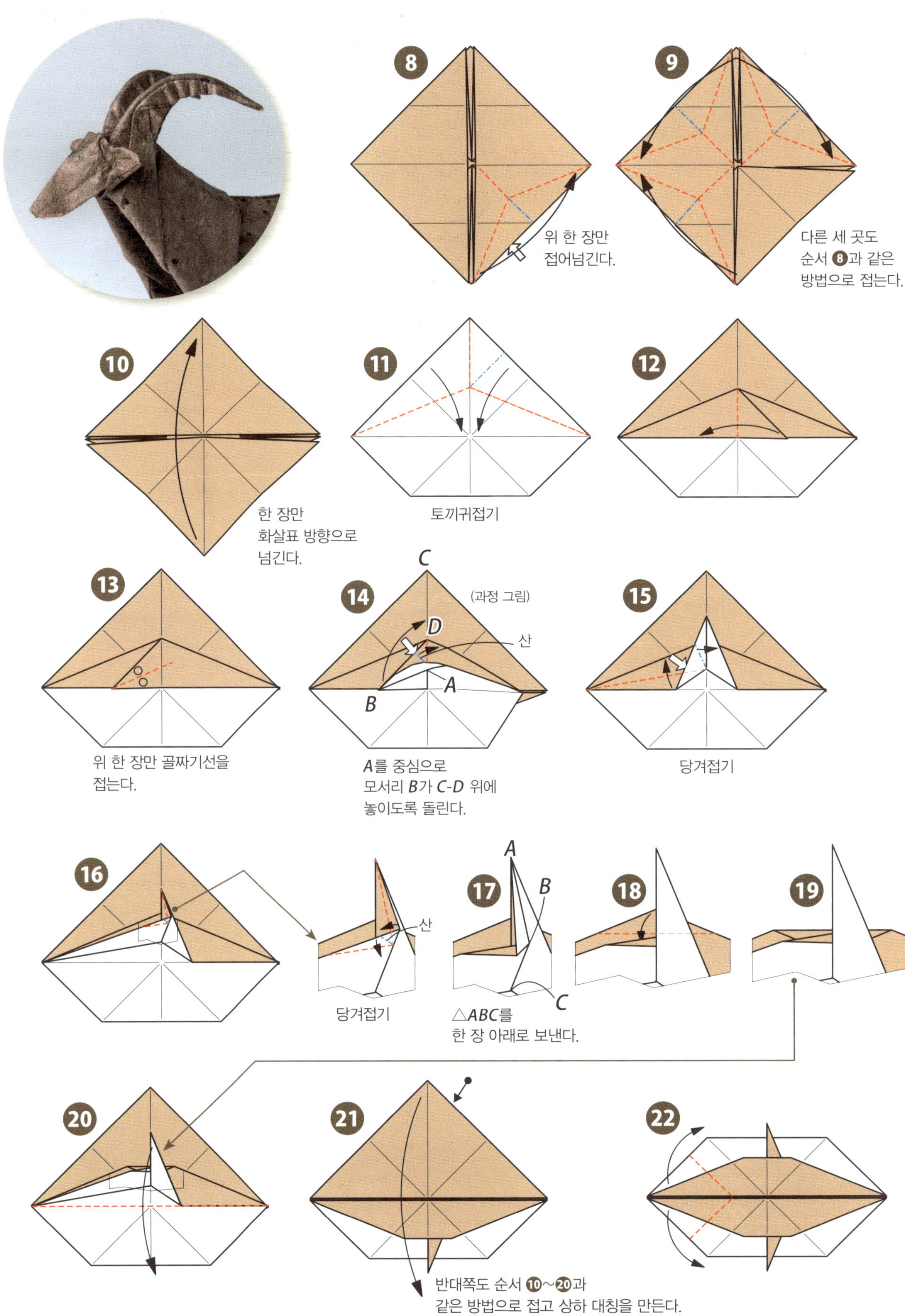
8
위 한 장만
접어넘긴다.
9
다른 세 곳도
순서 8과 같은
방법으로 접는다.
10
한 장만
화살표 방향으로
넘긴다.
11
토끼귀접기
12
13
위 한 장만 골짜기선을
접는다.
14
C
(과정 그림)
D
산
A
B
A를 중심으로
모서리 B가 C-D 위에
놓이도록 돌린다.
15
당겨접기
16
산
당겨접기
17
A
B
C
△ABC를
한 장 아래로 보낸다.
18
19
20
21
22
반대쪽도 순서 10~20과
같은 방법으로 접고 상하 대칭을 만든다.

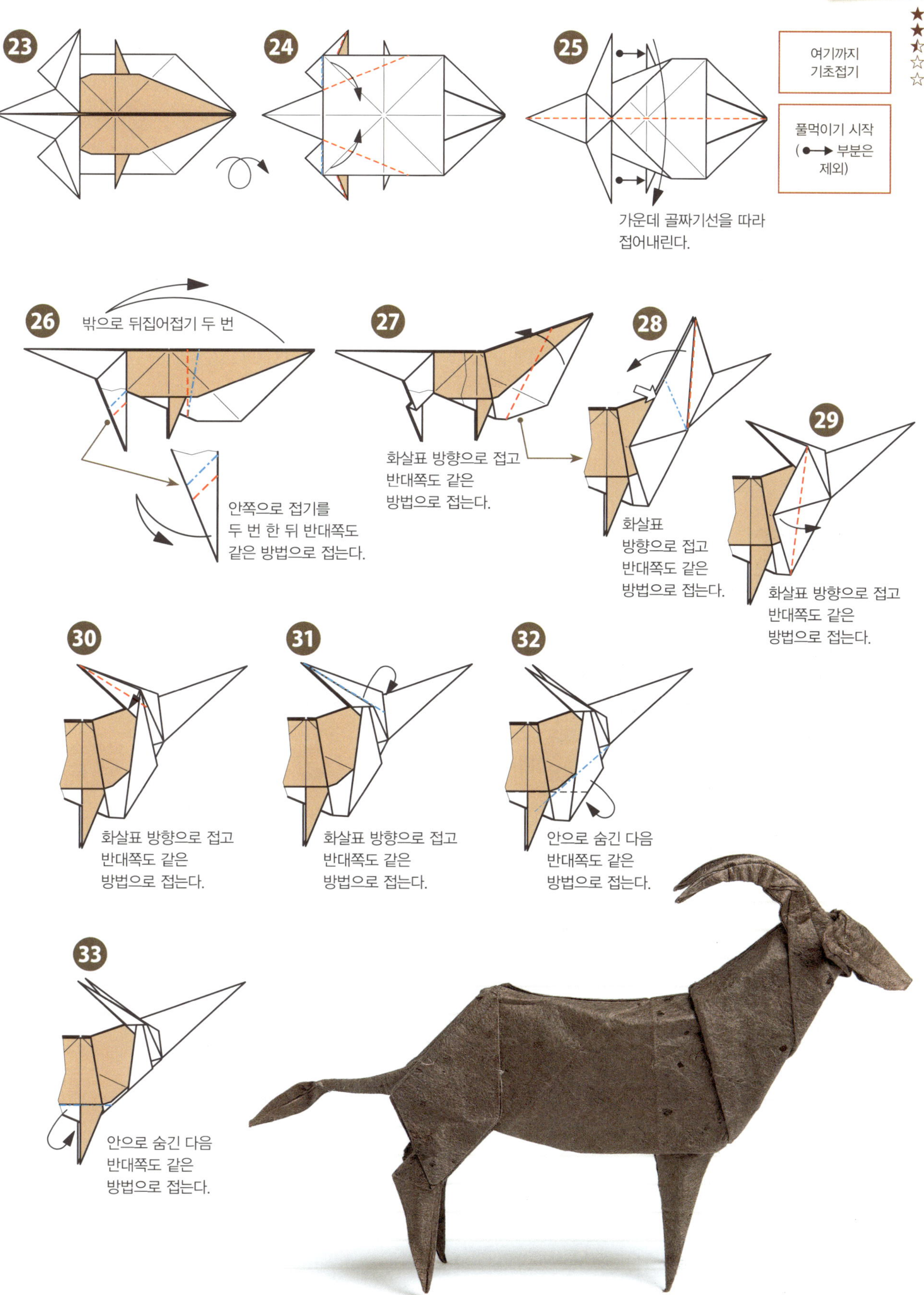
23
24
25
여기까지
기초접기
풀먹이기 시작
(●→ 부분은
제외)
가운데 골짜기선을 따라
접어내린다.
26
밖으로 뒤집어접기 두 번
안쪽으로 접기를
두 번 한 뒤 반대쪽도
같은 방법으로 접는다.
27
화살표 방향으로 접고
반대쪽도 같은
방법으로 접는다.
28
화살표
방향으로 접고
반대쪽도 같은
방법으로 접는다.
29
화살표 방향으로 접고
반대쪽도 같은
방법으로 접는다.
30
화살표 방향으로 접고
반대쪽도 같은
방법으로 접는다.
31
화살표 방향으로 접고
반대쪽도 같은
방법으로 접는다.
32
안으로 숨긴 다음
반대쪽도 같은
방법으로 접는다.
33
안으로 숨긴 다음
반대쪽도 같은
방법으로 접는다.

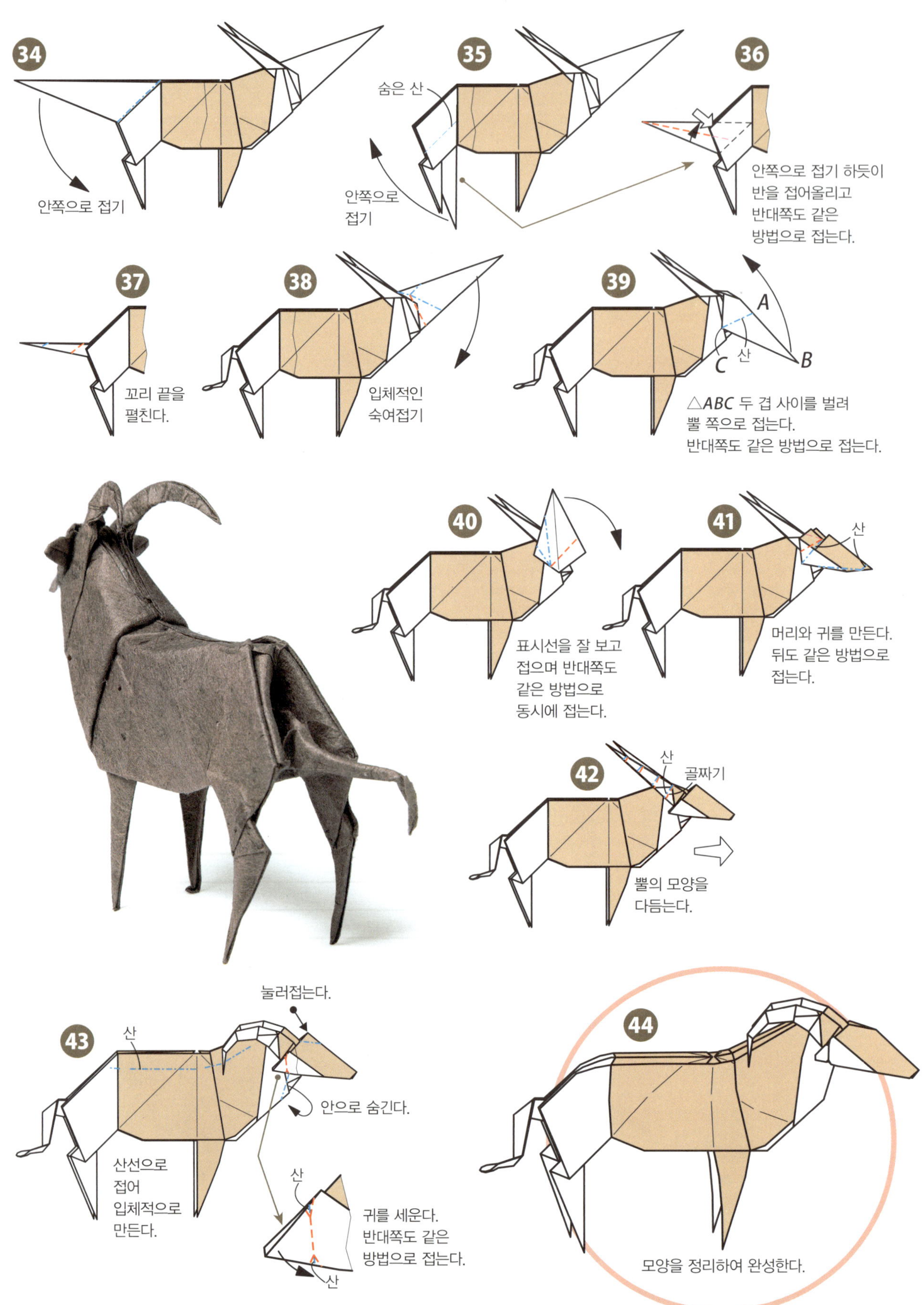
34
안쪽으로 접기
35
숨은 산
안쪽으로
접기
36
안쪽으로 접기 하듯이
반을 접어올리고
반대쪽도 같은
방법으로 접는다.
37
꼬리 끝을
펼친다.
38
입체적인
숙여접기
39
A
B
C
산
△ABC 두 겹 사이를 벌려
뿔 쪽으로 접는다.
반대쪽도 같은 방법으로 접는다.
40
표시선을 잘 보고
접으며 반대쪽도
같은 방법으로
동시에 접는다.
41
산
머리와 귀를 만든다.
뒤도 같은 방법으로
접는다.
42
산
골짜기
뿔의 모양을
다듬는다.
43
산
눌러접는다.
안으로 숨긴다.
산선으로
접어
입체적으로
만든다.
산
산
귀를 세운다.
반대쪽도 같은
방법으로 접는다.
44
모양을 정리하여 완성한다.

소리 높여 우는 말

❖ 난이도 ★★☆☆☆
❖ 사용한 종이 : 32cm×32cm 1장

이 동물은 북아메리카에서 생겨난 것으로 알려져 있지만 야생종은 인간의 사냥으로 멸종했다. 첫 책 《놀라운 리얼 종이접기》에 실린 '말'과는 접는 방법이 다르다. 두 발을 들어올리고 힘차게 울부짖는 자세는 78쪽 순서 ㊶의 과정에서, 네 다리로 선 자세는 79쪽 순서 ㉝의 과정에서 목과 등이 나뉘는 부분에 단을 만들면 훨씬 멋진 모양이 되므로 도전해 보기 바란다.

1

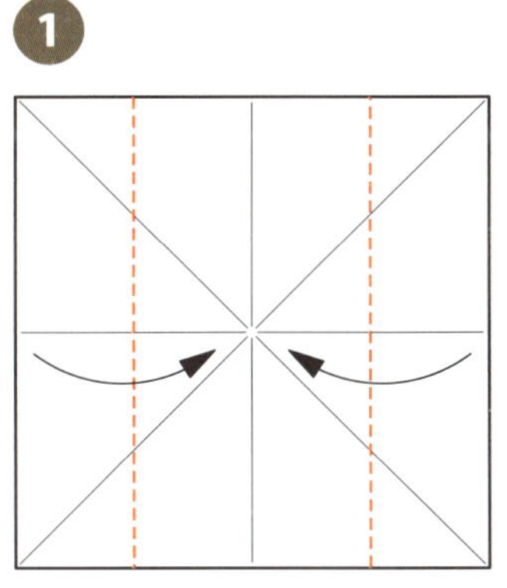

2

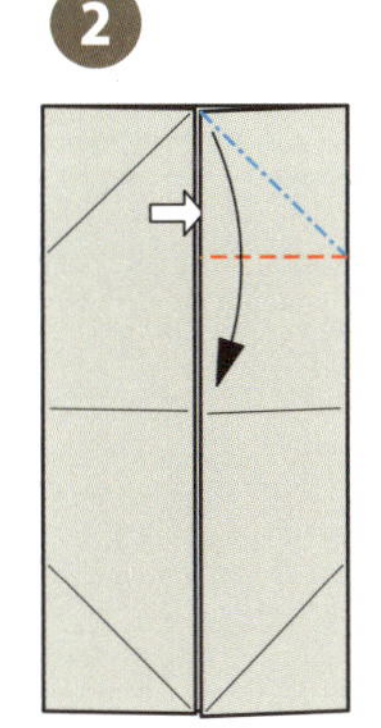

⇨를 벌려 접는다.

3

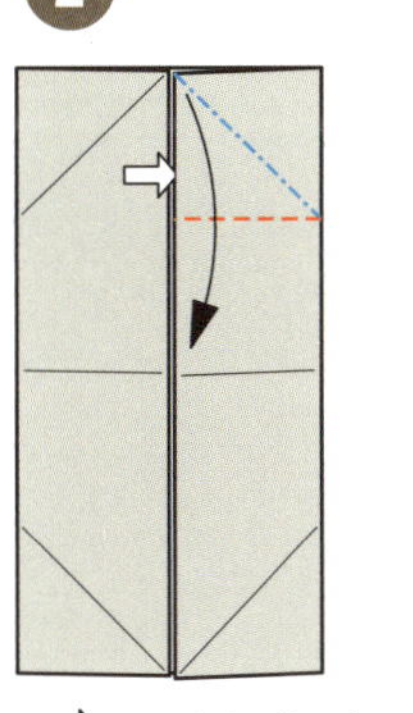

다른 세 곳도 같은 방법으로 접는다.

4

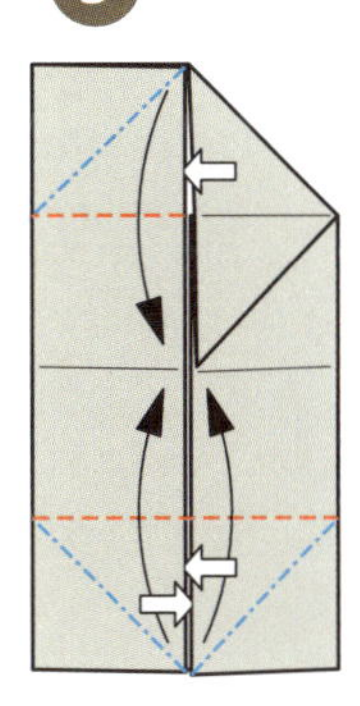

5

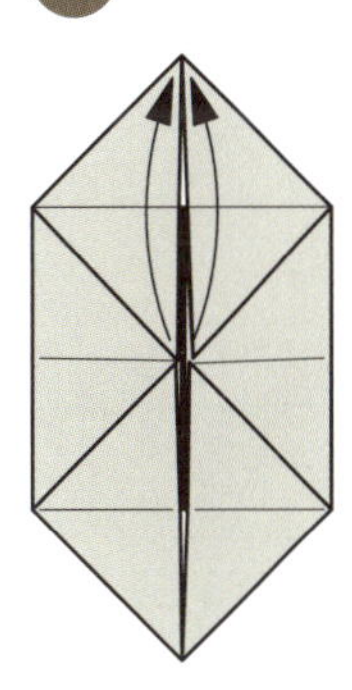

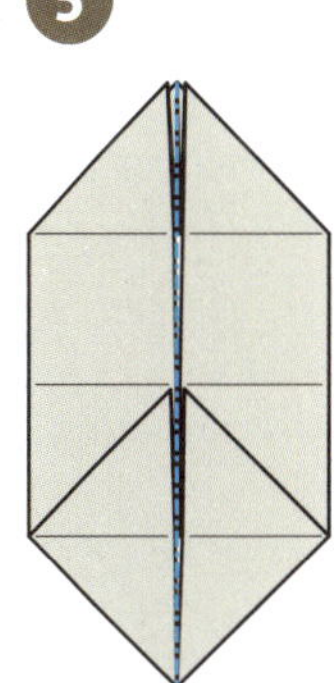

가운데 산선을 중심으로 접는다.

6

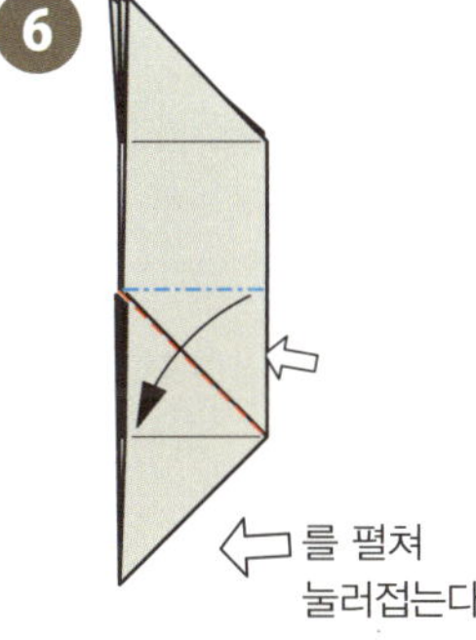

⇦를 펼쳐 눌러접는다.

7

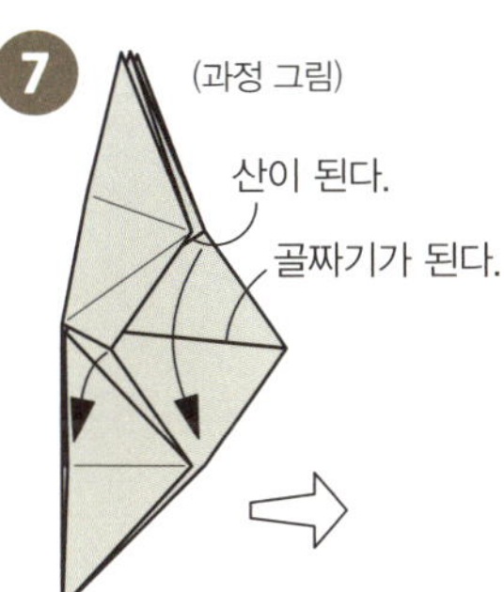

8

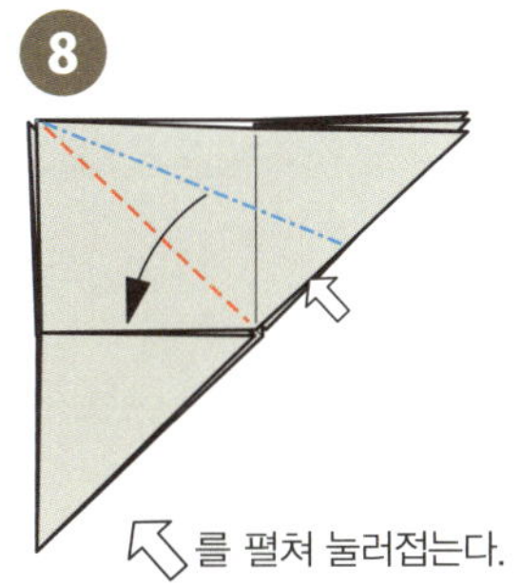

⇖를 펼쳐 눌러접는다.

9

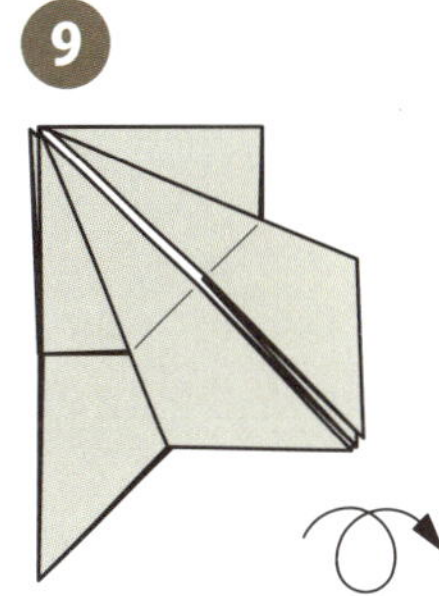

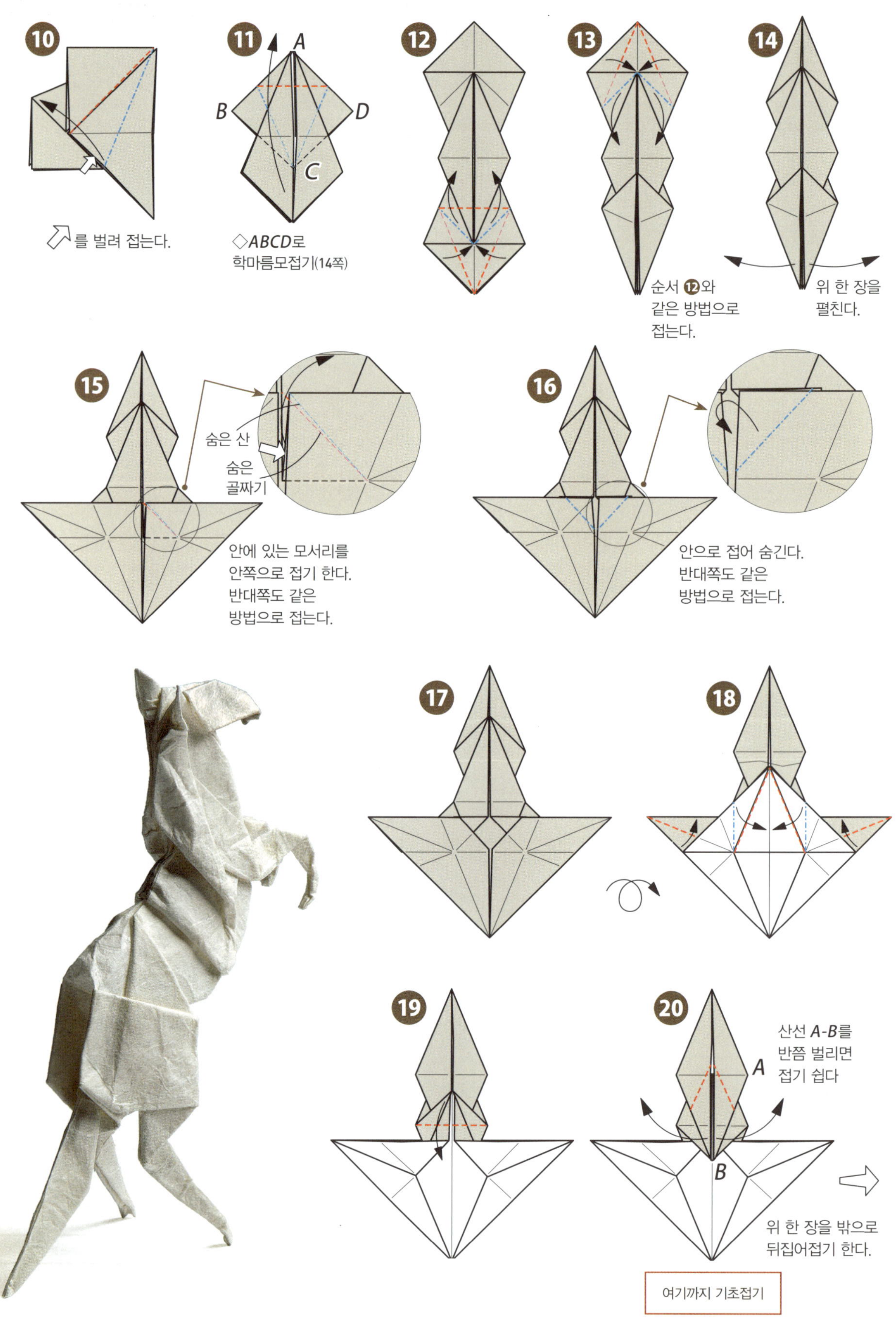
10
를 벌려 접는다.
11
A
B
D
C
◇ABCD로
학마름모접기(14쪽)
12
13
순서 12와
같은 방법으로
접는다.
14
위 한 장을
펼친다.
15
숨은 산
숨은
골짜기
안에 있는 모서리를
안쪽으로 접기 한다.
반대쪽도 같은
방법으로 접는다.
16
안으로 접어 숨긴다.
반대쪽도 같은
방법으로 접는다.
17
18
19
20
산선 A-B를
반쯤 벌리면
접기 쉽다
A
B
위 한 장을 밖으로
뒤집어접기 한다.
여기까지 기초접기

★★☆☆☆

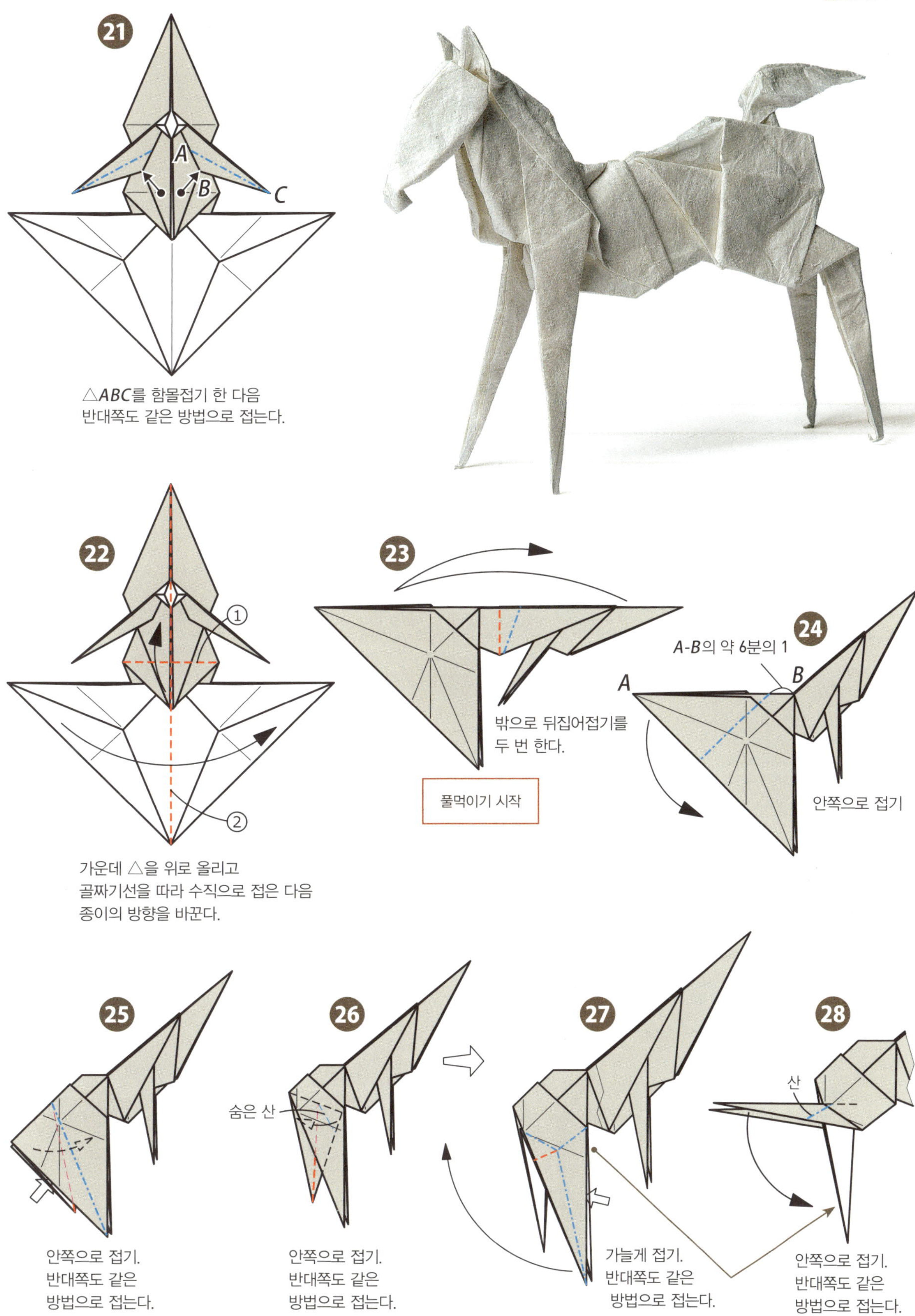

△ABC를 함몰접기 한 다음 반대쪽도 같은 방법으로 접는다.

가운데 △을 위로 올리고 골짜기선을 따라 수직으로 접은 다음 종이의 방향을 바꾼다.

밖으로 뒤집어접기를 두 번 한다.

풀먹이기 시작

안쪽으로 접기

안쪽으로 접기. 반대쪽도 같은 방법으로 접는다.

안쪽으로 접기. 반대쪽도 같은 방법으로 접는다.

가늘게 접기. 반대쪽도 같은 방법으로 접는다.

안쪽으로 접기. 반대쪽도 같은 방법으로 접는다.

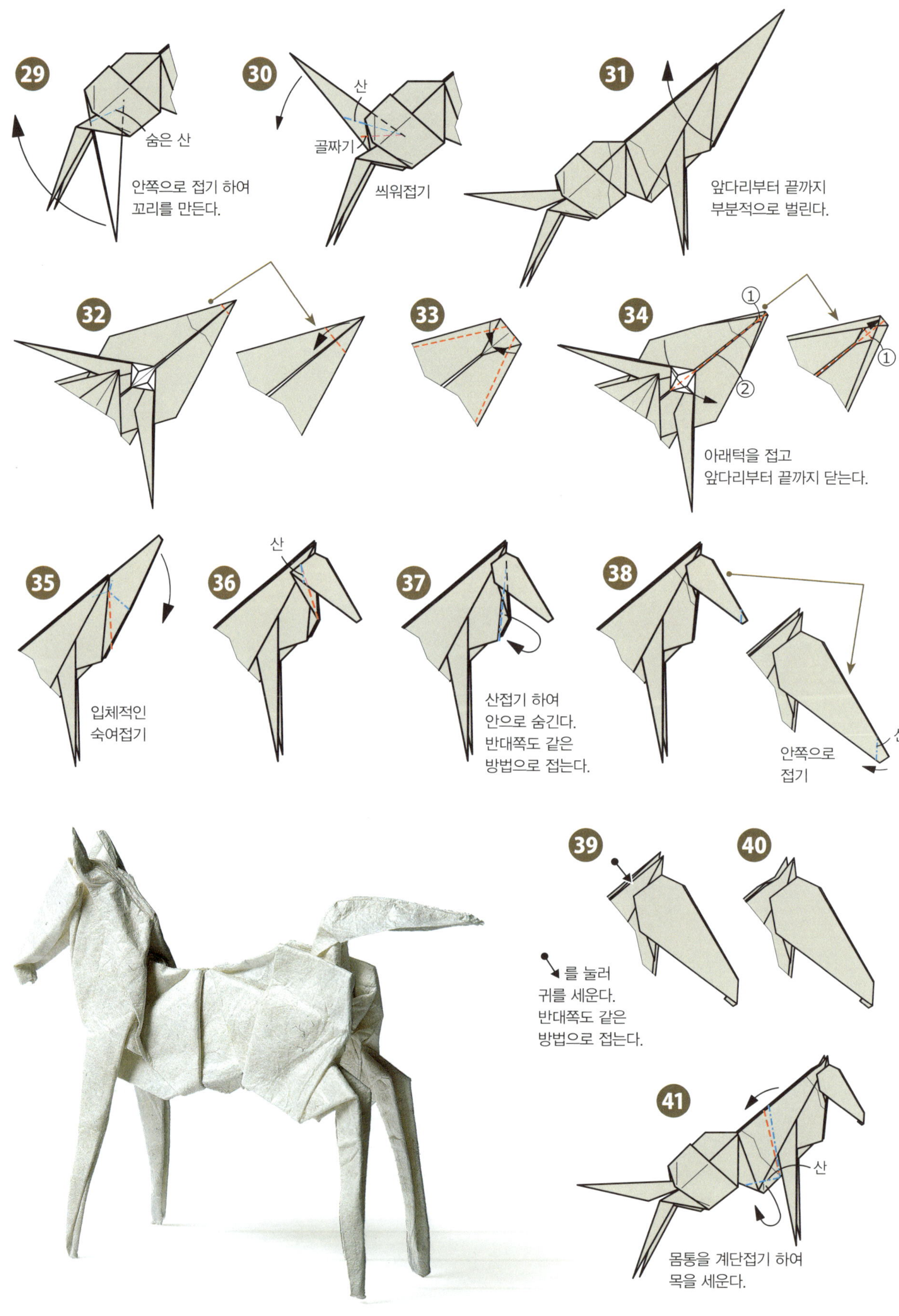
29
숨은 산
안쪽으로 접기 하여
꼬리를 만든다.
30
산
골짜기
씌워접기
31
앞다리부터 끝까지
부분적으로 벌린다.
32
33
34
①
②
①
아래턱을 접고
앞다리부터 끝까지 닫는다.
35
입체적인
숙여접기
36
산
37
산접기 하여
안으로 숨긴다.
반대쪽도 같은
방법으로 접는다.
38
산
안쪽으로
접기
39
40
를 눌러
귀를 세운다.
반대쪽도 같은
방법으로 접는다.
41
산
몸통을 계단접기 하여
목을 세운다.

★★☆☆☆

42

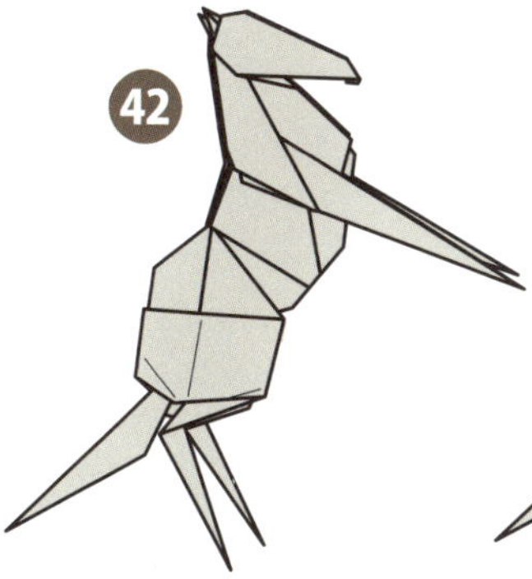

43

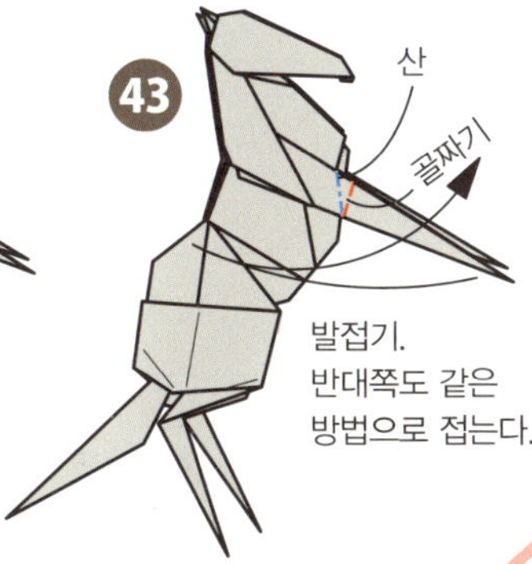

산

골짜기

발접기.
반대쪽도 같은
방법으로 접는다.

44

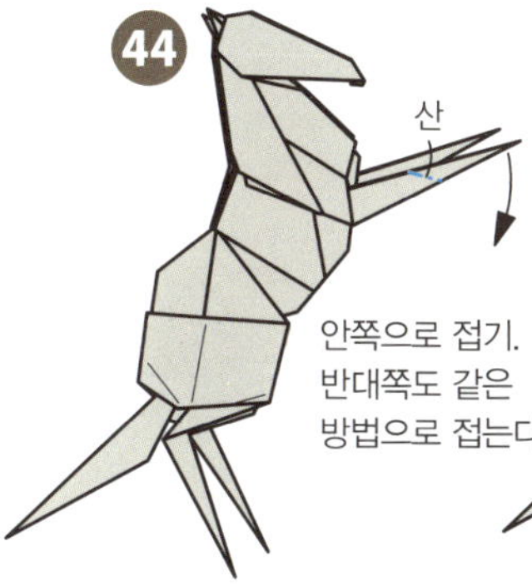

산

안쪽으로 접기.
반대쪽도 같은
방법으로 접는다.

45

밖으로 뒤집어접기.
반대쪽도 같은
방법으로 접는다.

46

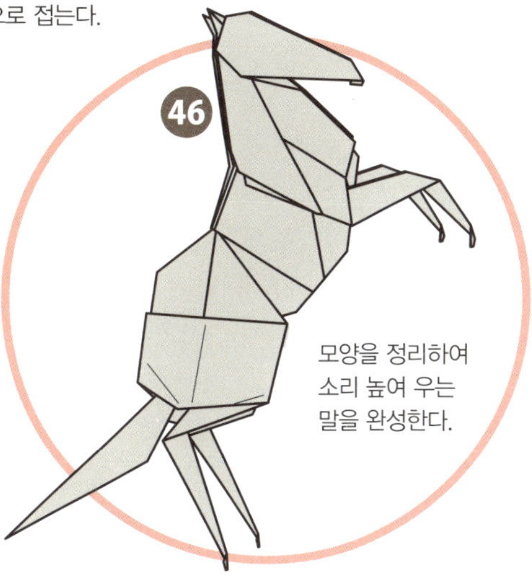

모양을 정리하여
소리 높여 우는
말을 완성한다.

77쪽 순서 28부터 다른 방법으로 접으면
네 다리로 선 말이 된다.

28

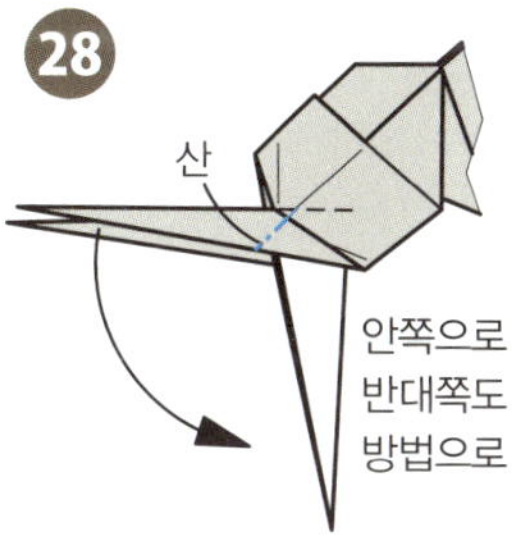

산

안쪽으로 접기.
반대쪽도 같은
방법으로 접는다.

29

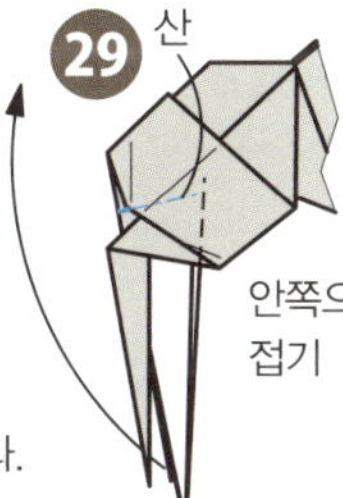

산

안쪽으로
접기

30

산

31

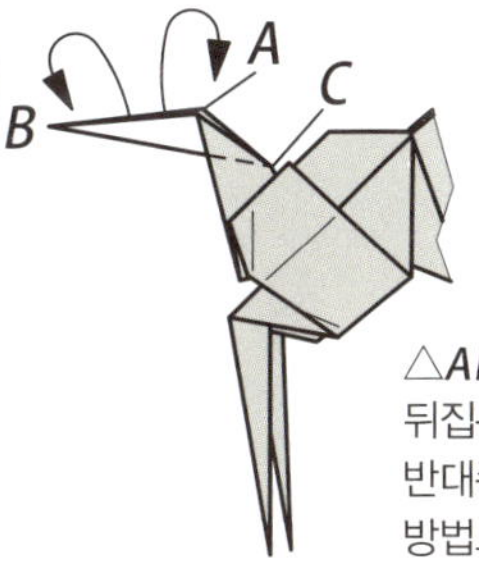

A

B

C

△ABC를
뒤집은 다음
반대쪽도 같은
방법으로 접는다.

32

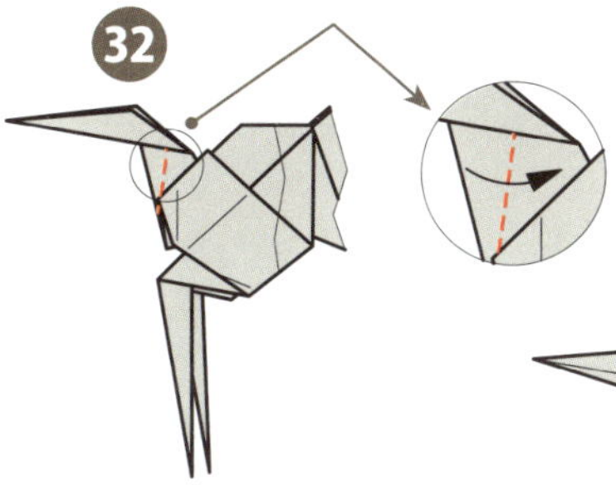

몸통 쪽 꼬리 부분을
가늘게 만들고 꼬리를
펼친다. 반대쪽도 같은
방법으로 접는다.
머리 부분을 78쪽 순서 31~40과
같은 방법으로 접는다.

33

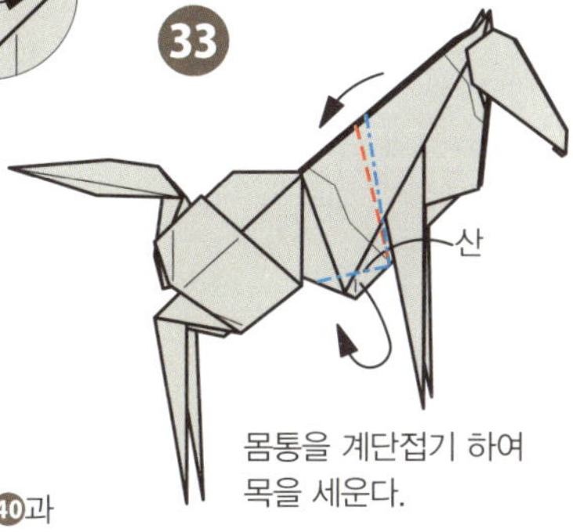

산

몸통을 계단접기 하여
목을 세운다.

34

모양을 정리하여
네 다리로 선 말을
완성한다.

박쥐

❖ 난이도 ★★★☆☆
❖ 사용한 종이 : 22cm×22cm 1장

'4학'으로 접는 전형적인 작품이다. 4학이란 한 장에 학접기를 네 개 설계한 것으로, 4학에서는 빼내어접기(13쪽)가 필수다. 작품을 혼자 설 수 있게 하려면 발뒤꿈치 부분을 앞으로 내밀고 꼬리 끝을 살짝 접어넣으면 좋다.

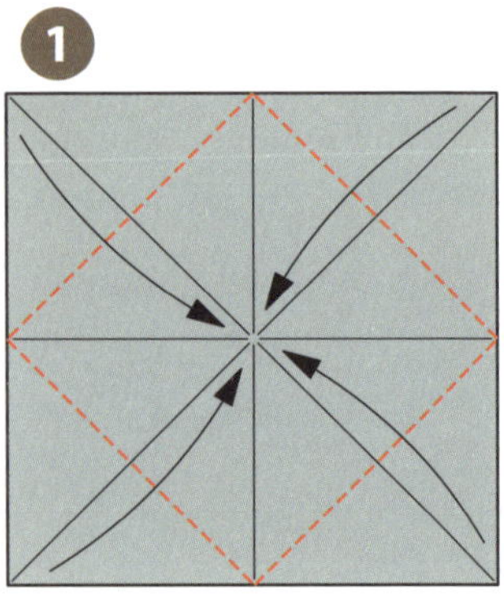

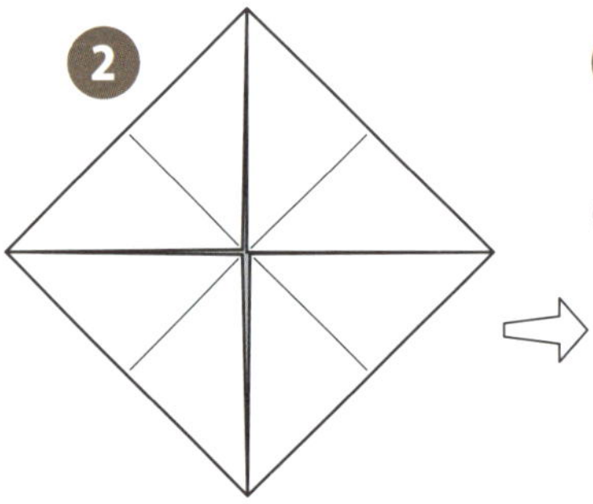

1

2
이 면을 밖으로 하여 개구리접기(14쪽) 한다.

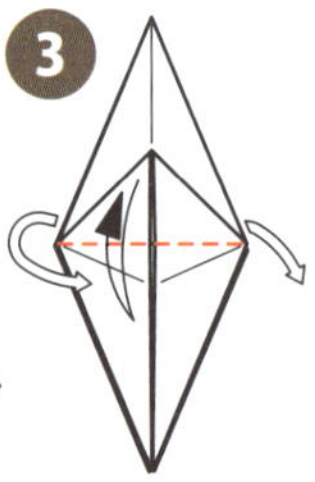

3
빼내어접기(13쪽)

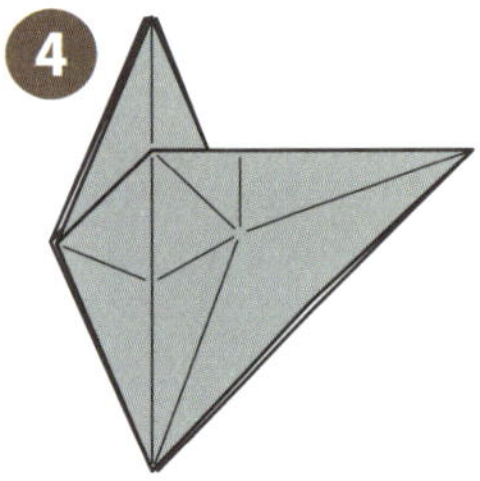

4
다른 세 곳도 같은 방법으로 접는다.

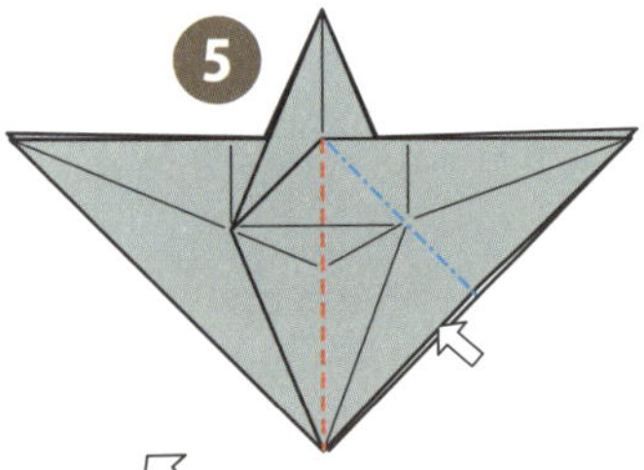

5
⇖ 를 벌려 접는다.

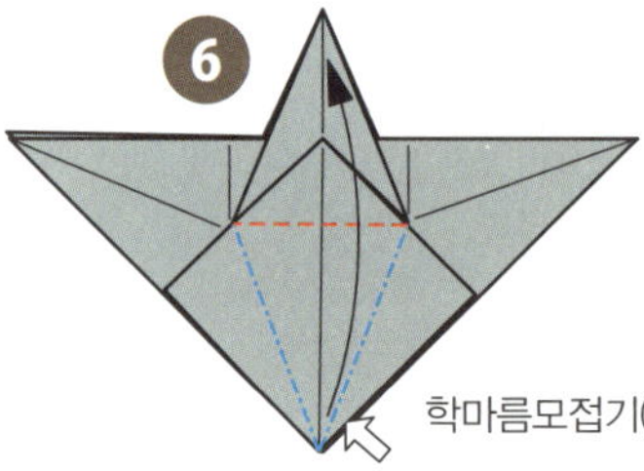

6
학마름모접기(14쪽)

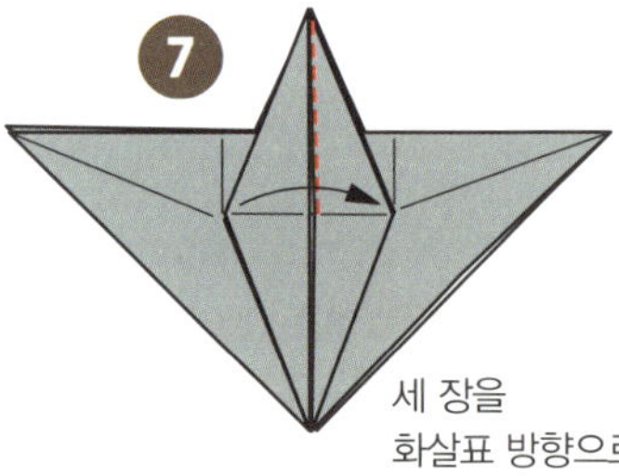

7
세 장을 화살표 방향으로 넘긴다.

★★★☆☆

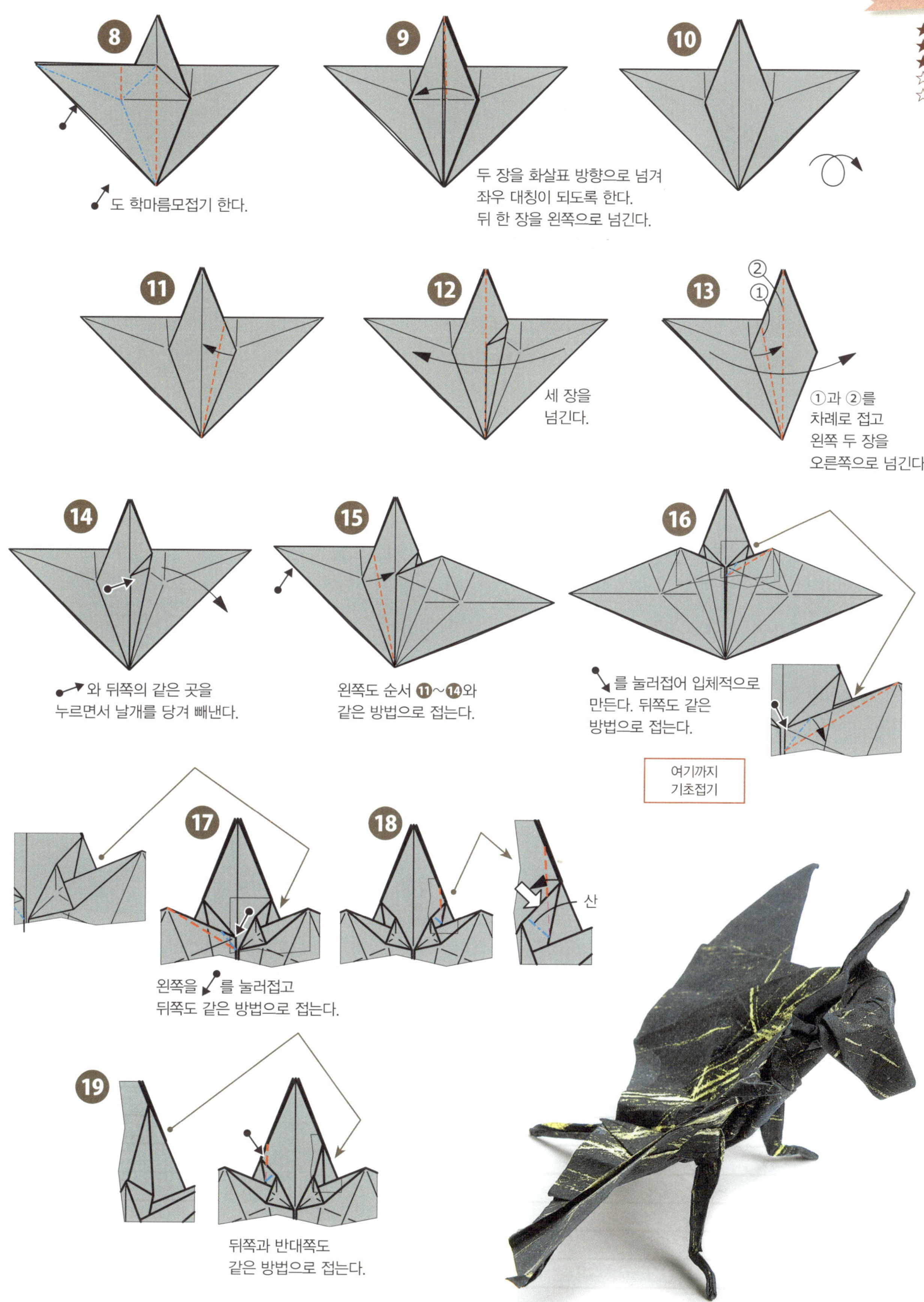
8
도 학마름모접기 한다.
9
두 장을 화살표 방향으로 넘겨
좌우 대칭이 되도록 한다.
뒤 한 장을 왼쪽으로 넘긴다.
10
11
12
세 장을
넘긴다.
13
②
①
①과 ②를
차례로 접고
왼쪽 두 장을
오른쪽으로 넘긴다.
14
와 뒤쪽의 같은 곳을
누르면서 날개를 당겨 빼낸다.
15
왼쪽도 순서 ⓫~⓮와
같은 방법으로 접는다.
16
를 눌러접어 입체적으로
만든다. 뒤쪽도 같은
방법으로 접는다.
여기까지
기초접기
17
왼쪽을 를 눌러접고
뒤쪽도 같은 방법으로 접는다.
18
산
19
뒤쪽과 반대쪽도
같은 방법으로 접는다.

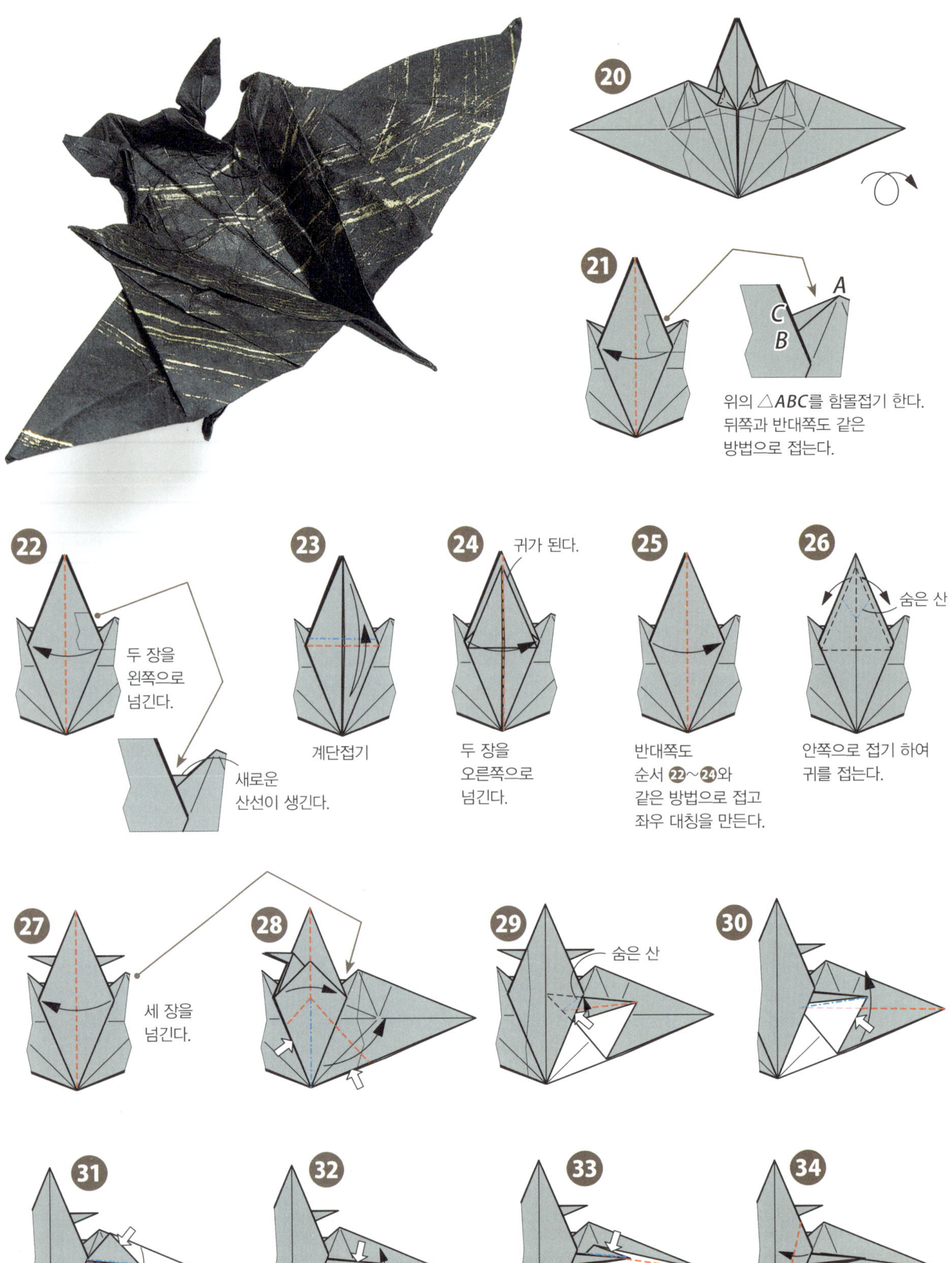
20
21
A
C
B
위의 △ABC를 함몰접기 한다.
뒤쪽과 반대쪽도 같은
방법으로 접는다.
22
두 장을
왼쪽으로
넘긴다.
새로운
산선이 생긴다.
23
계단접기
24
귀가 된다.
두 장을
오른쪽으로
넘긴다.
25
반대쪽도
순서 22~24와
같은 방법으로 접고
좌우 대칭을 만든다.
26
숨은 산
안쪽으로 접기 하여
귀를 접는다.
27
세 장을
넘긴다.
28
29
숨은 산
30
31
32
33
34

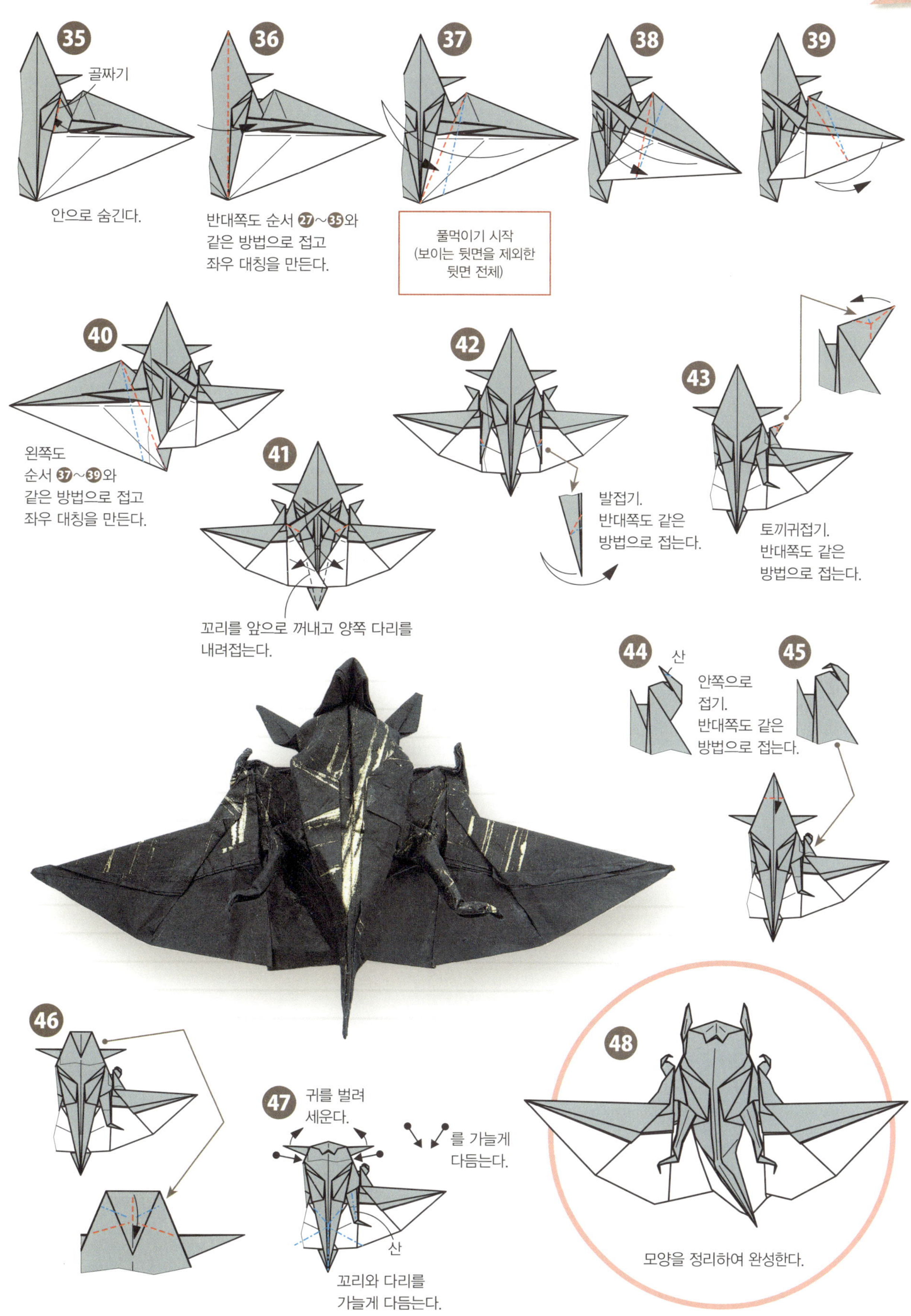
35
골짜기
안으로 숨긴다.
36
반대쪽도 순서 27~35와
같은 방법으로 접고
좌우 대칭을 만든다.
37
풀먹이기 시작
(보이는 뒷면을 제외한
뒷면 전체)
38
39
40
왼쪽도
순서 37~39와
같은 방법으로 접고
좌우 대칭을 만든다.
41
꼬리를 앞으로 꺼내고 양쪽 다리를
내려접는다.
42
발접기.
반대쪽도 같은
방법으로 접는다.
43
토끼귀접기.
반대쪽도 같은
방법으로 접는다.
44
산
안쪽으로
접기.
반대쪽도 같은
방법으로 접는다.
45
46
47
귀를 벌려
세운다.
를 가늘게
다듬는다.
산
꼬리와 다리를
가늘게 다듬는다.
48
모양을 정리하여 완성한다.

울부짖는 늑대

❖ 난이도 ★★★☆☆
❖ 사용한 종이 : 29cm×29cm 1장

멸종한 일본늑대를 모델로 한 작품이다. 순서 40~44의 끝부분을 오각형으로 눌러접는 과정으로 비교적 큰 아래턱을 만들 수 있다. 순서 63~64와 같이 3등분각으로 앞발을 가늘게 만들면 72쪽 아이벡스 순서 12~14와 같이 꼬리 쪽이 벌어져 발접기를 할 수 있게 된다. 순서 51에서 귀가 시작되는 부분을 눌러접는 과정이 있으므로 풀먹이기를 할 경우에는 그다음에 하면 된다.

1
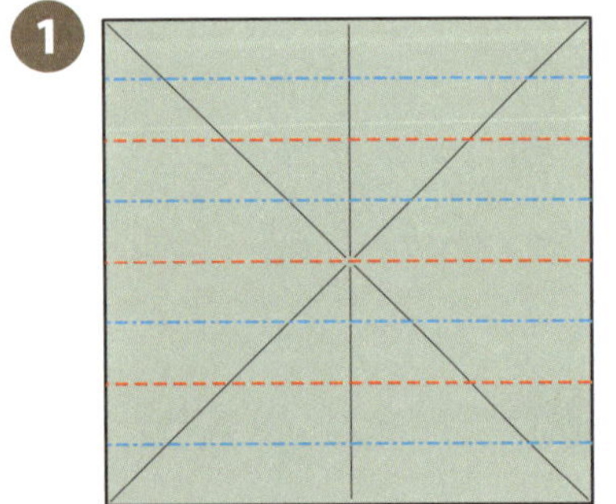
산접기와 골짜기접기로
8등분 주름접기를 한다.

2
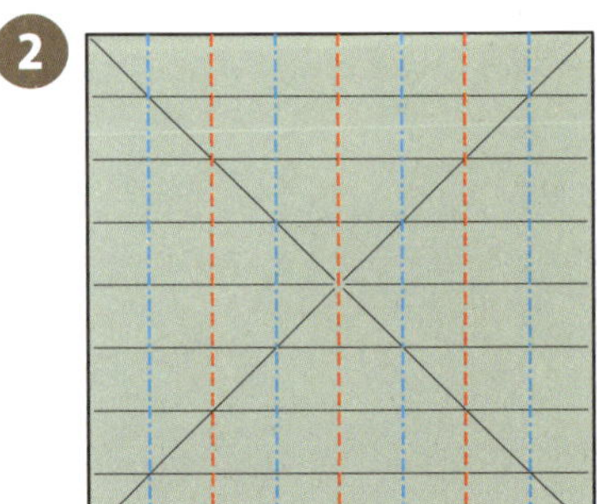
직각 방향도 같은 방법으로 접는다.

3
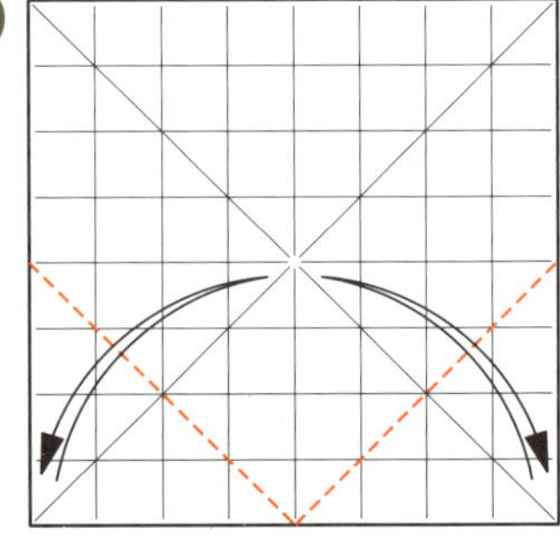

4
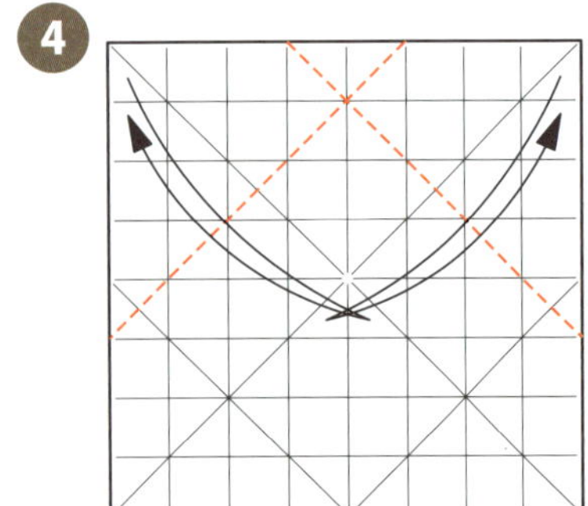

5
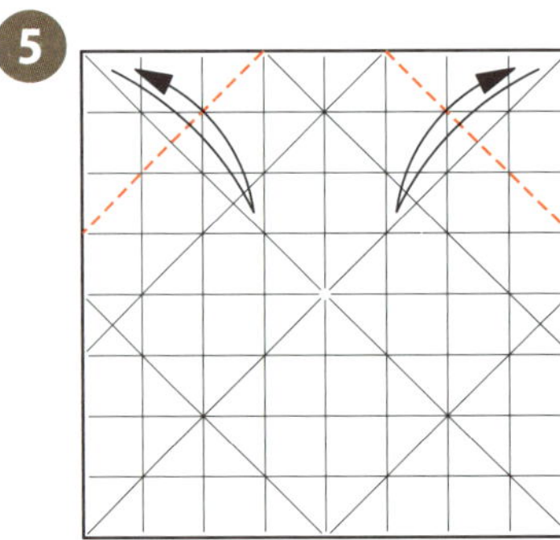

6
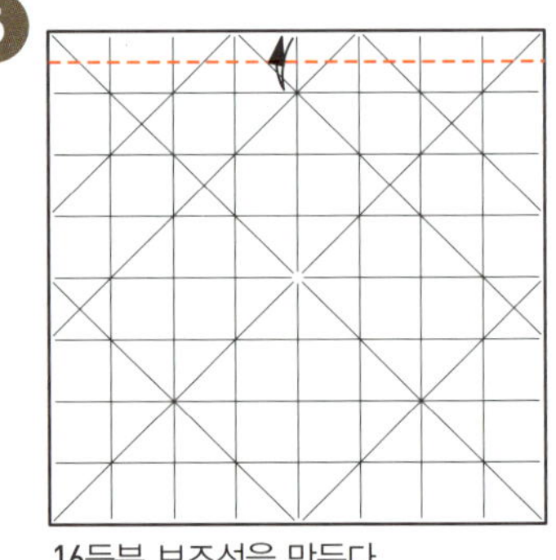
16등분 보조선을 만든다.

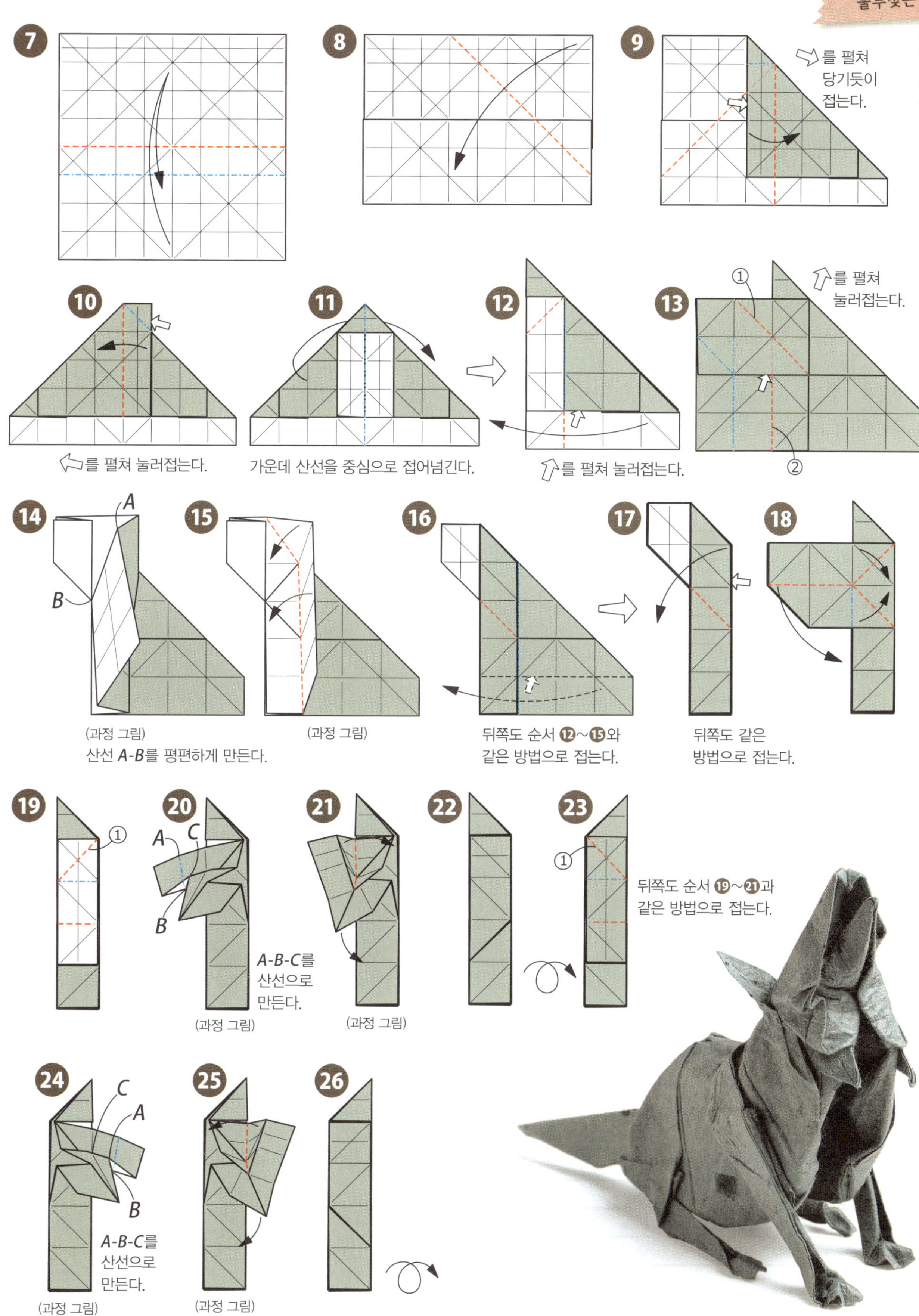
7
8
9
를 펼쳐 당기듯이 접는다.
10
를 펼쳐 눌러접는다.
11
가운데 산선을 중심으로 접어넘긴다.
12
를 펼쳐 눌러접는다.
13
①
②
를 펼쳐 눌러접는다.
14
A
B
(과정 그림)
산선 A-B를 평편하게 만든다.
15
(과정 그림)
16
뒤쪽도 순서 ⑫~⑮와 같은 방법으로 접는다.
17
뒤쪽도 같은 방법으로 접는다.
18
19
①
20
A
C
B
A-B-C를 산선으로 만든다.
(과정 그림)
21
(과정 그림)
22
23
①
뒤쪽도 순서 ⑲~㉑과 같은 방법으로 접는다.
24
C
A
B
A-B-C를 산선으로 만든다.
(과정 그림)
25
(과정 그림)
26

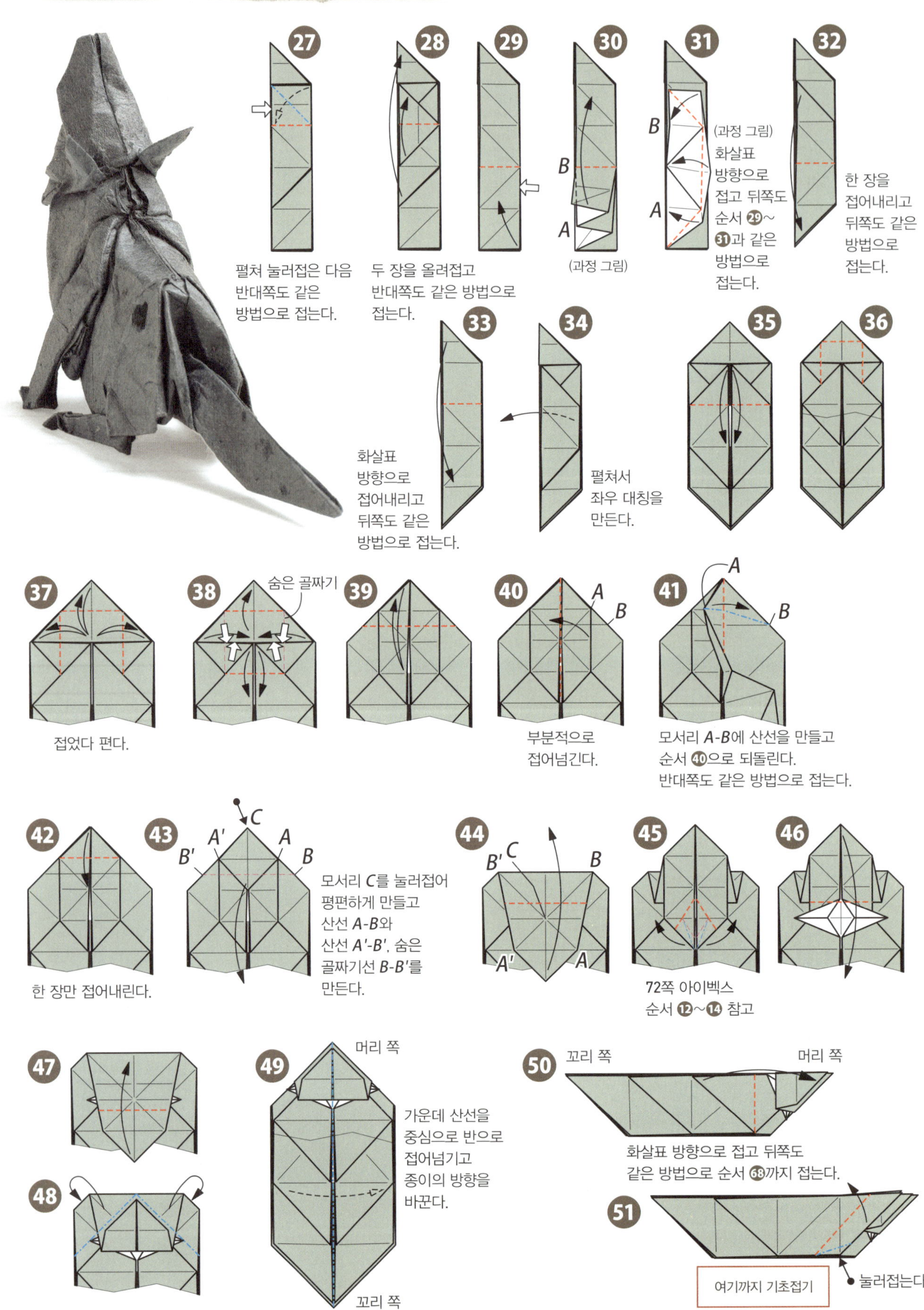
27
28
29
30
31
32
B
A
B
A
(과정 그림)
(과정 그림)
화살표
방향으로
접고 뒤쪽도
순서 29~
31과 같은
방법으로
접는다.
한 장을
접어내리고
뒤쪽도 같은
방법으로
접는다.
펼쳐 눌러접은 다음
반대쪽도 같은
방법으로 접는다.
두 장을 올려접고
반대쪽도 같은 방법으로
접는다.
33
34
35
36
화살표
방향으로
접어내리고
뒤쪽도 같은
방법으로 접는다.
펼쳐서
좌우 대칭을
만든다.
37
38
39
40
41
숨은 골짜기
A
B
A
B
접었다 편다.
부분적으로
접어넘긴다.
모서리 A-B에 산선을 만들고
순서 40으로 되돌린다.
반대쪽도 같은 방법으로 접는다.
42
43
44
45
46
C
A'
A
B'
B
B'
C
B
A'
A
모서리 C를 눌러접어
평편하게 만들고
산선 A-B와
산선 A'-B', 숨은
골짜기선 B-B'를
만든다.
한 장만 접어내린다.
72쪽 아이벡스
순서 12~14 참고
47
48
49
50
51
머리 쪽
꼬리 쪽
가운데 산선을
중심으로 반으로
접어넘기고
종이의 방향을
바꾼다.
꼬리 쪽
머리 쪽
화살표 방향으로 접고 뒤쪽도
같은 방법으로 순서 68까지 접는다.
눌러접는다.
여기까지 기초접기

★★★☆☆

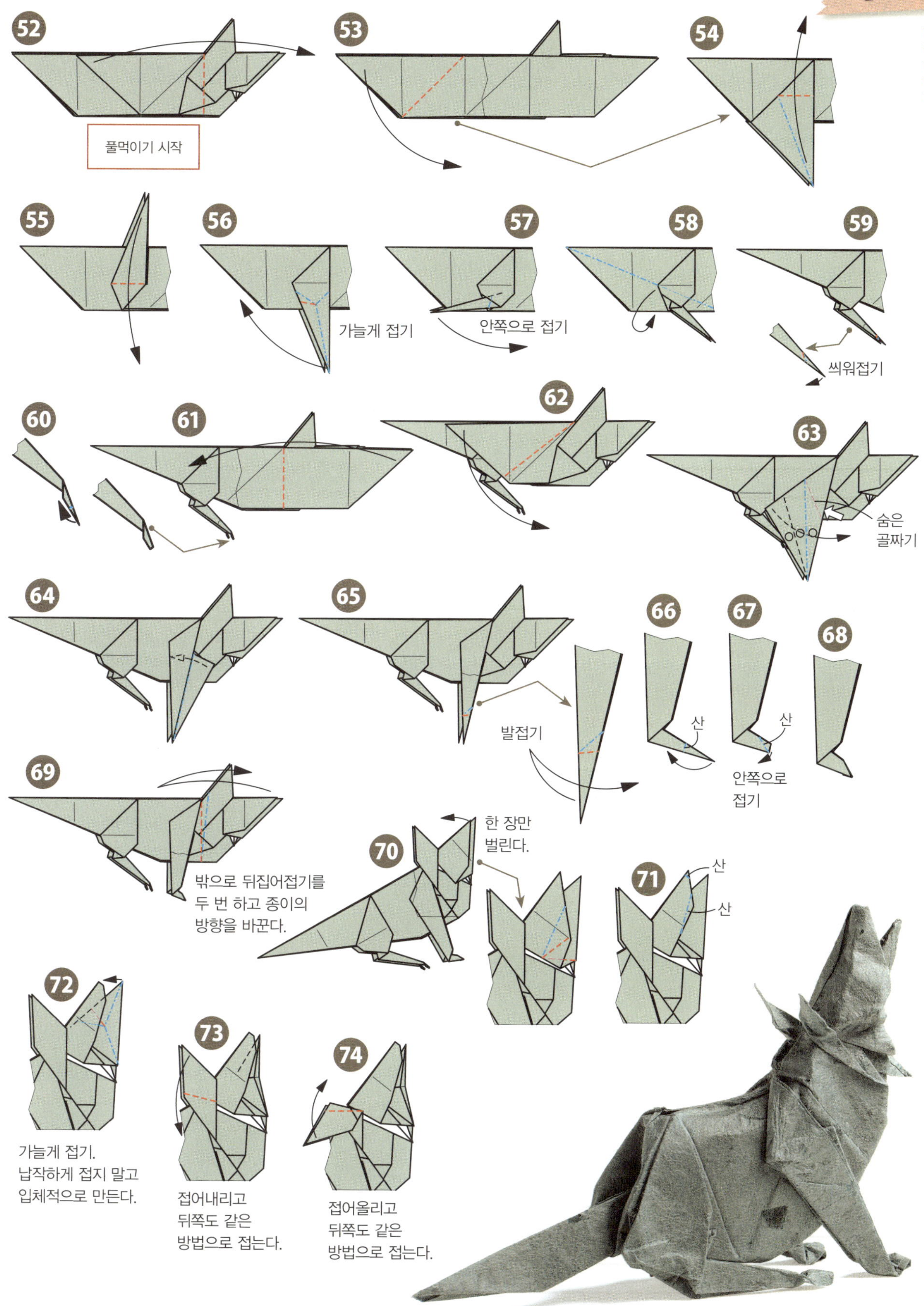
52
풀먹이기 시작
53
54
55
56
가늘게 접기
57
안쪽으로 접기
58
59
씌워접기
60
61
62
63
숨은
골짜기
64
65
발접기
66
산
67
산
안쪽으로
접기
68
69
밖으로 뒤집어접기를
두 번 하고 종이의
방향을 바꾼다.
70
한 장만
벌린다.
71
산
산
72
가늘게 접기.
납작하게 접지 말고
입체적으로 만든다.
73
접어내리고
뒤쪽도 같은
방법으로 접는다.
74
접어올리고
뒤쪽도 같은
방법으로 접는다.

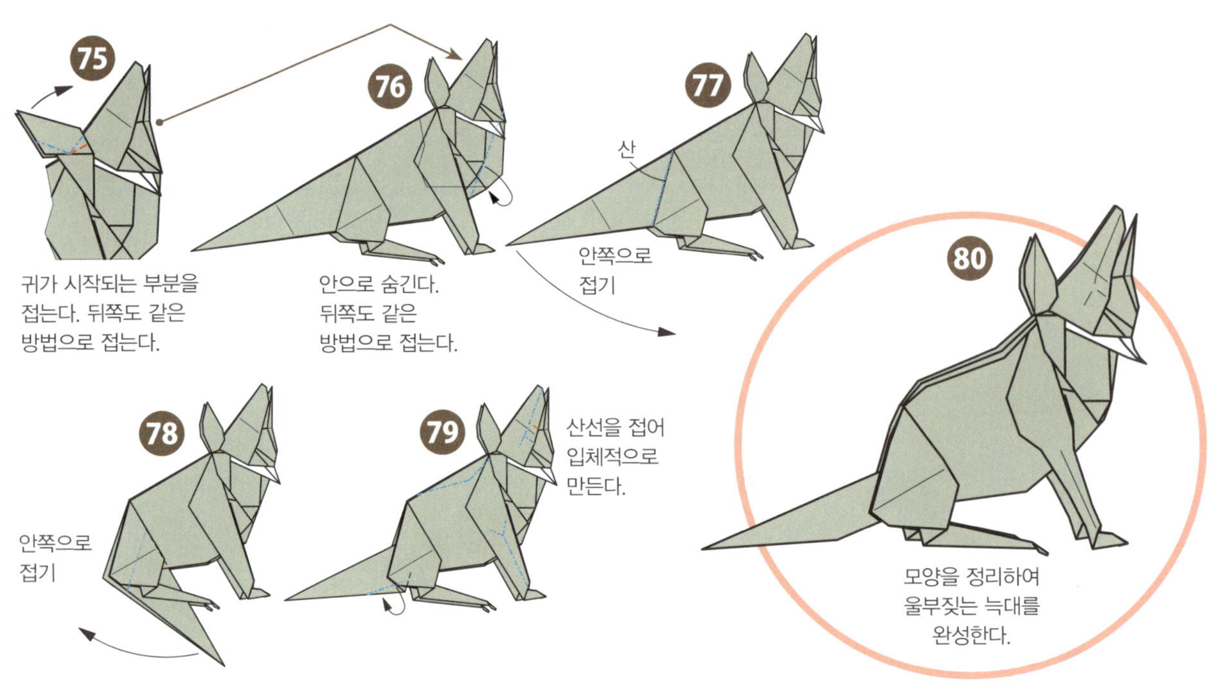

87쪽 순서 54에서 접는 방법을 바꾸면
네 다리로 선 늑대가 된다.

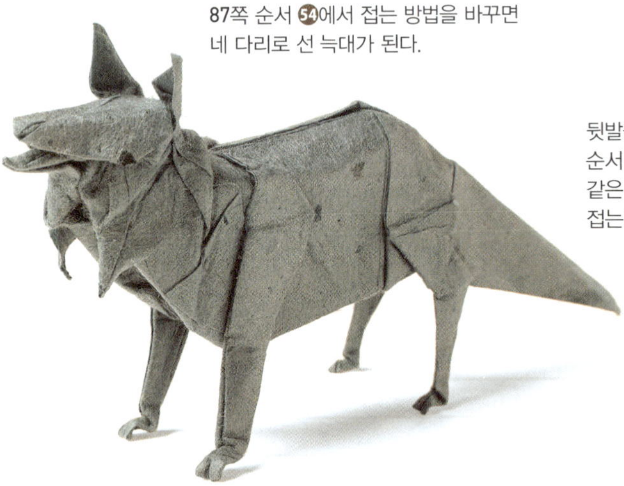

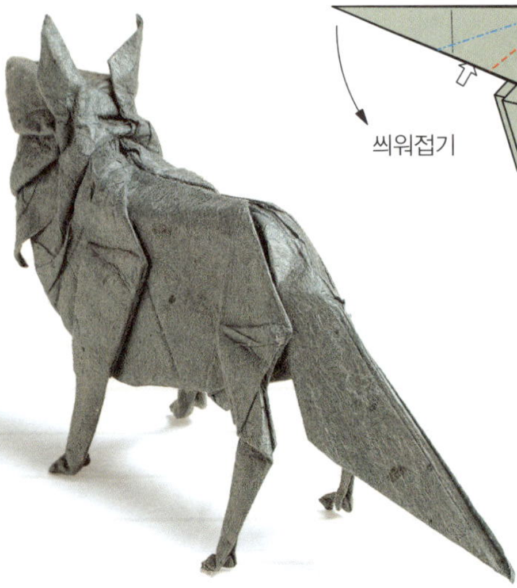

54 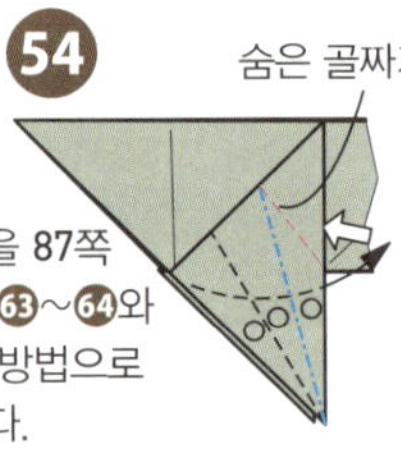
숨은 골짜기
뒷발을 87쪽
순서 63~64와
같은 방법으로
접는다.

55

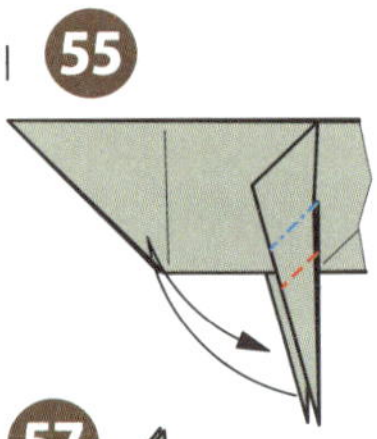

56

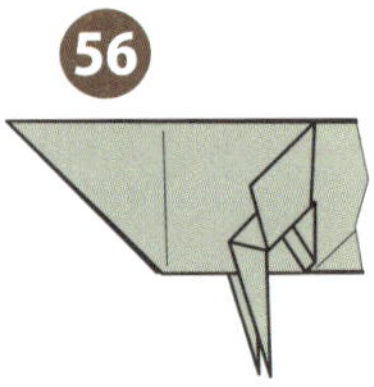

57

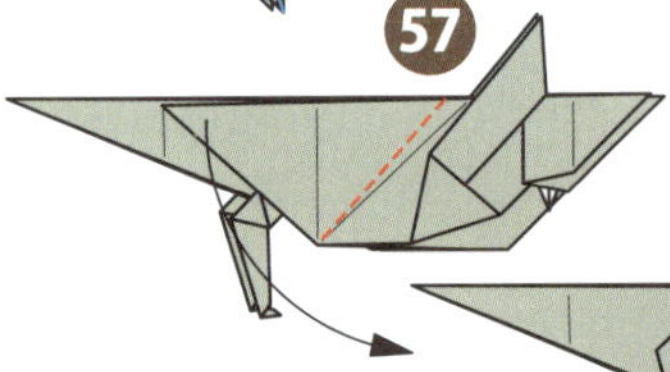

58
앞발과 머리를 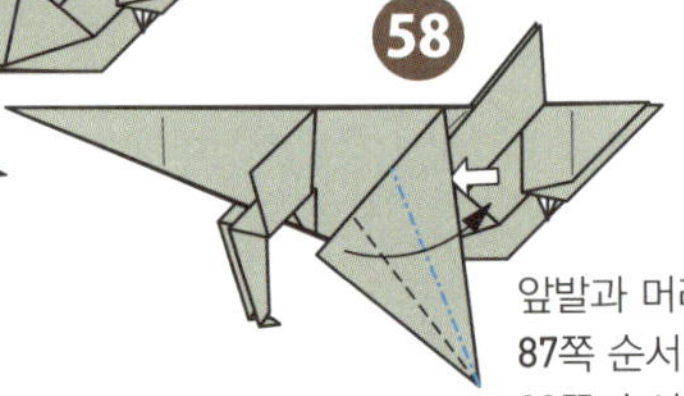
87쪽 순서 63~
88쪽 순서 76과 같은
방법으로 접는다.

59 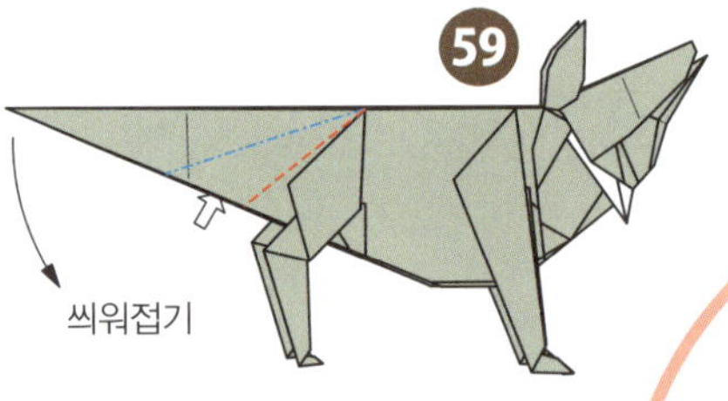
씌워접기

60 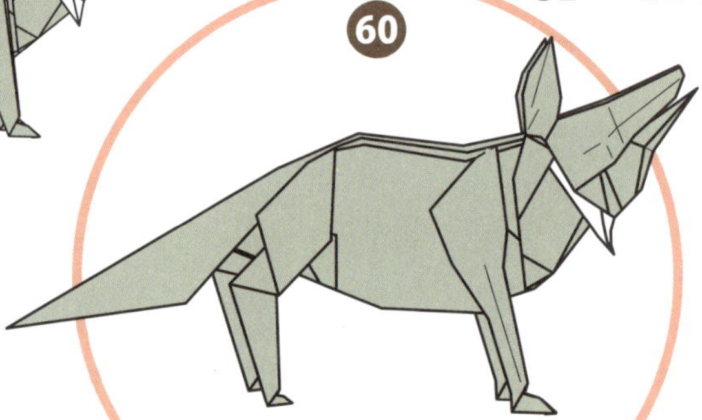
모양을 정리하여 네 다리로 선
늑대를 완성한다.

고대부터 현존하는 생물
귀상어
❖ 난이도 ★★★☆☆
❖ 사용한 종이 : 32cm×32cm 1장
상어의 기원은 약 4억 년 전인 고생대 데본기로 거슬러 올라간다. 순서 ㊳에서 생긴 양옆의 모서리(그림에서는 위아래)로 돌출된 양쪽 눈을 접었다. 마무리 단계에서 두 눈 가장자리 부분을 접어 옆에서 볼 때 눈 부분이 평편하게 보이도록 하면 좋다. 배지느러미 부분은 두꺼워지므로 얇은 종이를 사용하는 편이 좋다.
1
골짜기선으로
보조선을 만든다.
2
골짜기선으로
보조선을 만든다.
3
반대쪽도
순서 ❶~❷와
같은 방법으로
접는다.
4
산선으로
보조선을 만든다.
5
6
학마름모접기(14쪽)

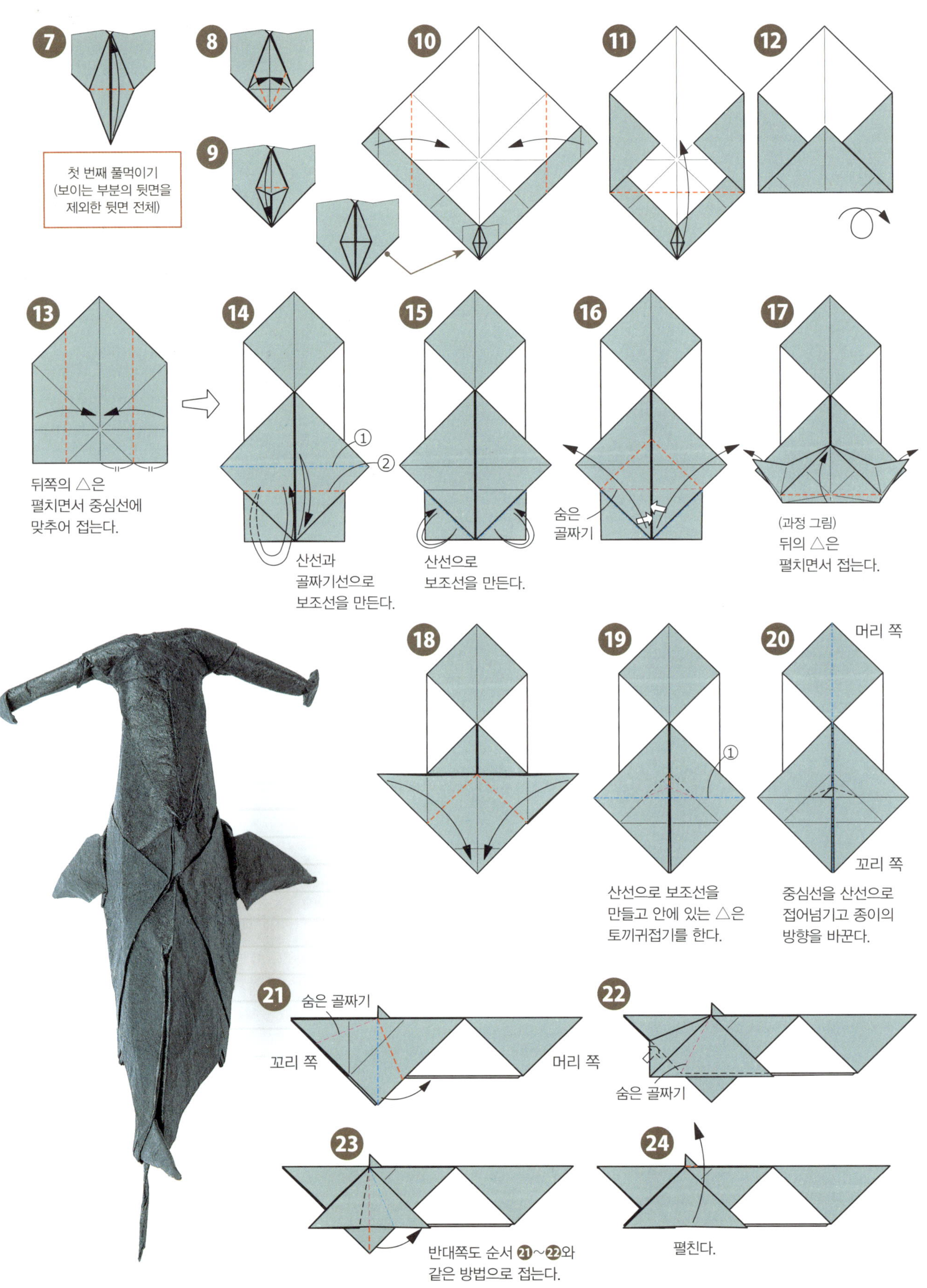
7
8
9
10
11
12
첫 번째 풀먹이기
(보이는 부분의 뒷면을
제외한 뒷면 전체)
13
뒤쪽의 △은
펼치면서 중심선에
맞추어 접는다.
14
①
②
산선과
골짜기선으로
보조선을 만든다.
15
산선으로
보조선을 만든다.
16
숨은
골짜기
17
(과정 그림)
뒤의 △은
펼치면서 접는다.
18
19
①
산선으로 보조선을
만들고 안에 있는 △은
토끼귀접기를 한다.
20
머리 쪽
꼬리 쪽
중심선을 산선으로
접어넘기고 종이의
방향을 바꾼다.
21
숨은 골짜기
꼬리 쪽
머리 쪽
22
숨은 골짜기
23
반대쪽도 순서 21~22와
같은 방법으로 접는다.
24
펼친다.

★★★⯪☆

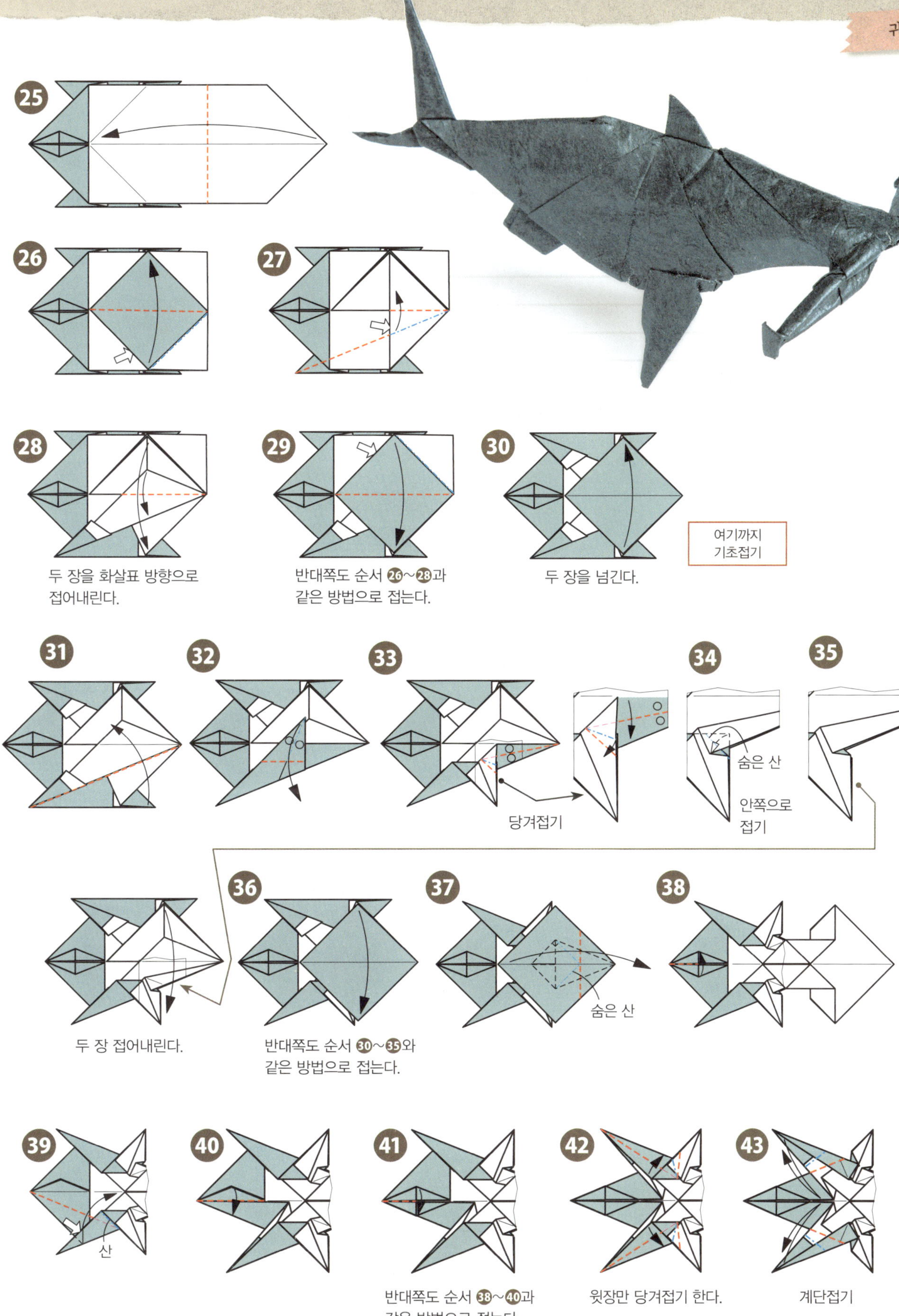
25
26
27
28
두 장을 화살표 방향으로 접어내린다.
29
반대쪽도 순서 26~28과 같은 방법으로 접는다.
30
두 장을 넘긴다.
여기까지 기초접기
31
32
33
당겨접기
34
숨은 산
안쪽으로 접기
35
두 장 접어내린다.
36
반대쪽도 순서 30~35와 같은 방법으로 접는다.
37
숨은 산
38
39
산
40
41
반대쪽도 순서 38~40과 같은 방법으로 접는다.
42
윗장만 당겨접기 한다.
43
계단접기

44

45

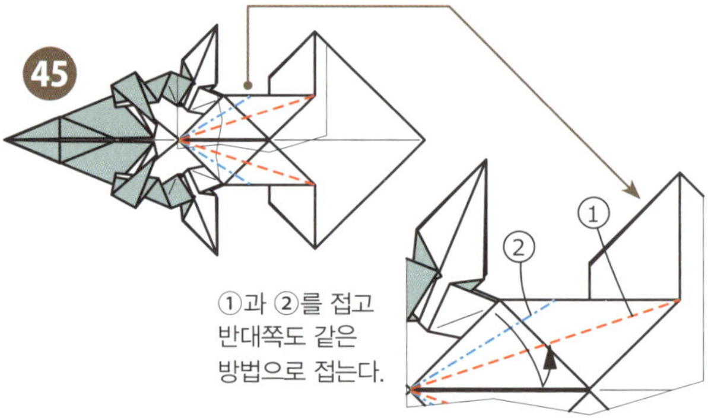

①과 ②를 접고
반대쪽도 같은
방법으로 접는다.

46

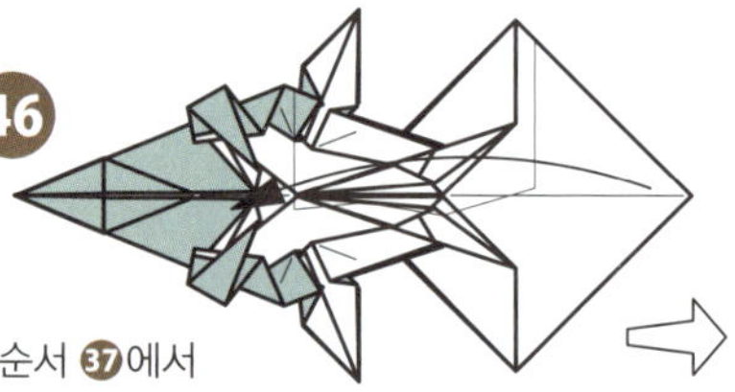

순서 37에서
접은 곳을 되돌린다.

47

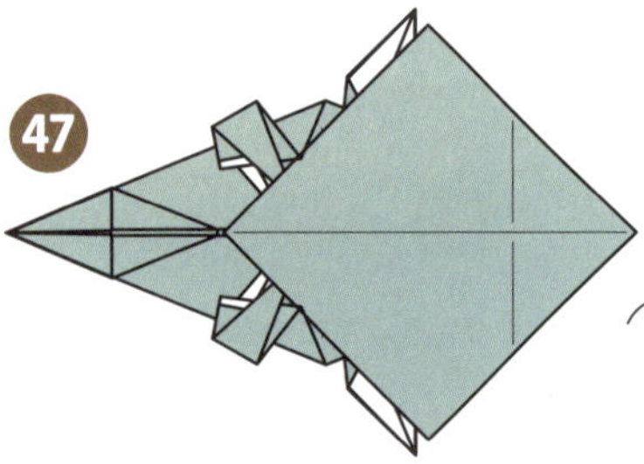

48

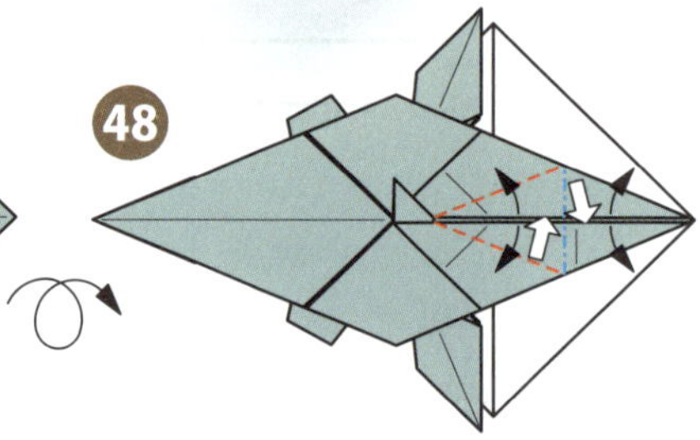

49

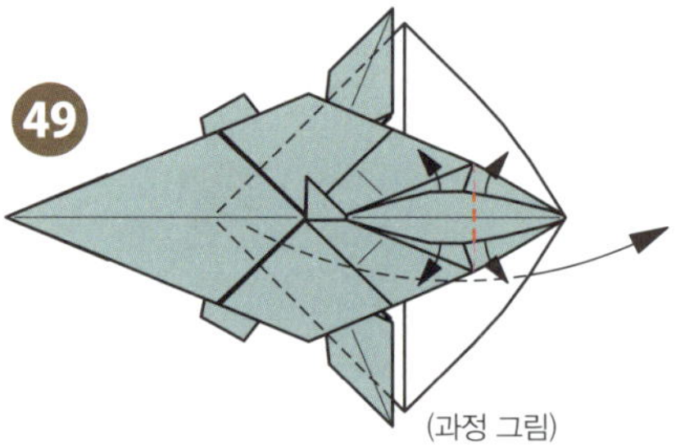

(과정 그림)

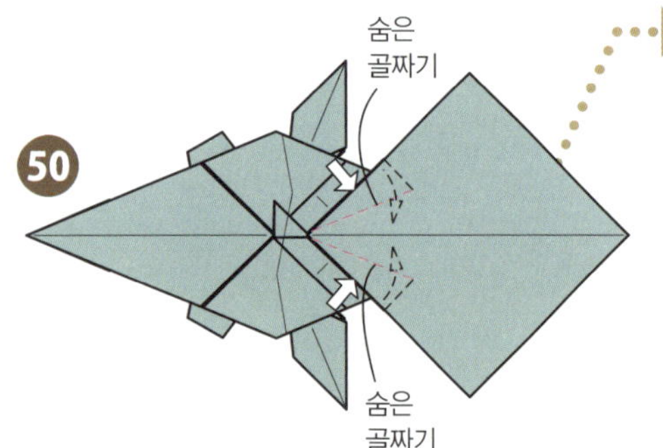

열려 있는 곳을 접는다.

반대쪽도 같은 방법으로 접는다.

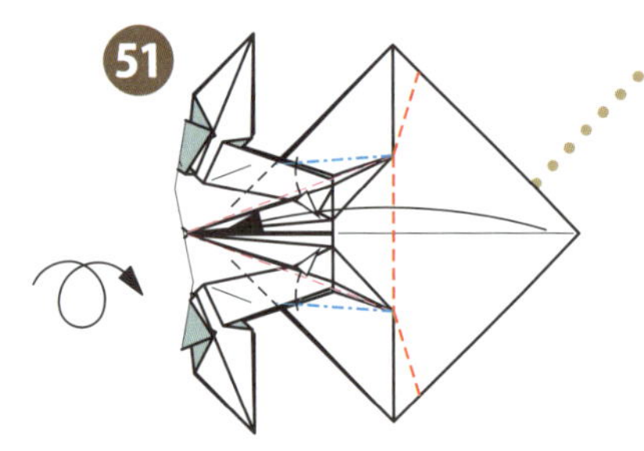

순서 51의 위쪽 산선을 접은 모습.
산선으로 접은 부분을 아래로 넣는다.

순서 51 아래쪽을 골짜기선으로 접을 부분

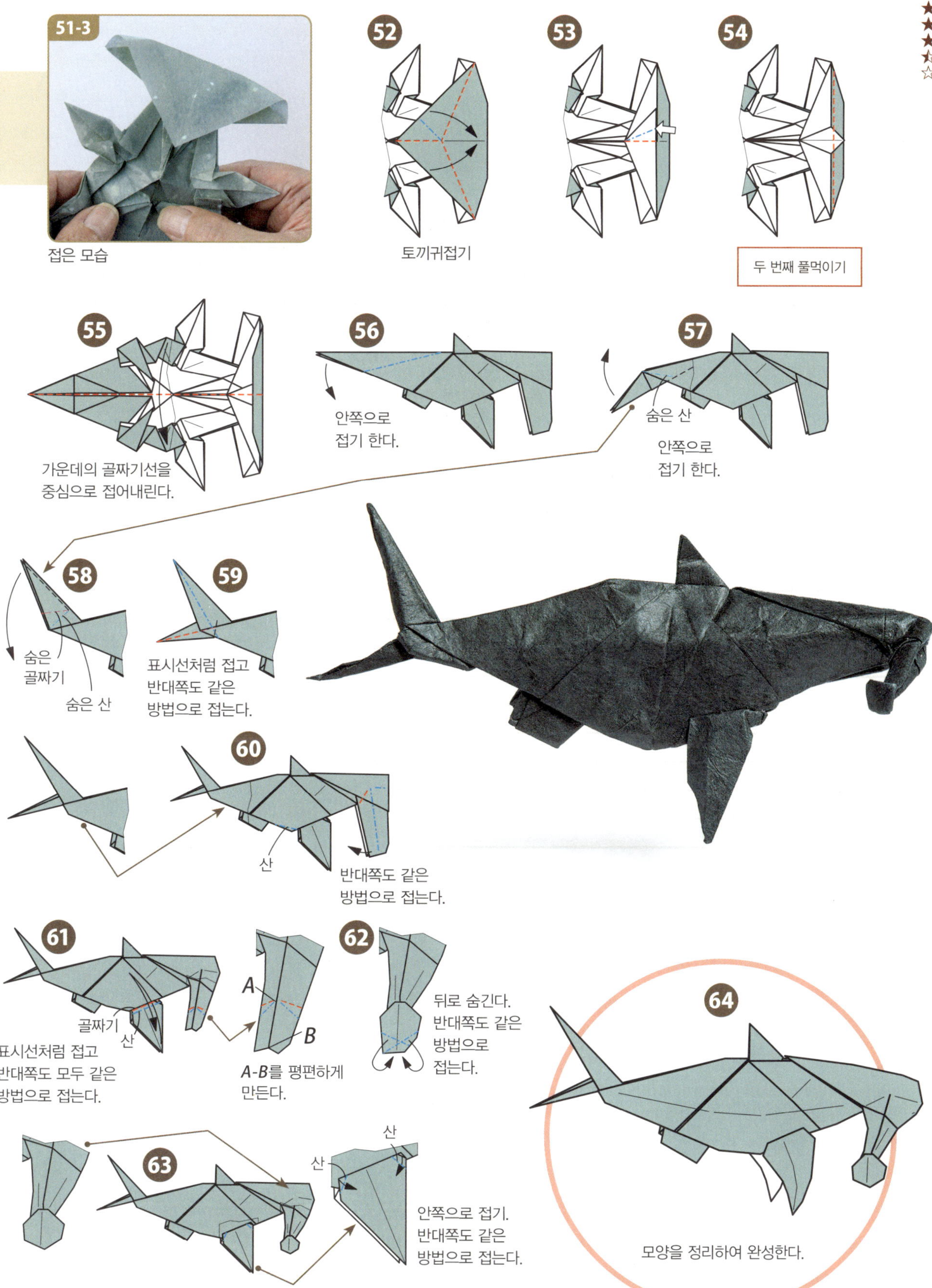
51-3
접은 모습
52
토끼귀접기
53
54
두 번째 풀먹이기
55
가운데의 골짜기선을 중심으로 접어내린다.
56
안쪽으로 접기 한다.
57
숨은 산
안쪽으로 접기 한다.
58
숨은 골짜기
숨은 산
59
표시선처럼 접고 반대쪽도 같은 방법으로 접는다.
60
산
반대쪽도 같은 방법으로 접는다.
61
골짜기
산
표시선처럼 접고 반대쪽도 모두 같은 방법으로 접는다.
A
B
A-B를 평평하게 만든다.
62
뒤로 숨긴다. 반대쪽도 같은 방법으로 접는다.
63
산
산
안쪽으로 접기. 반대쪽도 같은 방법으로 접는다.
64
모양을 정리하여 완성한다.

투우

❖ 난이도 ★★★★☆

❖ 사용한 종이 : 40cm×40cm 1장

이 작품은 시작 단계의 접는 방법이 50쪽 디플로카울루스와 비슷하다. 디플로카울루스는 방석접기(순서 ❶)를 한 번 더 하는 데 반해, 이 작품은 방석접기를 세 번 하는 것이 특징이다. 그 결과 긴 모서리를 세 쌍 접을 수 있는데 두 쌍은 앞다리와 뒷다리를, 나머지 한 쌍은 뿔을 접는 데 사용할 수 있다.

1

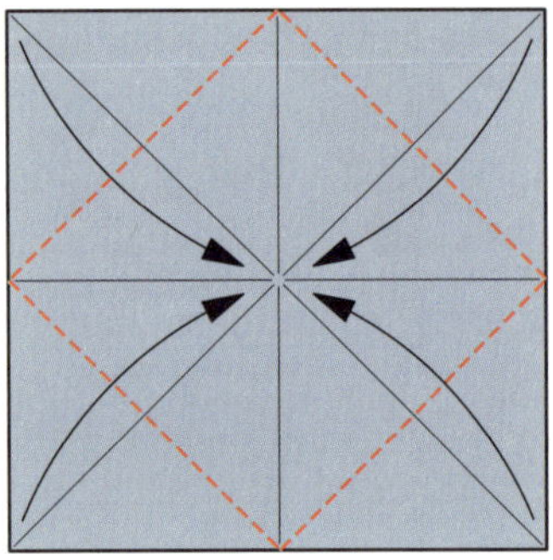

2

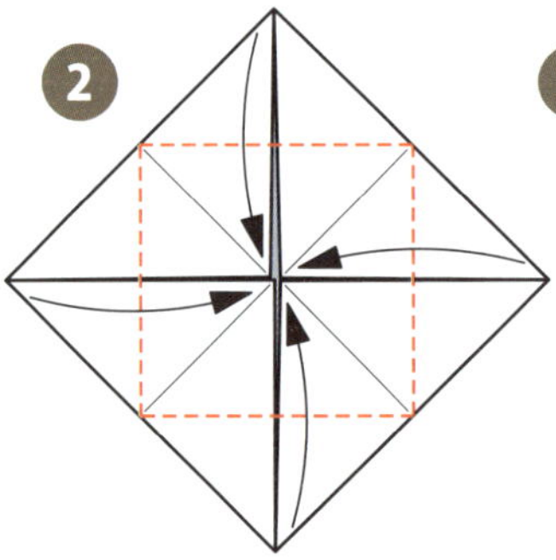

3

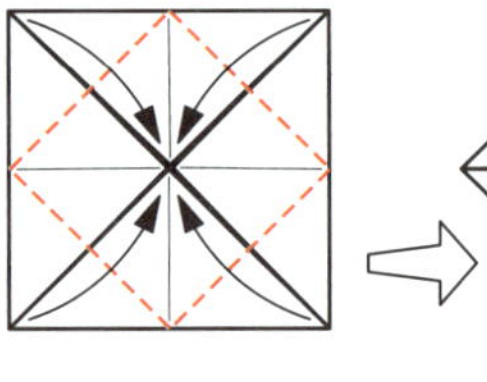

4

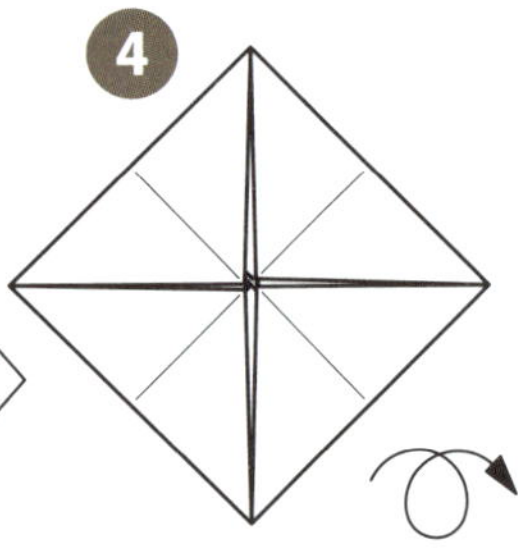

5

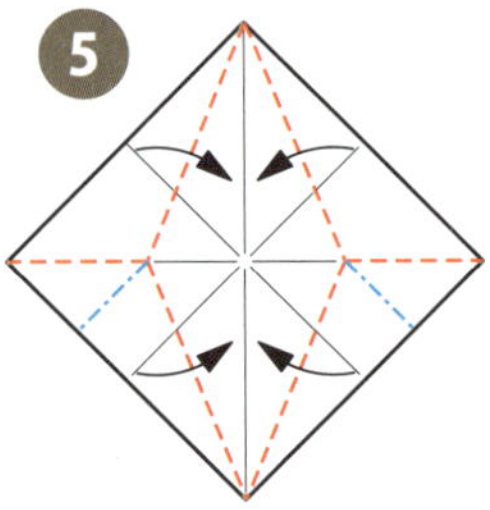

뒤쪽 △은 펼치면서 접는다.

6

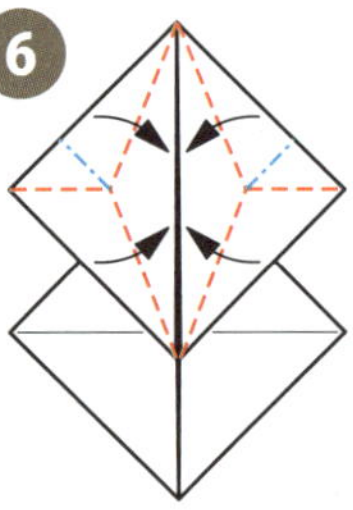

7

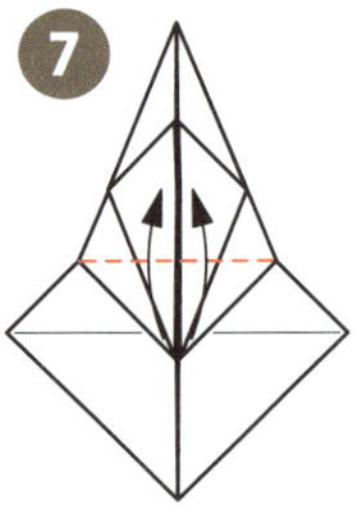

8

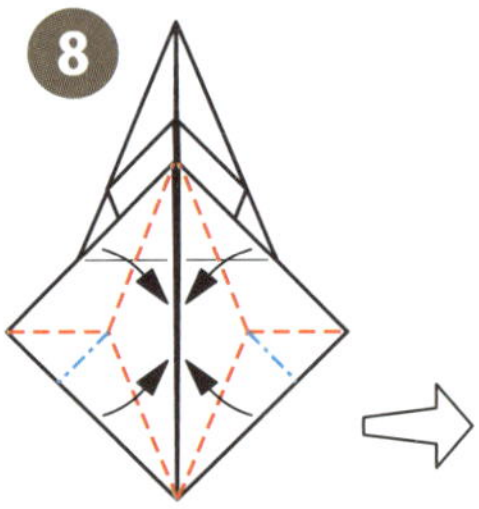

순서 ❻과 같은 방법으로 접는다.

9

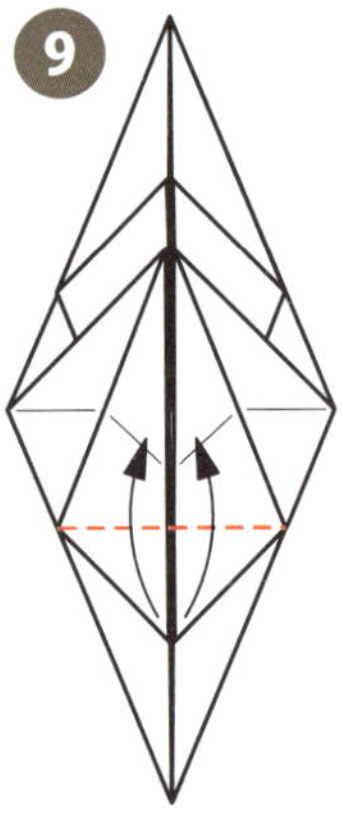

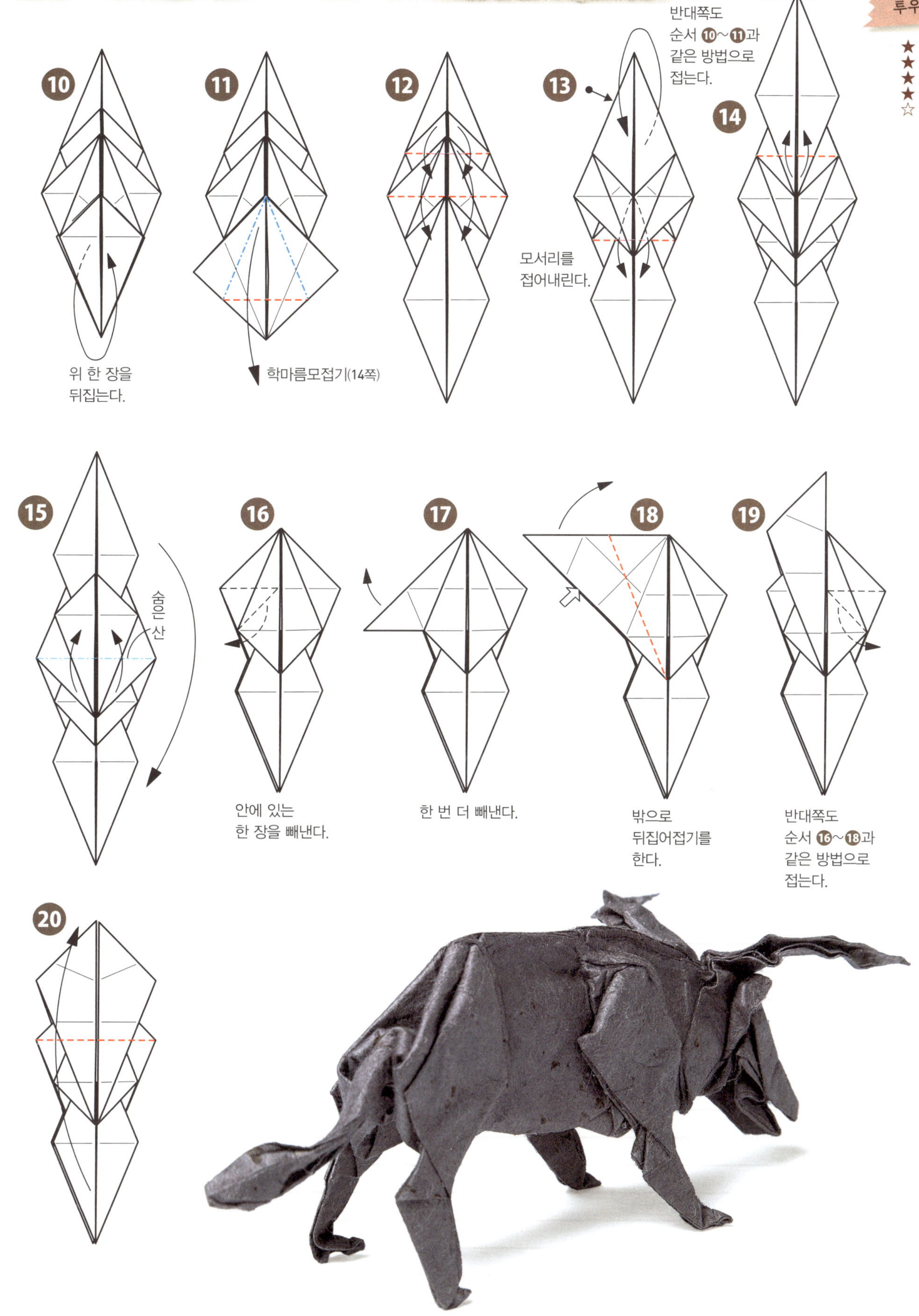
10
위 한 장을
뒤집는다.
11
학마름모접기(14쪽)
12
13
모서리를
접어내린다.
반대쪽도
순서 10~11과
같은 방법으로
접는다.
14
15
숨은
산
16
안에 있는
한 장을 빼낸다.
17
한 번 더 빼낸다.
18
밖으로
뒤집어접기를
한다.
19
반대쪽도
순서 16~18과
같은 방법으로
접는다.
20

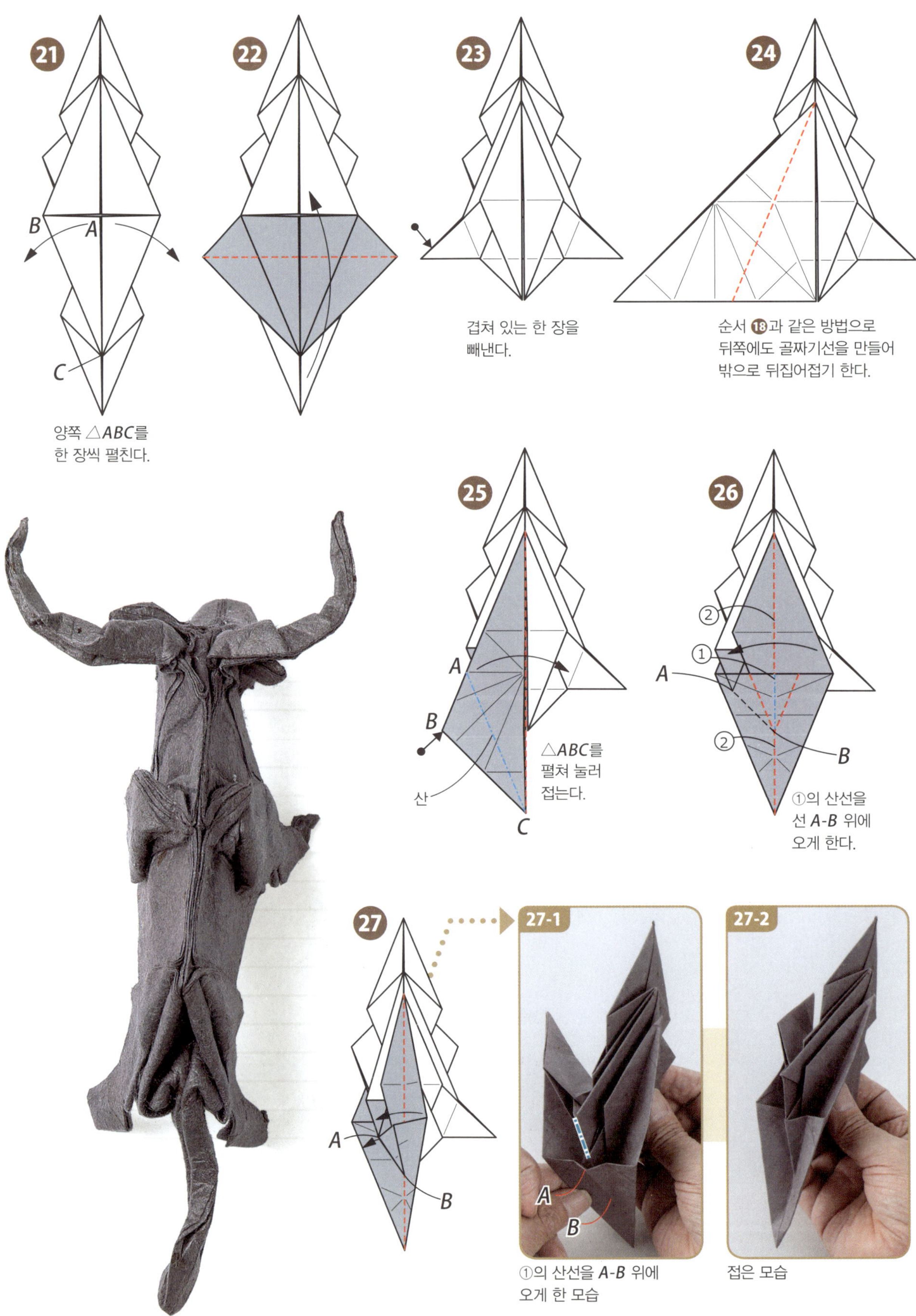
21
B
A
C
양쪽 △ABC를
한 장씩 펼친다.
22
23
겹쳐 있는 한 장을
빼낸다.
24
순서 ⑱과 같은 방법으로
뒤쪽에도 골짜기선을 만들어
밖으로 뒤집어접기 한다.
25
A
B
산
C
△ABC를
펼쳐 눌러
접는다.
26
②
①
A
②
B
①의 산선을
선 A-B 위에
오게 한다.
27
A
B
27-1
A
B
①의 산선을 A-B 위에
오게 한 모습
27-2
접은 모습

★★★★☆

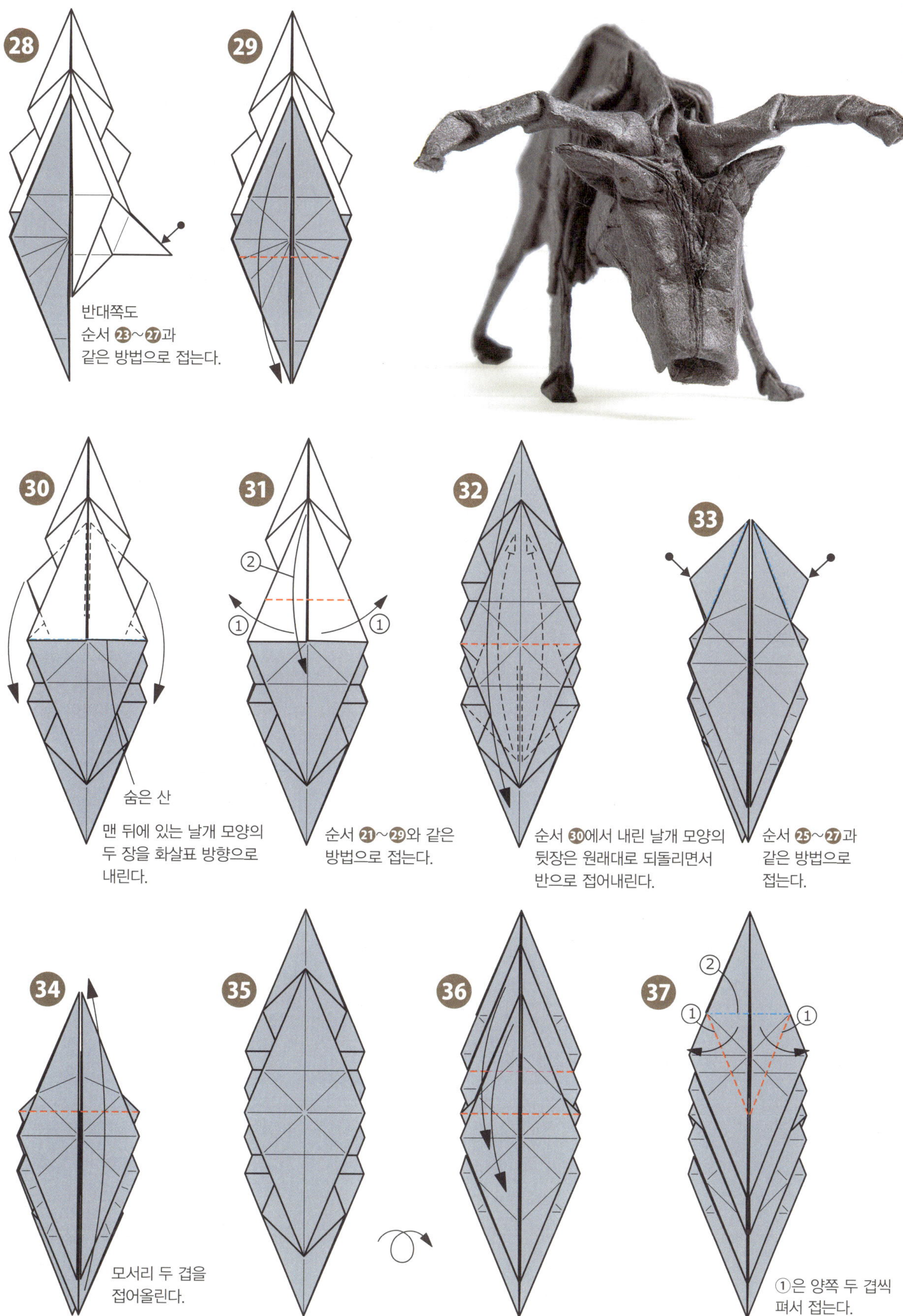
28
반대쪽도
순서 23~27과
같은 방법으로 접는다.
29
30
숨은 산
맨 뒤에 있는 날개 모양의
두 장을 화살표 방향으로
내린다.
31
②
①
①
순서 21~29와 같은
방법으로 접는다.
32
순서 30에서 내린 날개 모양의
뒷장은 원래대로 되돌리면서
반으로 접어내린다.
33
순서 25~27과
같은 방법으로
접는다.
34
모서리 두 겹을
접어올린다.
35
36
37
②
①
①
①은 양쪽 두 겹씩
펴서 접는다.

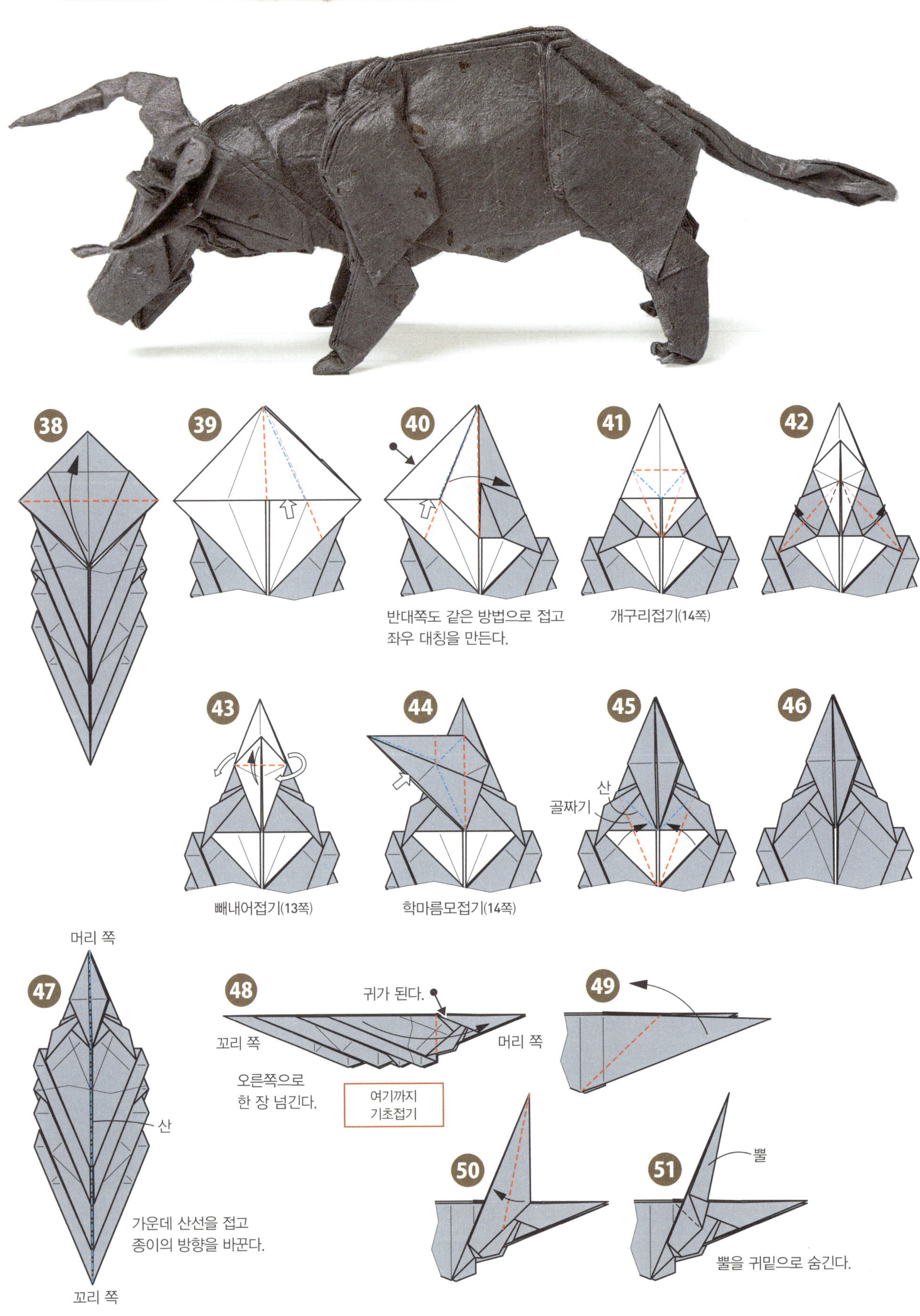
38
39
40
반대쪽도 같은 방법으로 접고
좌우 대칭을 만든다.
41
개구리접기(14쪽)
42
43
빼내어접기(13쪽)
44
학마름모접기(14쪽)
45
산
골짜기
46
47
머리 쪽
산
가운데 산선을 접고
종이의 방향을 바꾼다.
꼬리 쪽
48
귀가 된다.
꼬리 쪽
머리 쪽
오른쪽으로
한 장 넘긴다.
여기까지
기초접기
49
50
51
뿔
뿔을 귀밑으로 숨긴다.

★★★★☆

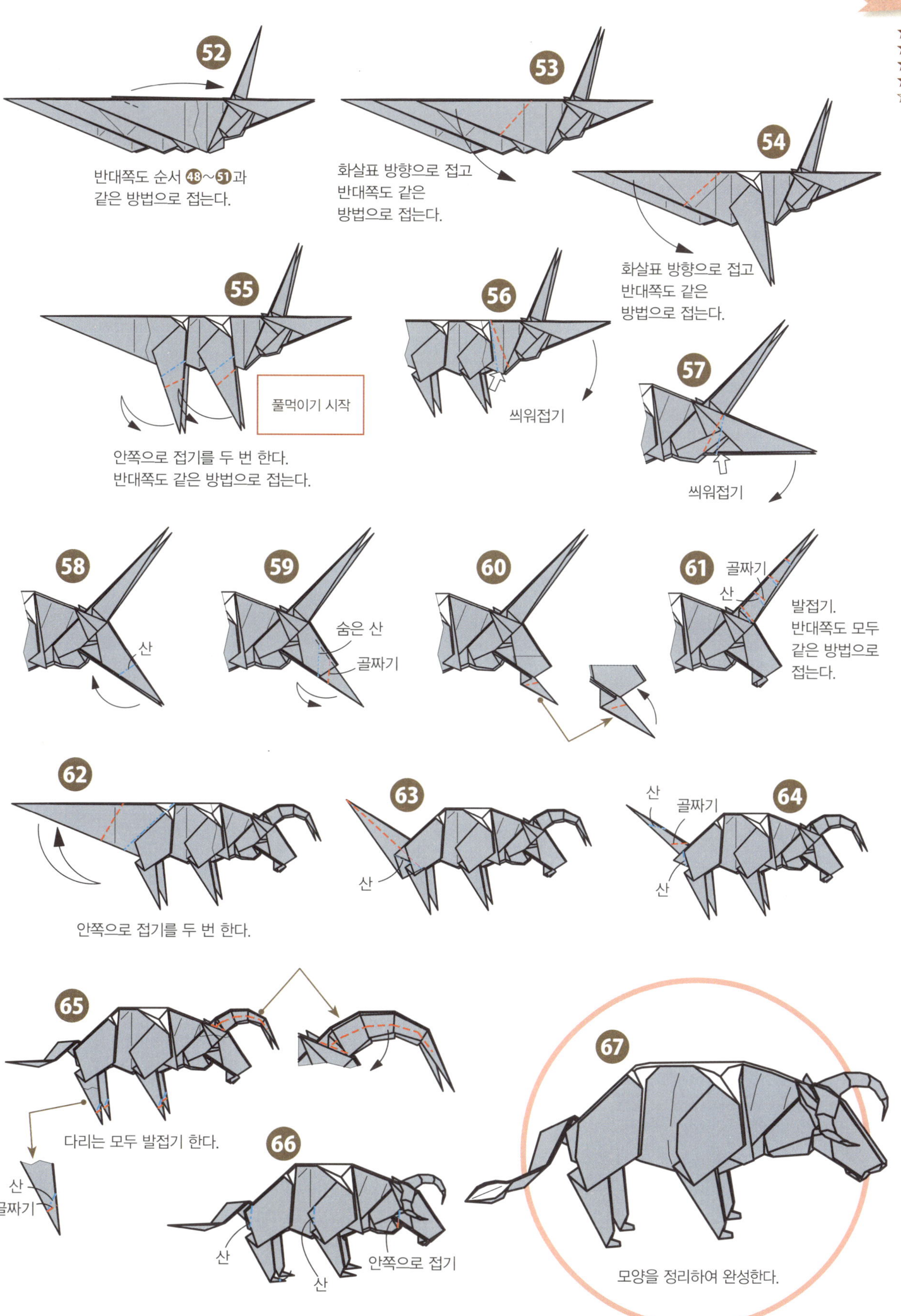
52
반대쪽도 순서 48~51과
같은 방법으로 접는다.
53
화살표 방향으로 접고
반대쪽도 같은
방법으로 접는다.
54
화살표 방향으로 접고
반대쪽도 같은
방법으로 접는다.
55
풀먹이기 시작
안쪽으로 접기를 두 번 한다.
반대쪽도 같은 방법으로 접는다.
56
씌워접기
57
씌워접기
58
산
59
숨은 산
골짜기
60
61
골짜기
산
발접기.
반대쪽도 모두
같은 방법으로
접는다.
62
안쪽으로 접기를 두 번 한다.
63
산
64
산
골짜기
산
65
다리는 모두 발접기 한다.
산
골짜기
66
산
산
안쪽으로 접기
67
모양을 정리하여 완성한다.

혀 내민 카멜레온

❖ 난이도 ★★★★☆

❖ 사용한 종이 : 32cm×32cm 1장

카멜레온의 특징인 두 갈래로 나뉜 발끝을 접는 과정에서 끝에 모서리 부분이 튀어나온다. 그 모서리를 이용하면 혀를 내민 모양을 접을 수 있다. 순서 49의 주름을 잡아 튀어나온 눈의 느낌을 살리면 제법 그럴싸하게 완성된다. 혀끝은 뾰족한 것보다 조금 평편한 편이 리얼해 보인다.

1 양 가장자리에 골짜기선으로 보조선을 만든다.

2 가운데의 산선을 잡아 *A-B*에 맞추어 양 가장자리에 보조선을 만든다.

3 가운데의 산선을 잡아 *C-D*에 맞추어 양 가장자리에 보조선을 만든다.

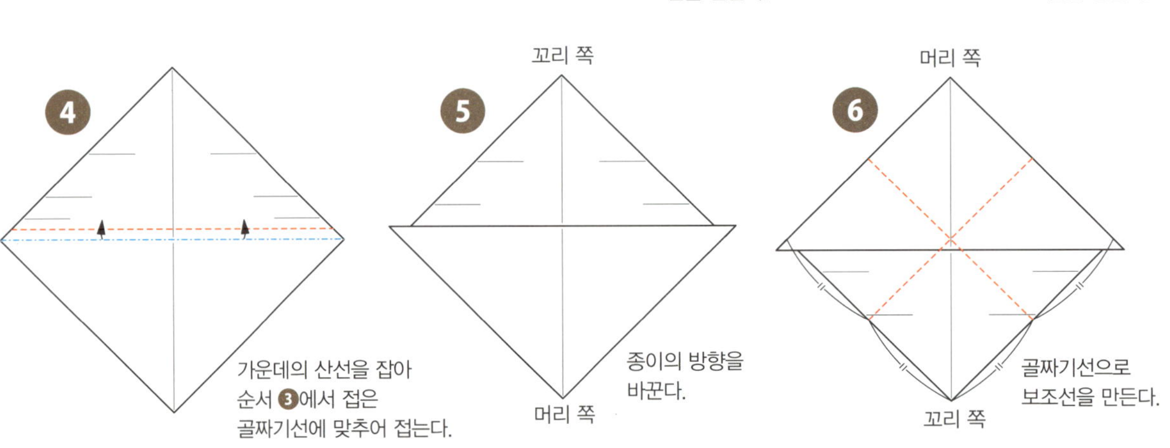

4 가운데의 산선을 잡아 순서 3에서 접은 골짜기선에 맞추어 접는다.

5 종이의 방향을 바꾼다.

6 골짜기선으로 보조선을 만든다.

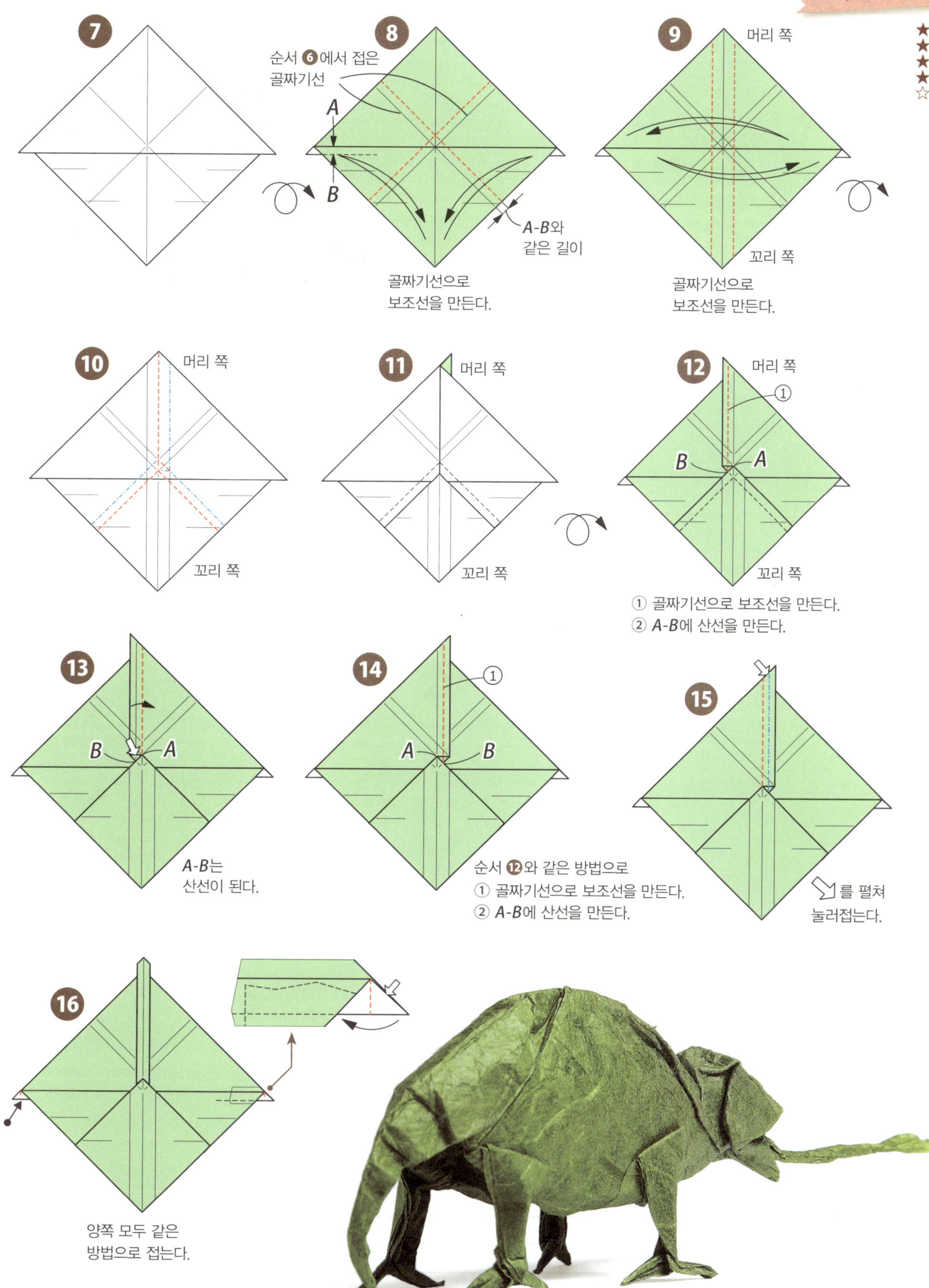
7
8
순서 6에서 접은
골짜기선
A
B
A-B와
같은 길이
골짜기선으로
보조선을 만든다.
9
머리 쪽
꼬리 쪽
골짜기선으로
보조선을 만든다.
10
머리 쪽
꼬리 쪽
11
머리 쪽
꼬리 쪽
12
머리 쪽
①
B
A
꼬리 쪽
① 골짜기선으로 보조선을 만든다.
② A-B에 산선을 만든다.
13
B
A
A-B는
산선이 된다.
14
①
A
B
순서 12와 같은 방법으로
① 골짜기선으로 보조선을 만든다.
② A-B에 산선을 만든다.
15
를 펼쳐
눌러접는다.
16
양쪽 모두 같은
방법으로 접는다.

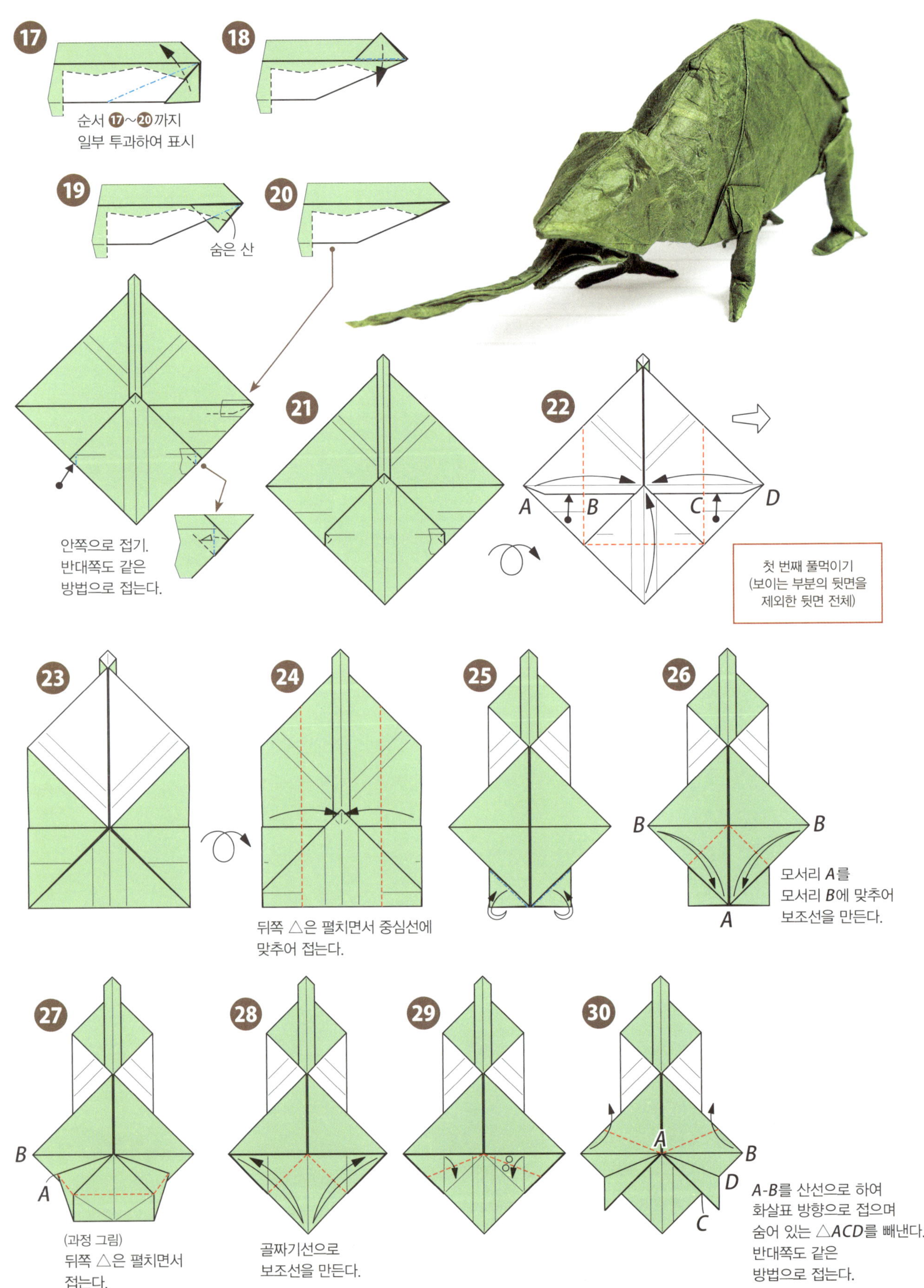

17
18
순서 17~20까지
일부 투과하여 표시
19
20
숨은 산
안쪽으로 접기.
반대쪽도 같은
방법으로 접는다.
21
22
A
B
C
D
첫 번째 풀먹이기
(보이는 부분의 뒷면을
제외한 뒷면 전체)
23
24
25
26
뒤쪽 △은 펼치면서 중심선에
맞추어 접는다.
B
B
A
모서리 A를
모서리 B에 맞추어
보조선을 만든다.
27
28
29
30
B
A
(과정 그림)
뒤쪽 △은 펼치면서
접는다.
골짜기선으로
보조선을 만든다.
A
B
D
C
A-B를 산선으로 하여
화살표 방향으로 접으며
숨어 있는 △ACD를 빼낸다.
반대쪽도 같은
방법으로 접는다.

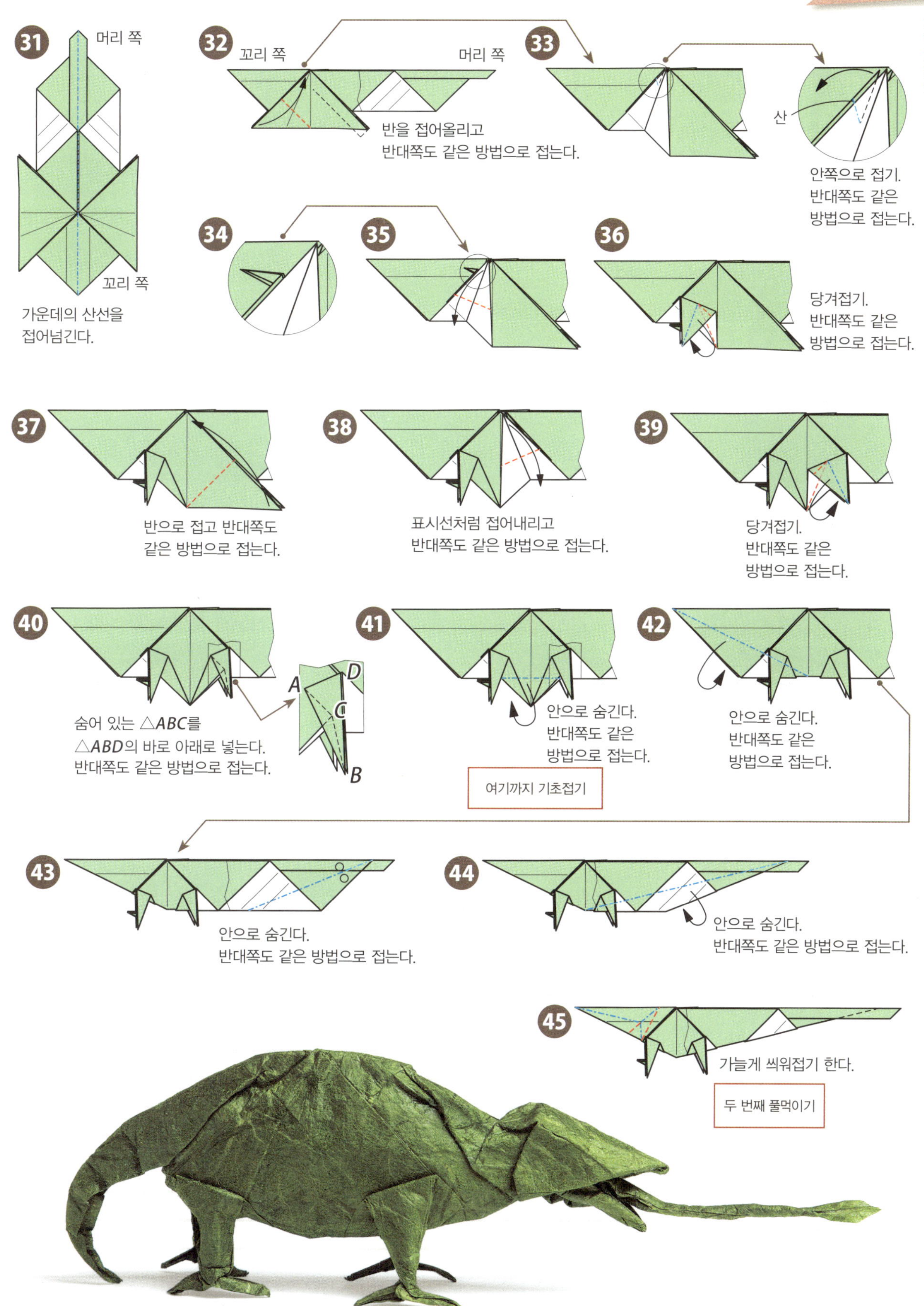
31
머리 쪽
꼬리 쪽
가운데의 산선을
접어넘긴다.
32
꼬리 쪽
머리 쪽
반을 접어올리고
반대쪽도 같은 방법으로 접는다.
33
산
안쪽으로 접기.
반대쪽도 같은
방법으로 접는다.
34
35
36
당겨접기.
반대쪽도 같은
방법으로 접는다.
37
반으로 접고 반대쪽도
같은 방법으로 접는다.
38
표시선처럼 접어내리고
반대쪽도 같은 방법으로 접는다.
39
당겨접기.
반대쪽도 같은
방법으로 접는다.
40
숨어 있는 △ABC를
△ABD의 바로 아래로 넣는다.
반대쪽도 같은 방법으로 접는다.
A
D
C
B
41
안으로 숨긴다.
반대쪽도 같은
방법으로 접는다.
여기까지 기초접기
42
안으로 숨긴다.
반대쪽도 같은
방법으로 접는다.
43
안으로 숨긴다.
반대쪽도 같은 방법으로 접는다.
44
안으로 숨긴다.
반대쪽도 같은 방법으로 접는다.
45
가늘게 씌워접기 한다.
두 번째 풀먹이기

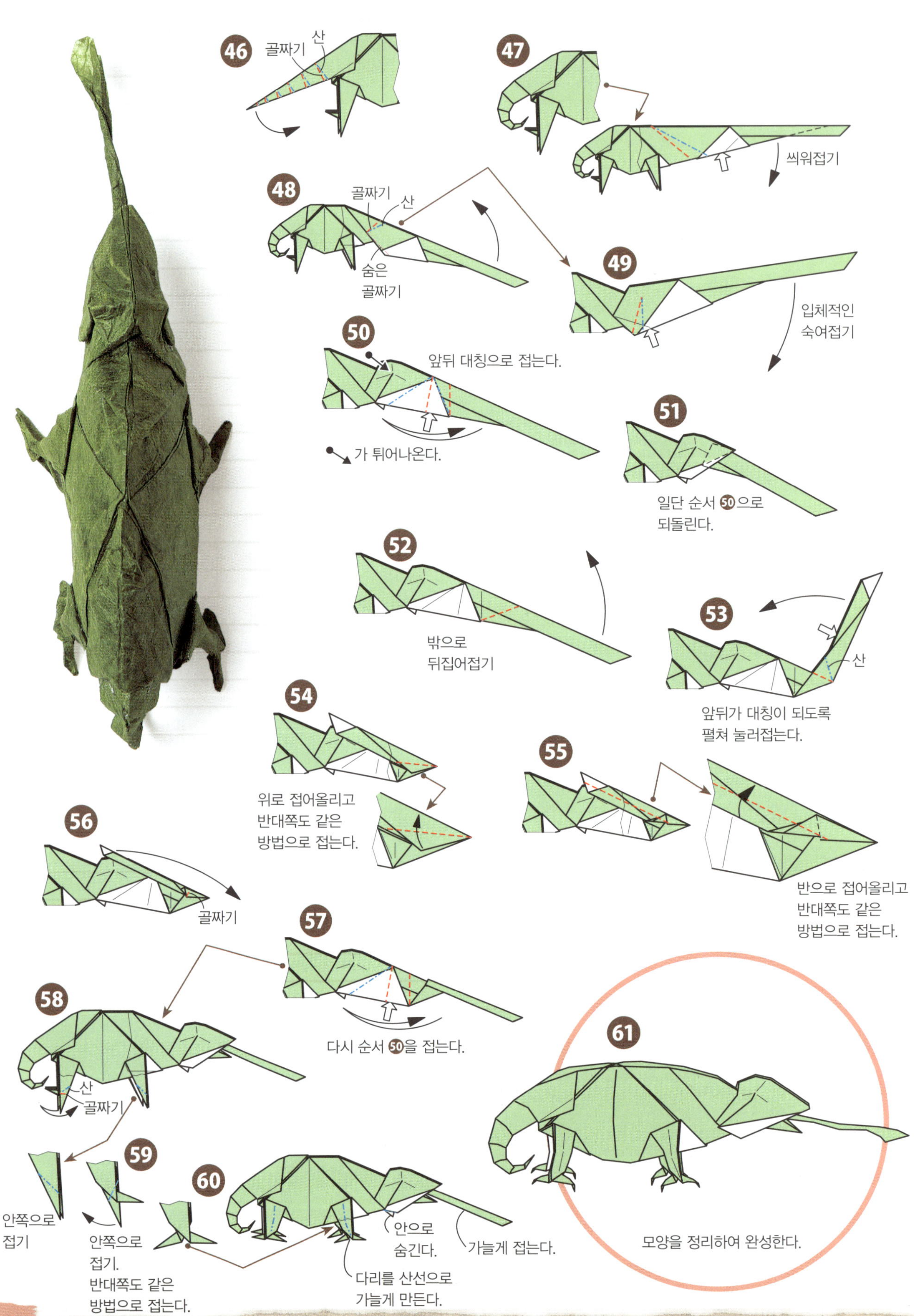
46
골짜기
산
47
씌워접기
48
골짜기
산
숨은
골짜기
49
입체적인
숙여접기
50
앞뒤 대칭으로 접는다.
가 튀어나온다.
51
일단 순서 50으로
되돌린다.
52
밖으로
뒤집어접기
53
산
앞뒤가 대칭이 되도록
펼쳐 눌러접는다.
54
위로 접어올리고
반대쪽도 같은
방법으로 접는다.
55
반으로 접어올리고
반대쪽도 같은
방법으로 접는다.
56
골짜기
57
다시 순서 50을 접는다.
58
산
골짜기
59
안쪽으로
접기
안쪽으로
접기.
반대쪽도 같은
방법으로 접는다.
60
안으로
숨긴다.
가늘게 접는다.
다리를 산선으로
가늘게 만든다.
61
모양을 정리하여 완성한다.

사막혹멧돼지

❖ 난이도 ★★★★☆
❖ 사용한 종이 : 40cm×40cm 1장

순서 ㉓의 산선을 만드는 과정에서는 뒷면이 보이는 큰 삼각형의 위 한 장을 넘긴 다음 골짜기선으로 접으면 쉽게 접을 수 있다. 순서 ㊸의 계단접기로 머리의 크기를 조정하는데 머리가 너무 커지면 전체적인 균형이 깨지므로 주의한다. 옆 사진에서는 꼬리가 살짝 처져 있지만 바짝 세워도 좋다. 뒷다리에서 꼬리에 걸친 부분이 두꺼워질 수 있으므로 종이는 얇은 것을 사용하는 편이 좋다.

1

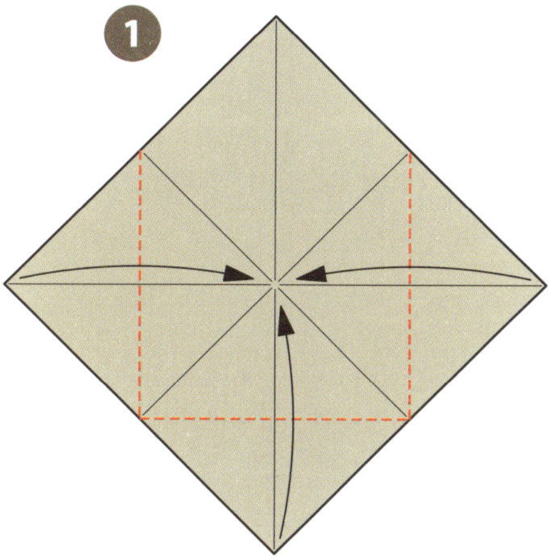

2

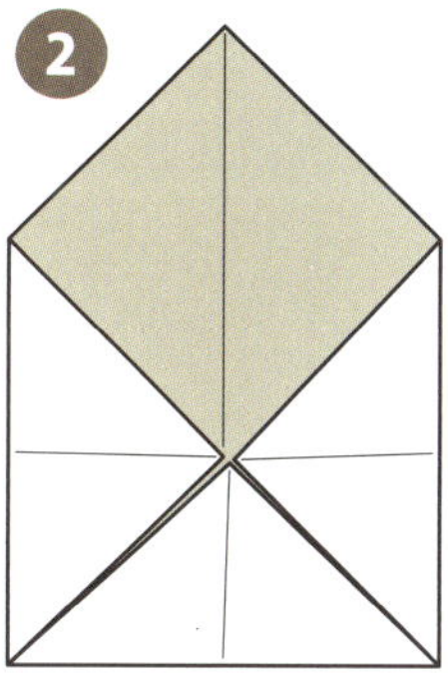

3

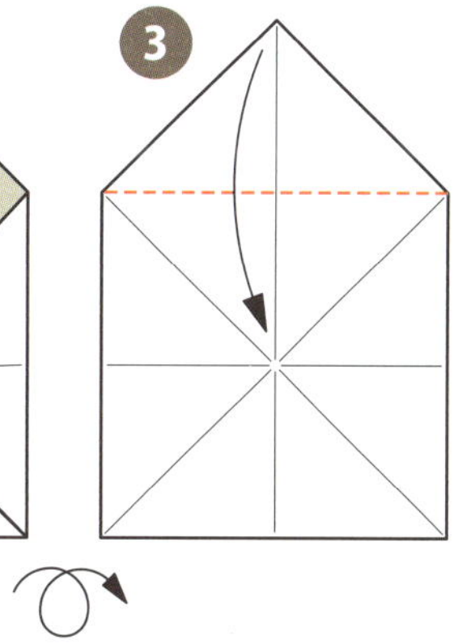

4

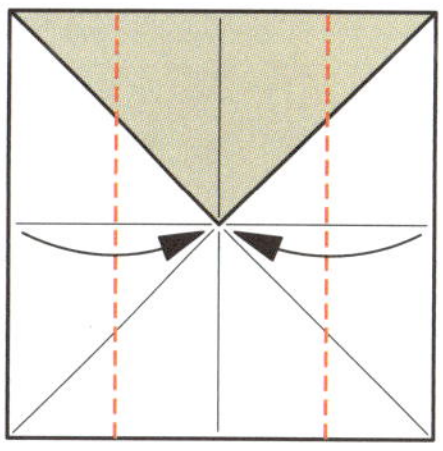

뒤쪽의 △은
펼치면서 중심선에
맞추어 접는다.

5

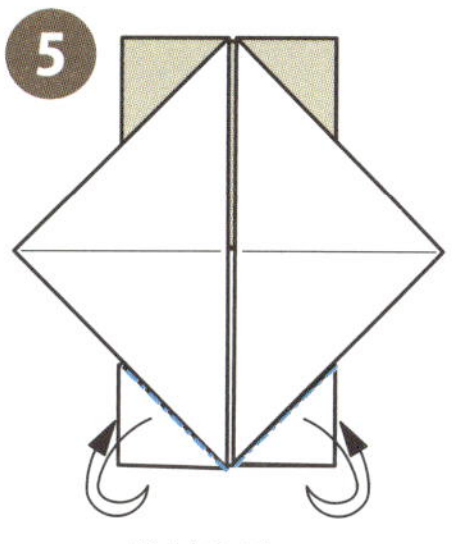

산선으로
보조선을 만든다.

6

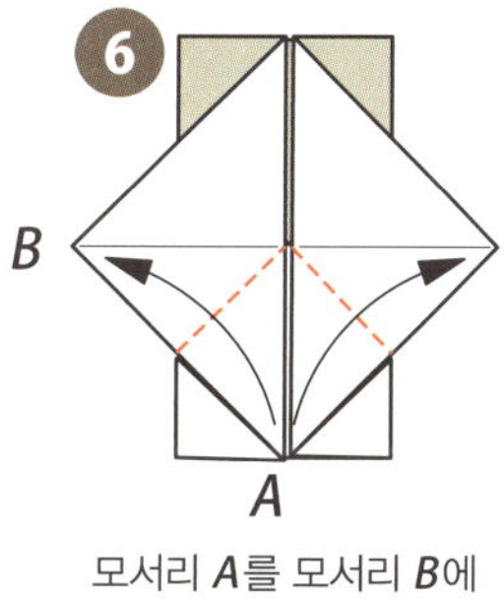

B

A

모서리 A를 모서리 B에
맞추어 보조선을 만든다.
반대쪽도 같은 방법으로 접는다.

7

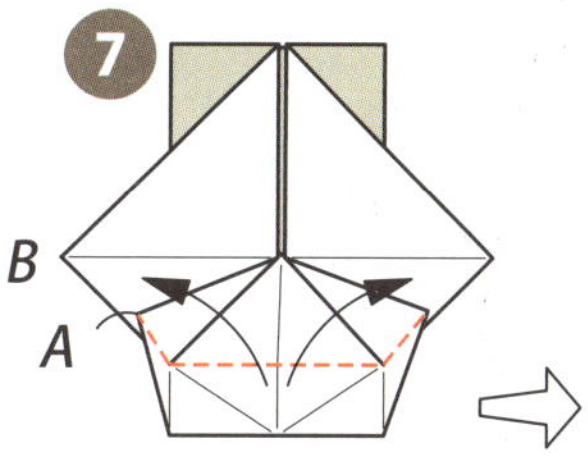

B

A

(과정 그림)
뒤쪽 △은
펼치면서 접는다.

8

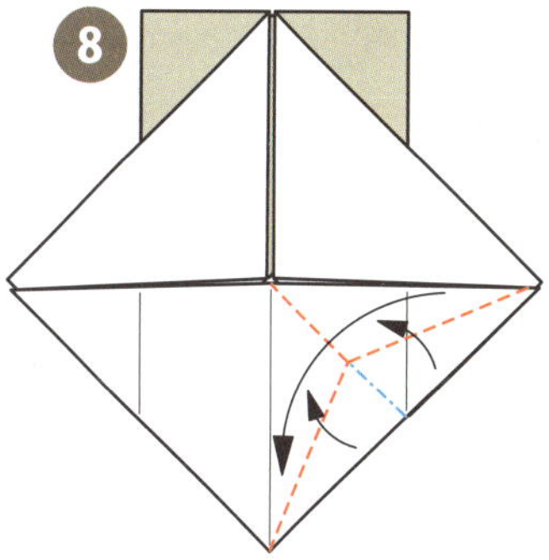

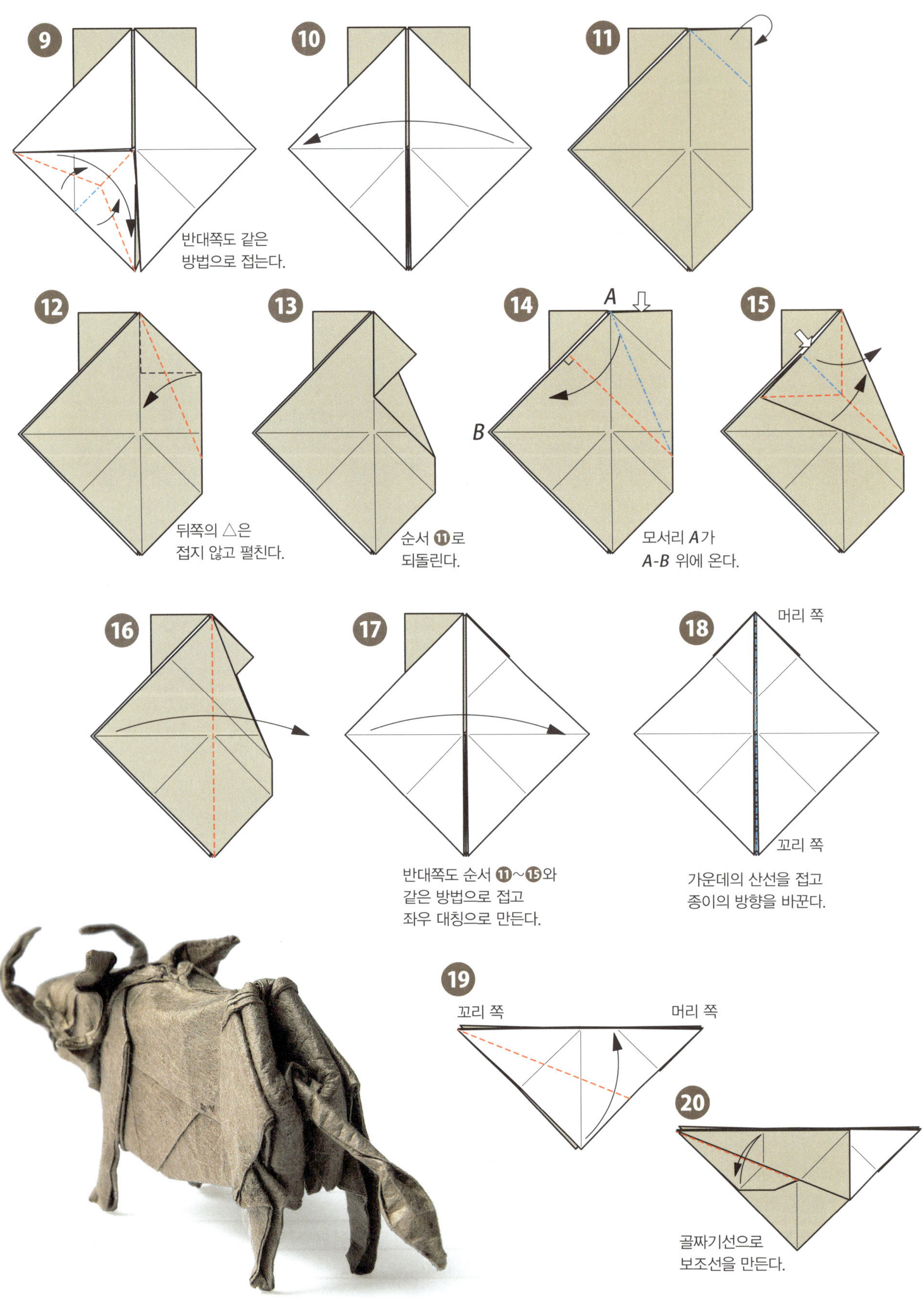
9
반대쪽도 같은
방법으로 접는다.
10
11
12
뒤쪽의 △은
접지 않고 펼친다.
13
순서 ⓫로
되돌린다.
14
A
B
모서리 A가
A-B 위에 온다.
15
16
17
반대쪽도 순서 ⓫~⓯와
같은 방법으로 접고
좌우 대칭으로 만든다.
18
머리 쪽
꼬리 쪽
가운데의 산선을 접고
종이의 방향을 바꾼다.
19
꼬리 쪽
머리 쪽
20
골짜기선으로
보조선을 만든다.

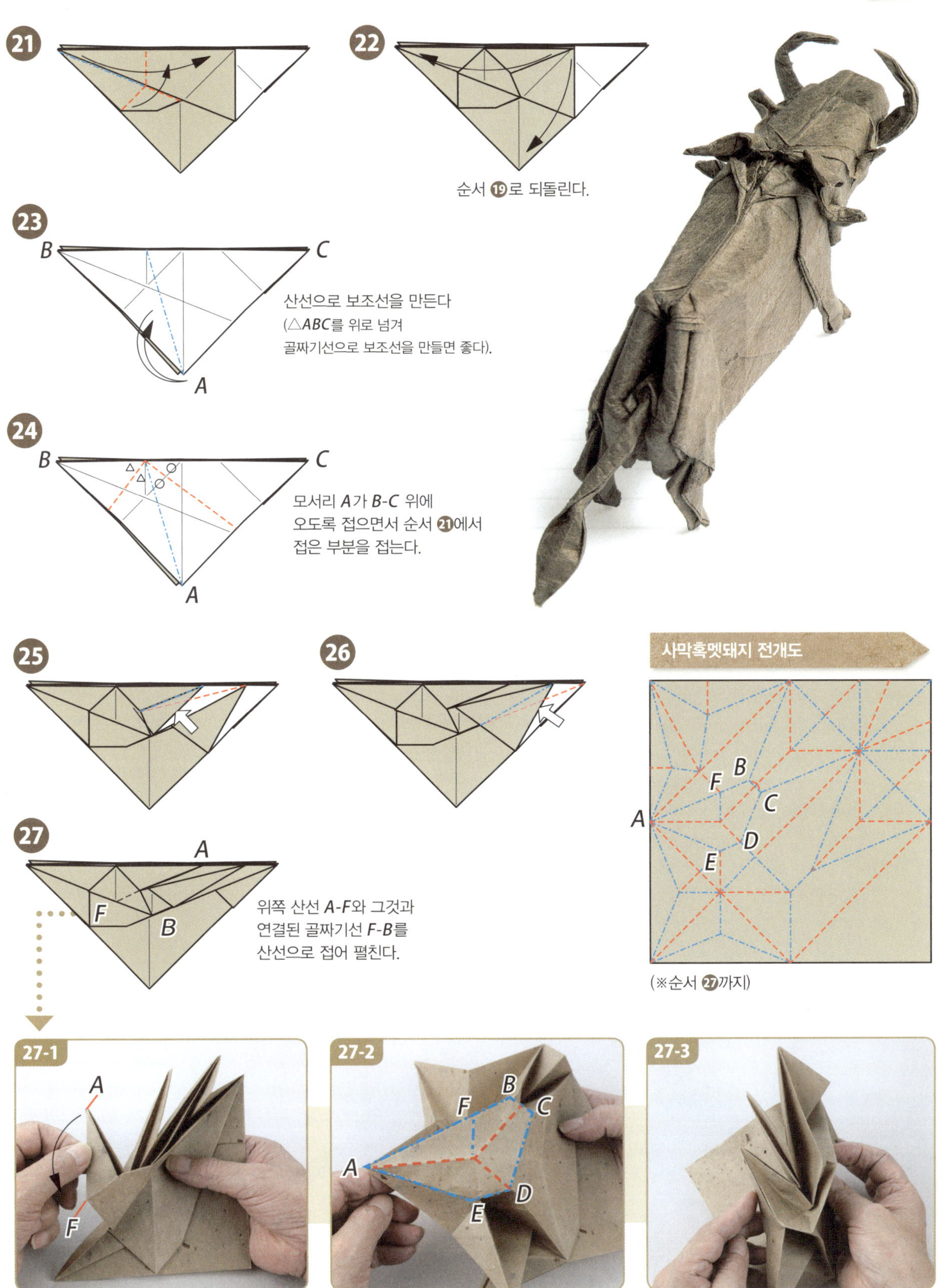

산선 A-F에 주목하면서 펼치기 시작한다.

산선 A-B를 포함한 오각형을 모두 산선으로 접는다(전개도 참고).

오각형을 함몰시켜 접는다.

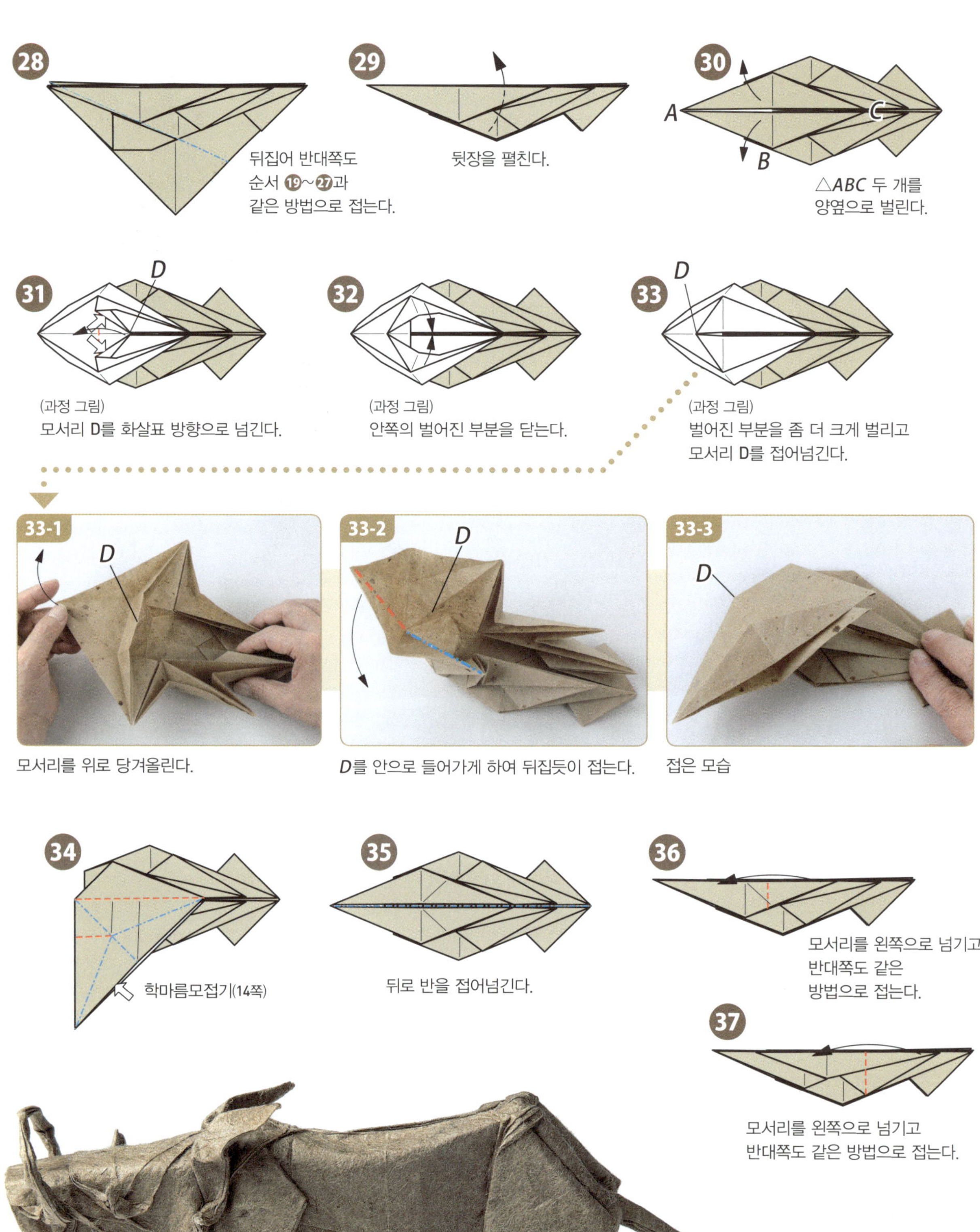
28
뒤집어 반대쪽도
순서 19~27과
같은 방법으로 접는다.
29
뒷장을 펼친다.
30
A
B
C
△ABC 두 개를
양옆으로 벌린다.
31
D
(과정 그림)
모서리 D를 화살표 방향으로 넘긴다.
32
(과정 그림)
안쪽의 벌어진 부분을 닫는다.
33
D
(과정 그림)
벌어진 부분을 좀 더 크게 벌리고
모서리 D를 접어넘긴다.
33-1
D
모서리를 위로 당겨올린다.
33-2
D
D를 안으로 들어가게 하여 뒤집듯이 접는다.
33-3
D
접은 모습
34
학마름모접기(14쪽)
35
뒤로 반을 접어넘긴다.
36
모서리를 왼쪽으로 넘기고
반대쪽도 같은
방법으로 접는다.
37
모서리를 왼쪽으로 넘기고
반대쪽도 같은 방법으로 접는다.

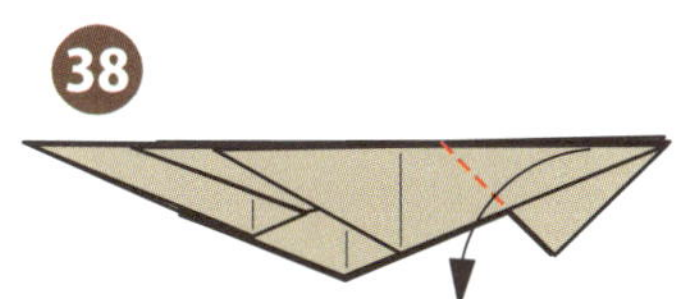

화살표 방향으로 접고
반대쪽도 같은 방법으로 접는다.

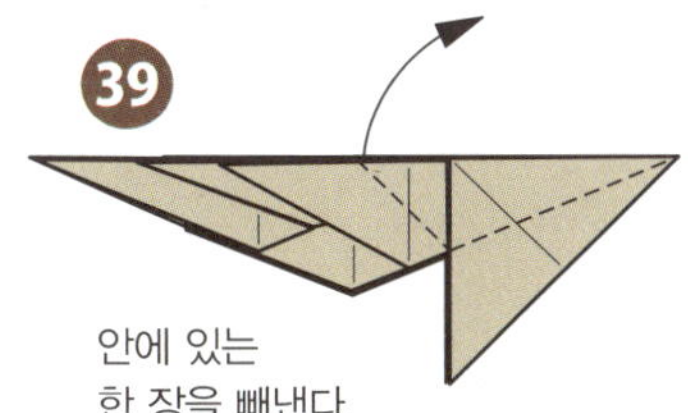

안에 있는
한 장을 빼낸다.

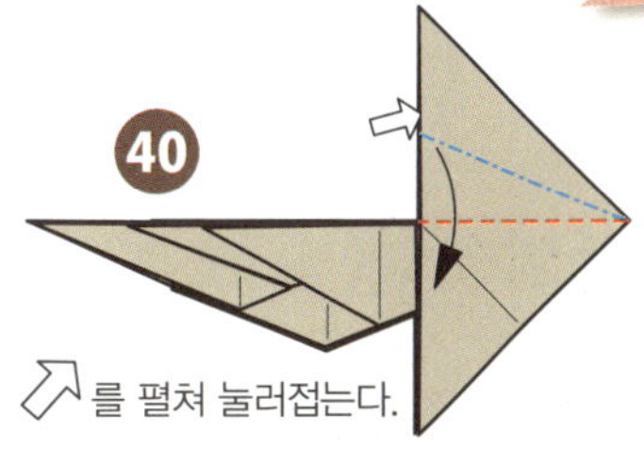

⇗를 펼쳐 눌러접는다.

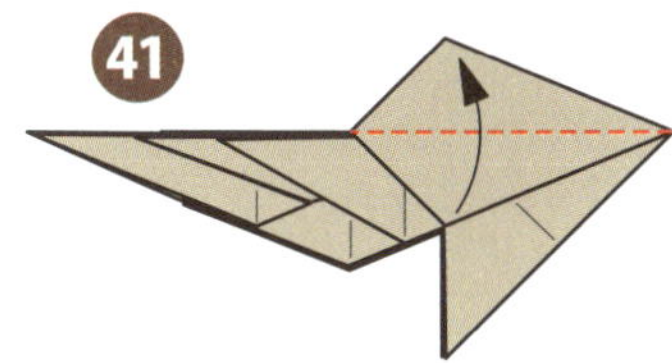

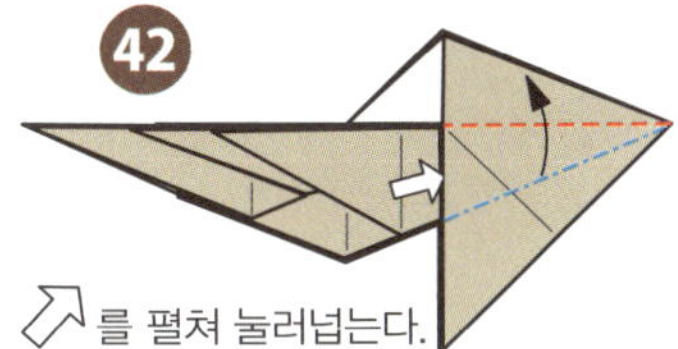

⇗를 펼쳐 눌러넙는다.

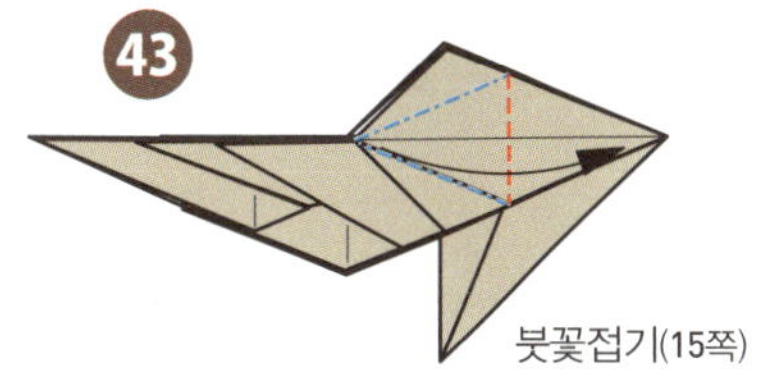

붓꽃접기(15쪽)

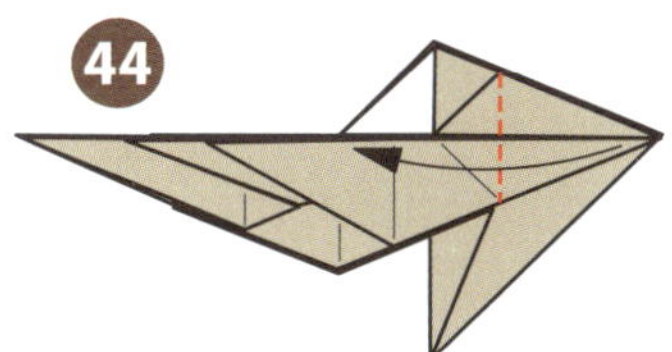

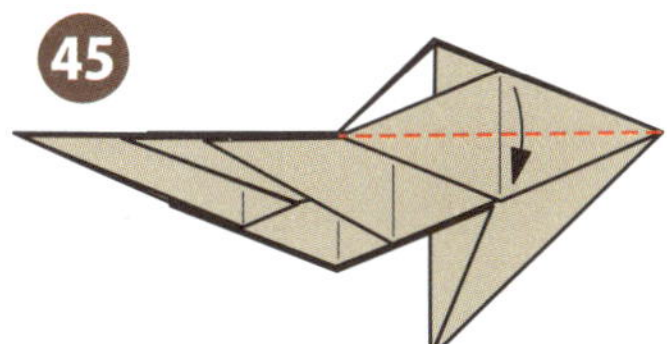

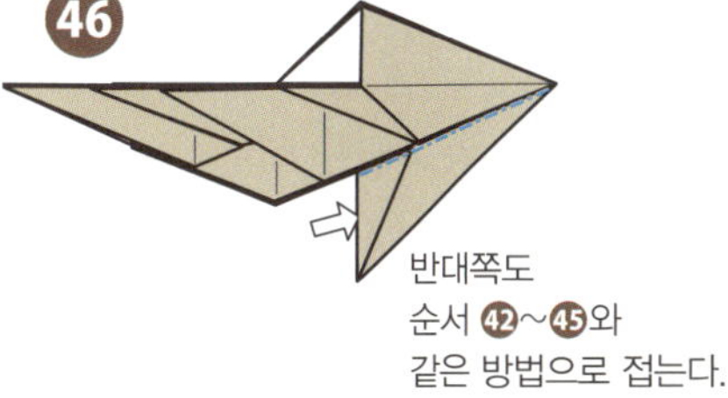

반대쪽도
순서 42~45와
같은 방법으로 접는다.

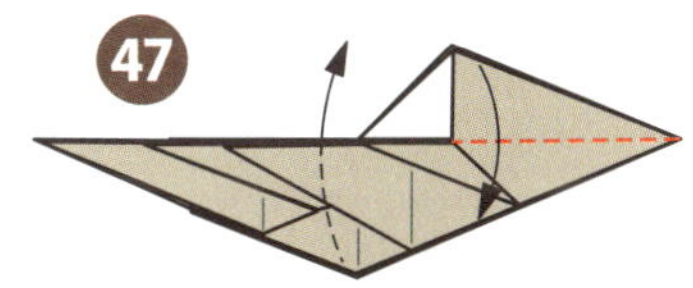

펼쳐서 위아래가
대칭이 되도록 한다.

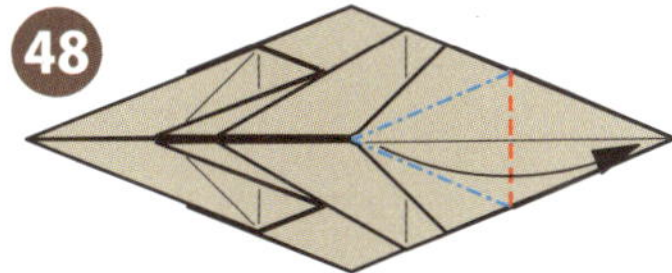

붓꽃접기(15쪽)

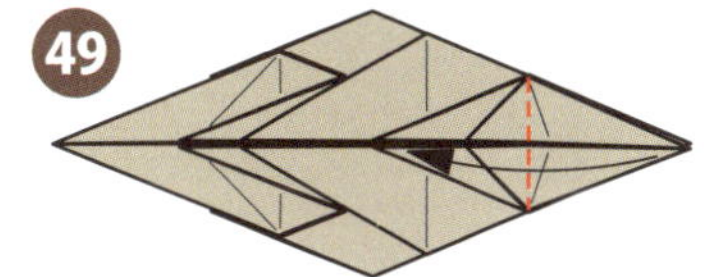

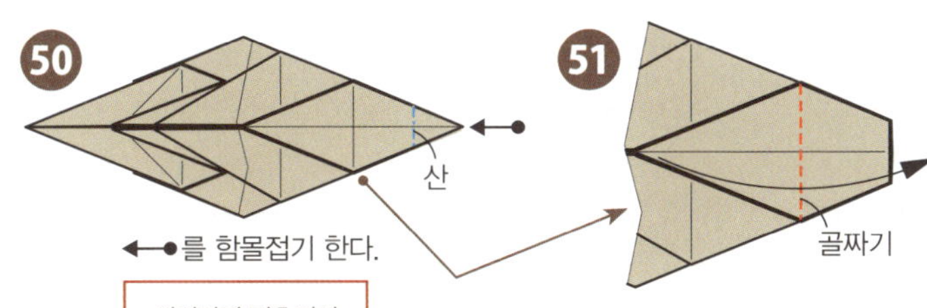

←●를 함몰접기 한다.

여기까지 기초접기

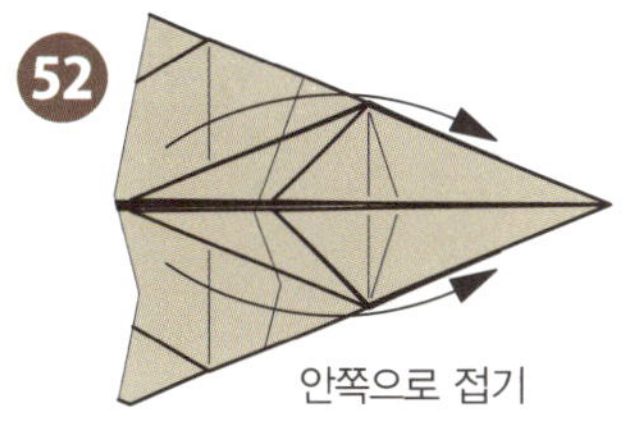

안쪽으로 접기

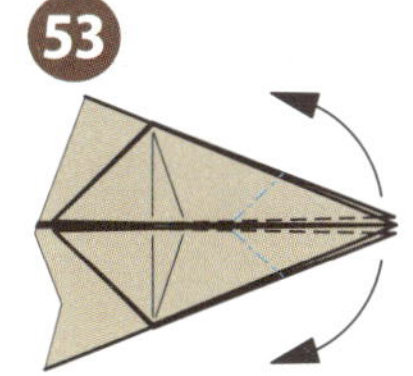

양쪽 뒷장을
안쪽으로 접기 한다.

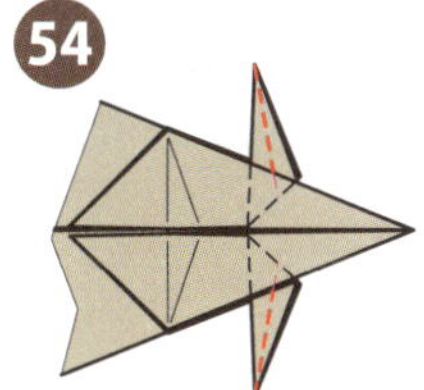

골짜기접기로 가늘게 접고
뒤쪽도 같은 방법으로 접는다.

55

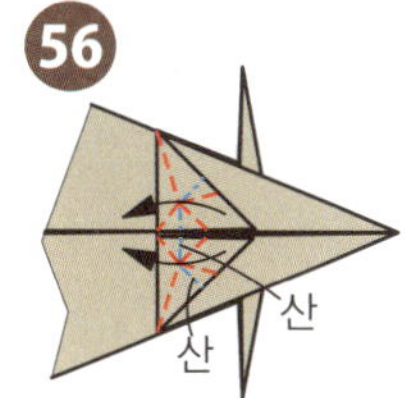

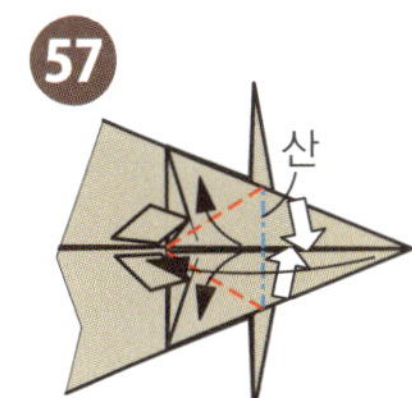

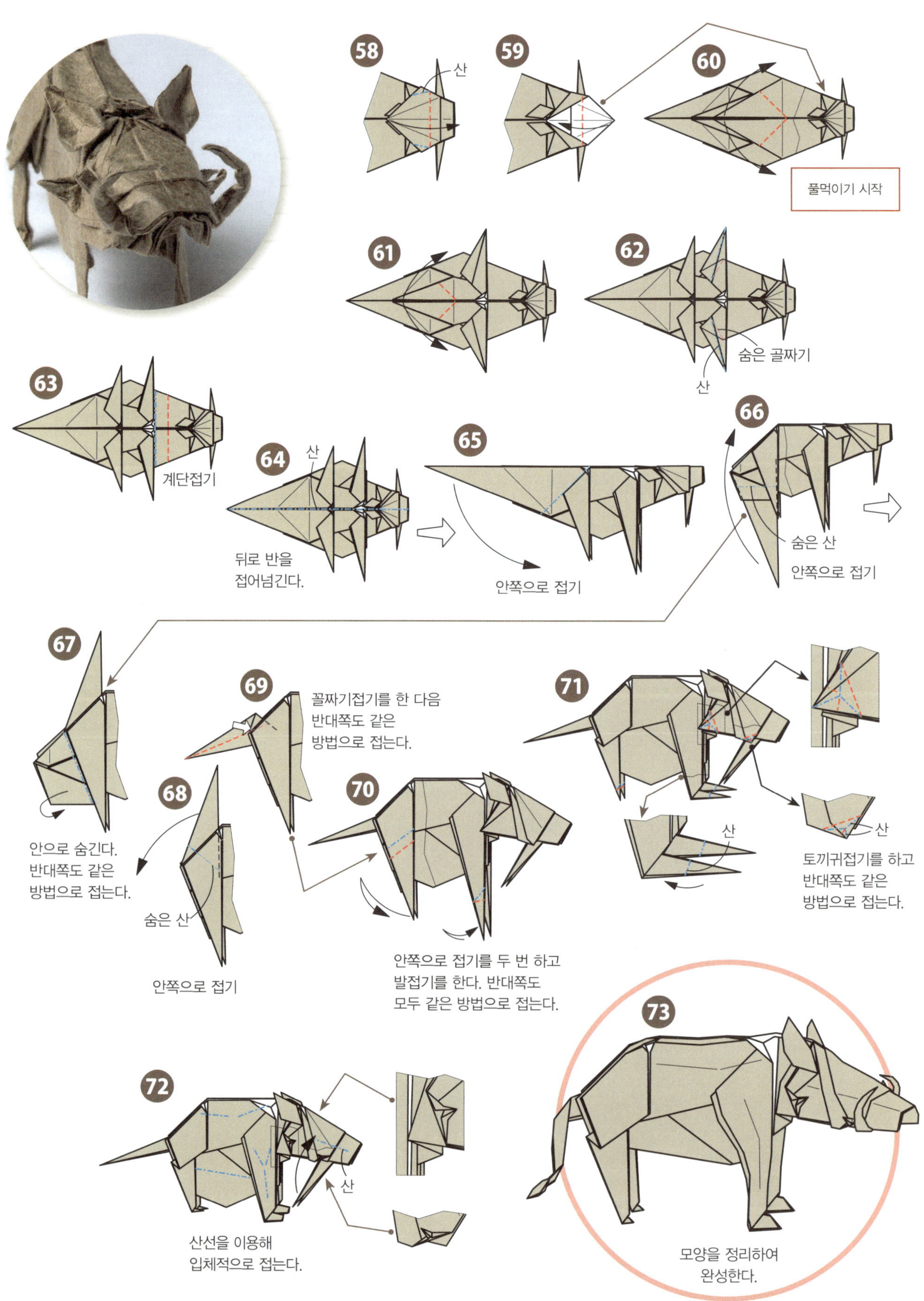
58
산
59
60
풀먹이기 시작
61
62
숨은 골짜기
산
63
계단접기
64
산
뒤로 반을
접어넘긴다.
65
안쪽으로 접기
66
숨은 산
안쪽으로 접기
67
안으로 숨긴다.
반대쪽도 같은
방법으로 접는다.
68
숨은 산
안쪽으로 접기
69
꼴짜기접기를 한 다음
반대쪽도 같은
방법으로 접는다.
70
안쪽으로 접기를 두 번 하고
발접기를 한다. 반대쪽도
모두 같은 방법으로 접는다.
71
산
산
토끼귀접기를 하고
반대쪽도 같은
방법으로 접는다.
72
산
산선을 이용해
입체적으로 접는다.
73
모양을 정리하여
완성한다.

대벌레

❖ 난이도 ★★★★☆
❖ 사용한 종이 : 25cm×25cm 1장

먼저 16등분 주름으로 다리를 여섯 개 접은 다음, 더듬이를 만들기 위해 순서 ⑭ 이후에 주름을 다시 접는다. 사진 설명의 보조선을 따라 접어 보자. 다리 끝이나 몸통을 가늘게 만들기 위해 눌러접는 작업이 많으므로 그 과정이 모두 마무리되었을 때 풀먹이기를 하는 편이 좋다.

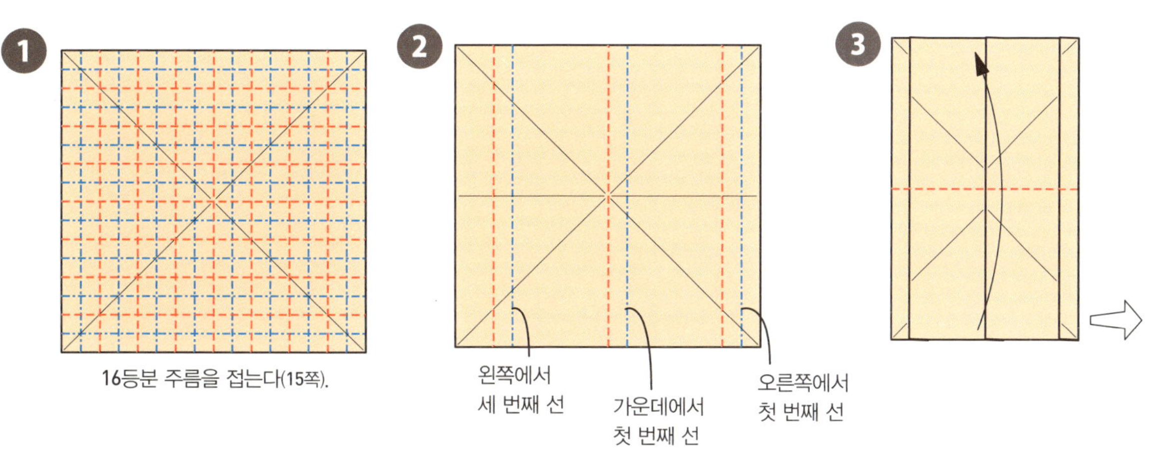

16등분 주름을 접는다(15쪽).

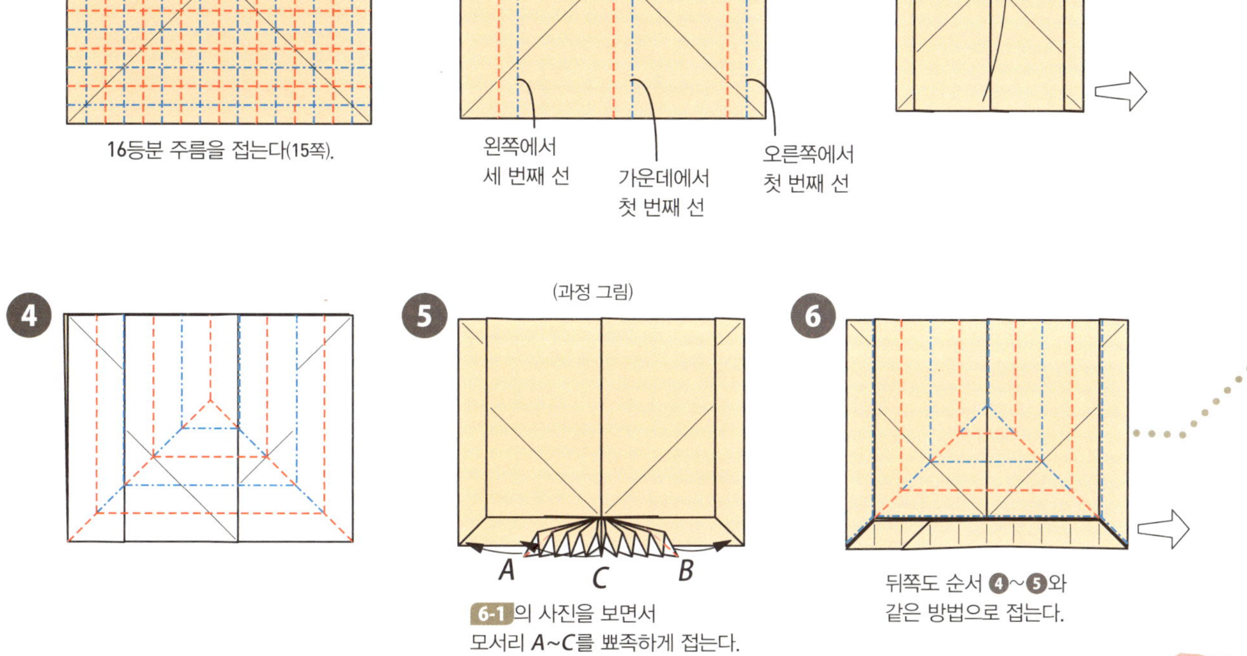

6-1의 사진을 보면서 모서리 A~C를 뾰족하게 접는다.

뒤쪽도 순서 ❹~❺와 같은 방법으로 접는다.

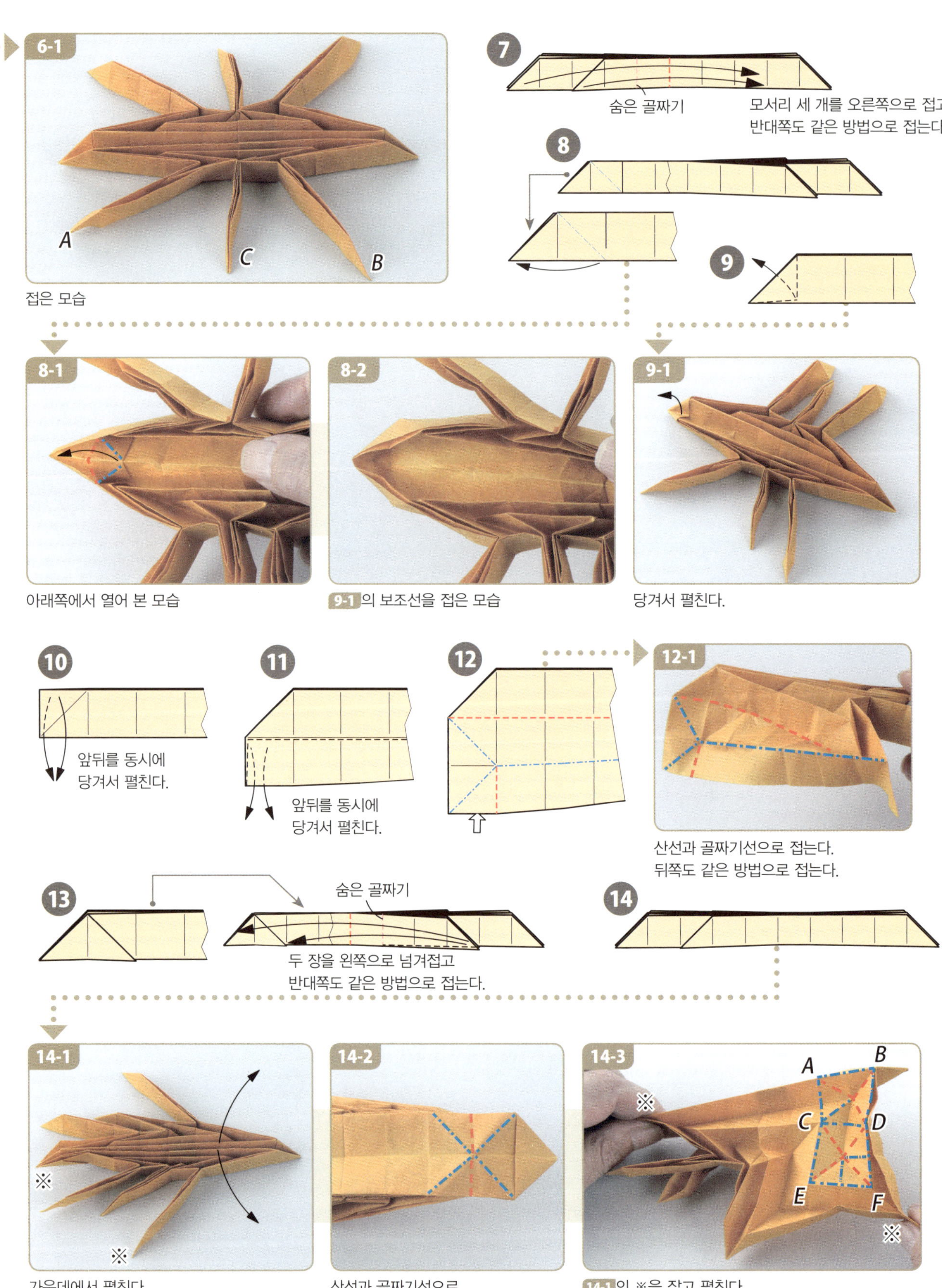
6-1
A
C
B
접은 모습
7
숨은 골짜기
모서리 세 개를 오른쪽으로 접고
반대쪽도 같은 방법으로 접는다.
8
9
8-1
아래쪽에서 열어 본 모습
8-2
9-1 의 보조선을 접은 모습
9-1
당겨서 펼친다.
10
앞뒤를 동시에
당겨서 펼친다.
11
앞뒤를 동시에
당겨서 펼친다.
12
12-1
산선과 골짜기선으로 접는다.
뒤쪽도 같은 방법으로 접는다.
13
숨은 골짜기
두 장을 왼쪽으로 넘겨접고
반대쪽도 같은 방법으로 접는다.
14
14-1
※
※
가운데에서 펼친다.
14-2
산선과 골짜기선으로
보조선을 만든다.
14-3
A
B
C
D
E
F
※
※
14-1의 ※을 잡고 펼친다.
두 개의 정사각형 ABCD와 CDEF를 잘 보고
골짜기선과 산선으로 접는다.

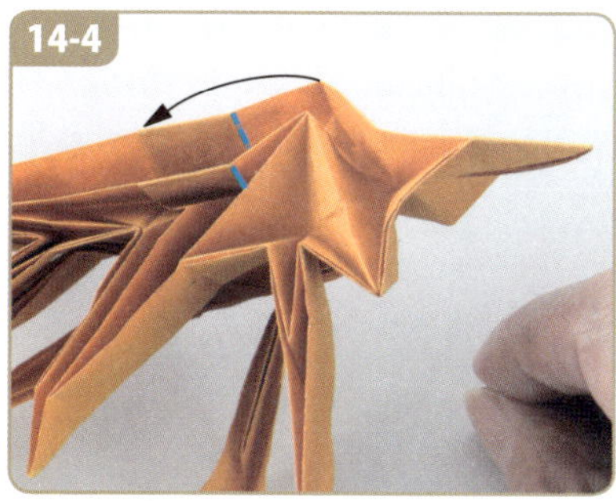

(과정 그림)

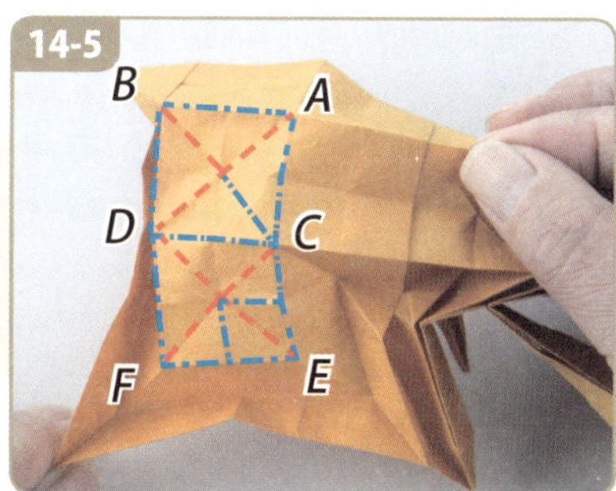

방향에 주의하며 반대쪽을 대칭으로 접는다.

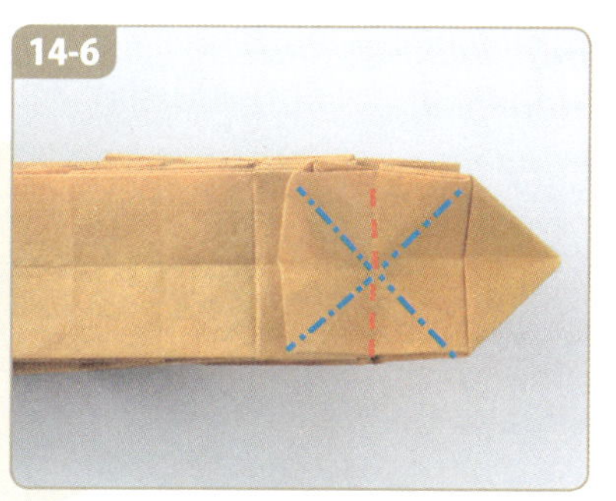

접은 모습. 14-2에서 만든 보조선으로 접는다.

(과정 그림)

접은 모습. 뒤집는다.

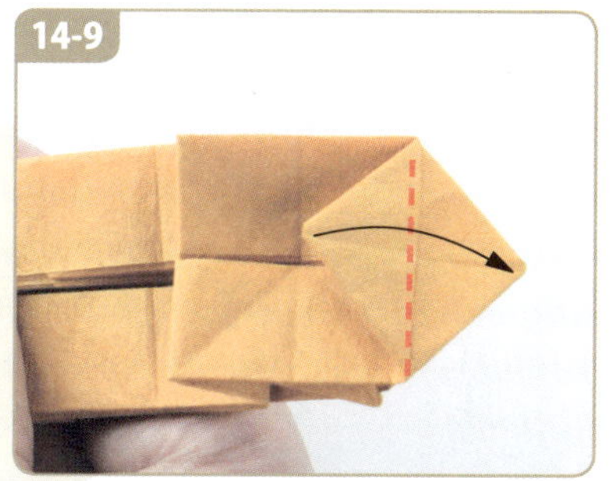

골짜기선으로 접는다.

산선 부분을 잡고 당기며 올려접는다.

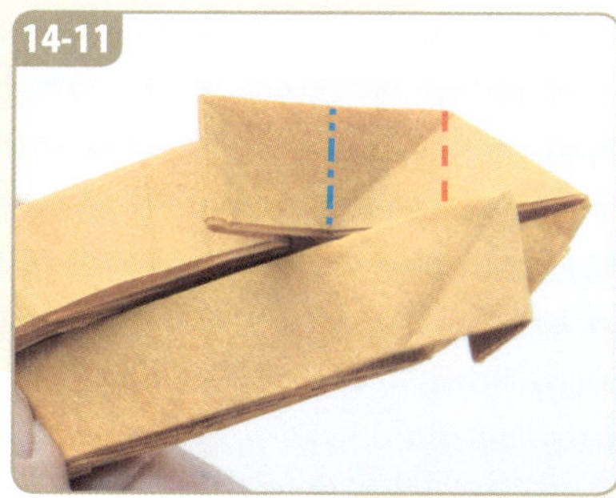

반대쪽도 같은 방법으로 접는다.

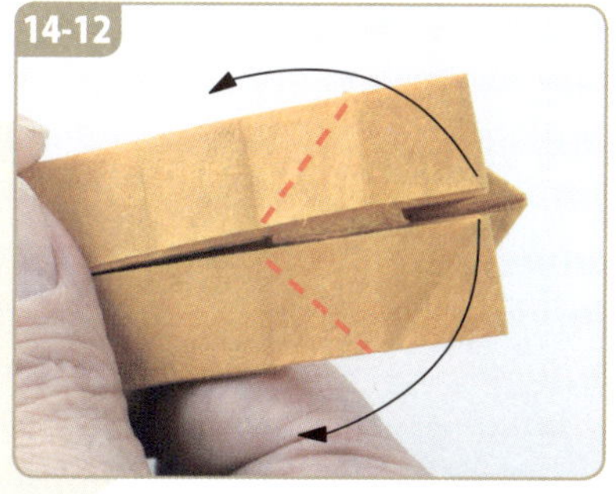

골짜기선으로 접는다.

접은 모습

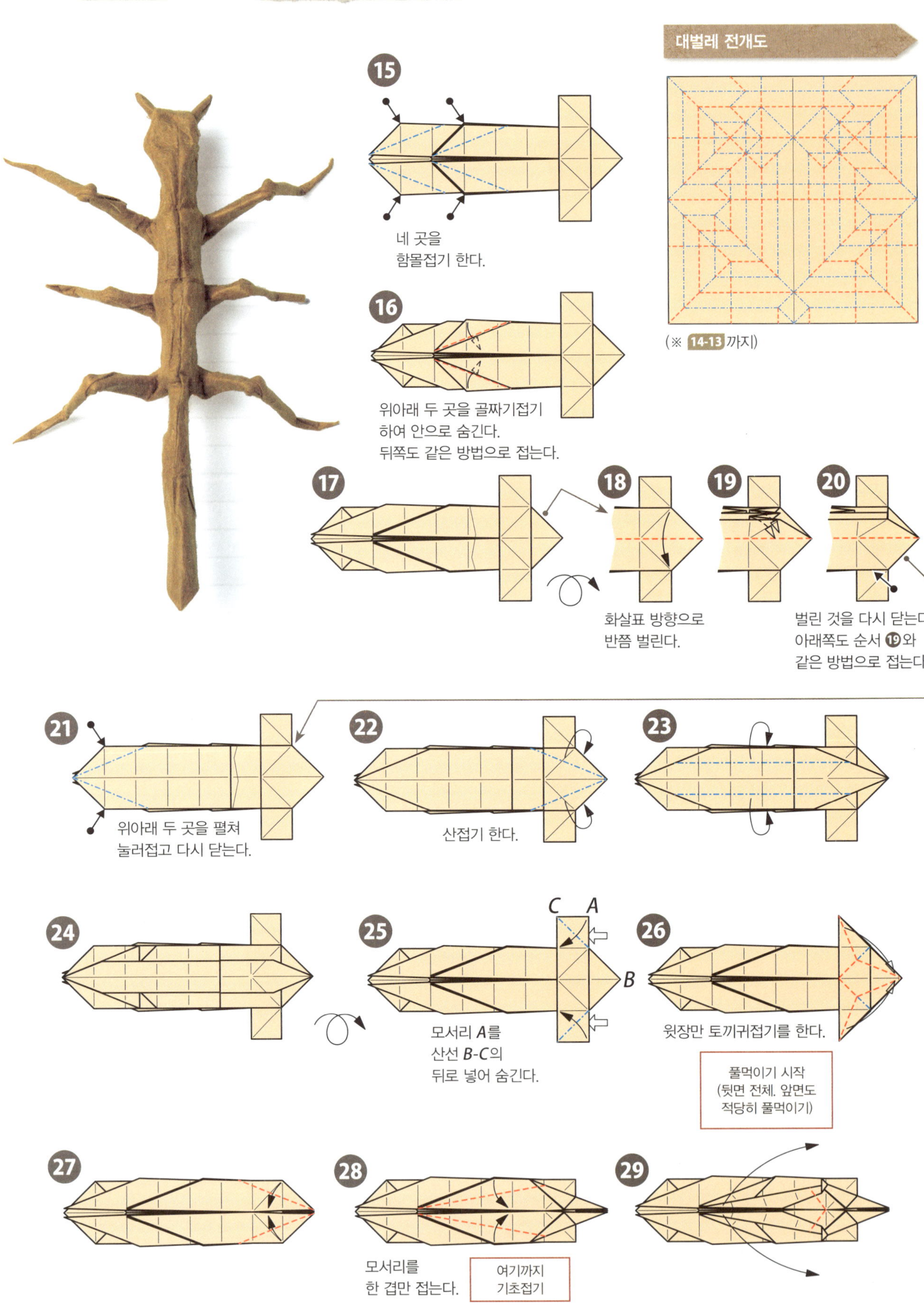
대벌레 전개도
(※ 14-13 까지)
15
네 곳을
함몰접기 한다.
16
위아래 두 곳을 골짜기접기
하여 안으로 숨긴다.
뒤쪽도 같은 방법으로 접는다.
17
18
화살표 방향으로
반쯤 벌린다.
19
20
벌린 것을 다시 닫는다.
아래쪽도 순서 19와
같은 방법으로 접는다.
21
위아래 두 곳을 펼쳐
눌러접고 다시 닫는다.
22
산접기 한다.
23
24
25
C
A
B
모서리 A를
산선 B-C의
뒤로 넣어 숨긴다.
26
윗장만 토끼귀접기를 한다.
풀먹이기 시작
(뒷면 전체, 앞면도
적당히 풀먹이기)
27
28
모서리를
한 겹만 접는다.
여기까지
기초접기
29

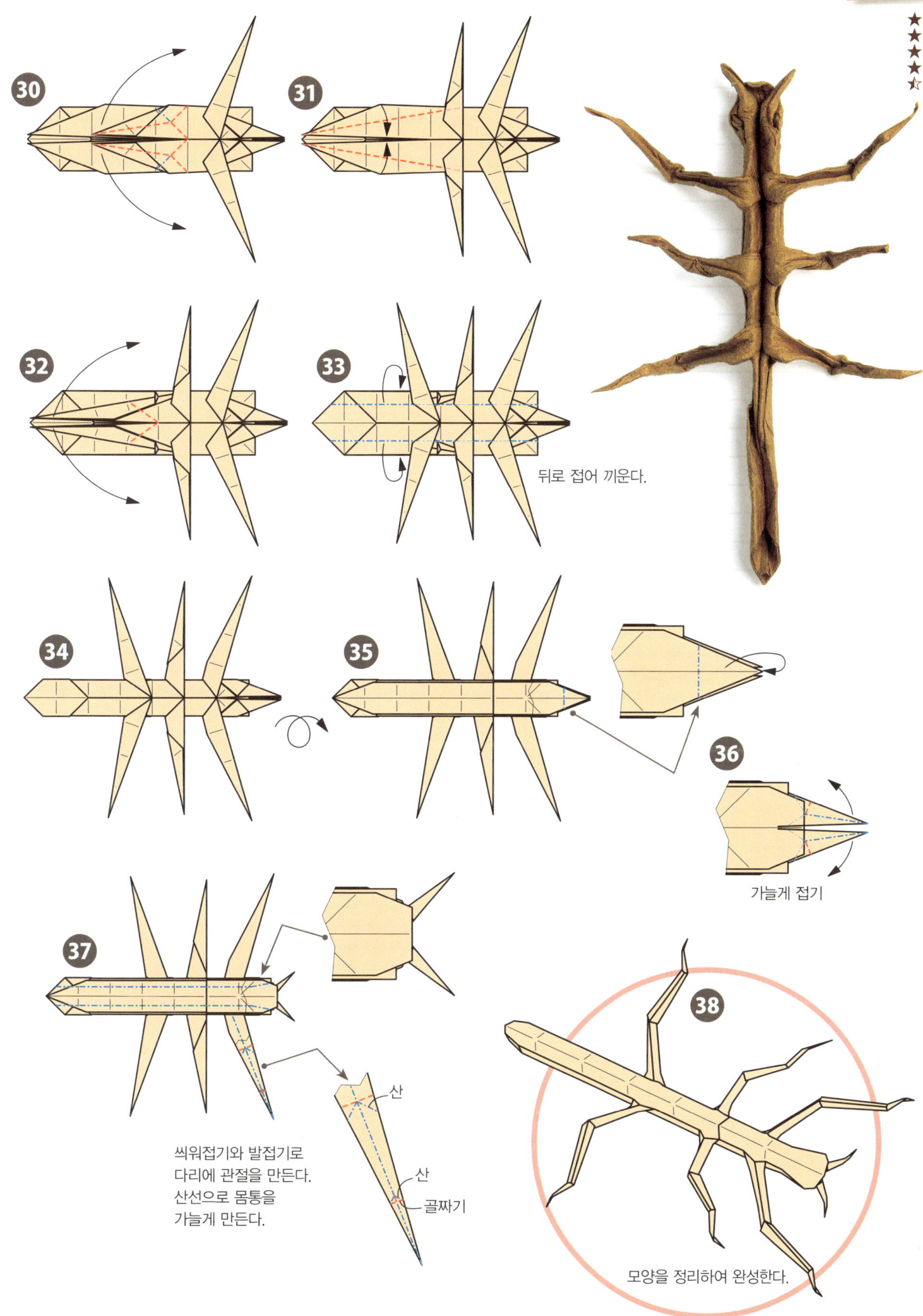
30
31
32
33
뒤로 접어 끼운다.
34
35
36
가늘게 접기
37
씌워접기와 발접기로
다리에 관절을 만든다.
산선으로 몸통을
가늘게 만든다.
산
산
골짜기
38
모양을 정리하여 완성한다.

놀라운 리얼 종이접기 5

1판 1쇄 발행 | 2023년 8월 22일
1판 6쇄 발행 | 2026년 1월 5일

지은이 | 후쿠이 히사오
옮긴이 | 이진원
감수자 | 오경란

발행인 | 김기중
주간 | 신선영
편집 | 민성원, 백수연
경영지원 | 홍운선

펴낸곳 | 도서출판 에밀
주소 | 서울특별시 영등포구 당산로41길 11, E동 1410호 (07217)
전화 | 02-3141-8301
팩스 | 02-3141-8303
이메일 | info@theforestbook.co.kr
페이스북 | @forestbookwithu
인스타그램 | @theforest_book
출판등록 | 2012년 10월 10일 제2025-000115호

ISBN | 979-11-86706-18-3 (13630)

* 여러분의 원고를 기다리고 있습니다.
출판하고 싶은 원고가 있는 분은 info@theforestbook.co.kr로
기획 의도와 간단한 개요를 적어 연락처와 함께 보내주시기 바랍니다.